Des « mai 68 »
dans les campagnes françaises ?

Les contestations paysannes dans les années 1968

Historiques
Dirigée par Bruno Péquignot et Vincent Laniol

La collection « Historiques » a pour vocation de présenter les recherches les plus récentes en sciences historiques. La collection est ouverte à la diversité des thèmes d'étude et des périodes historiques.

Elle comprend trois séries : la première s'intitulant « travaux » est ouverte aux études respectant une démarche scientifique (l'accent est particulièrement mis sur la recherche universitaire) tandis que la deuxième intitulée « sources » a pour objectif d'éditer des témoignages de contemporains relatifs à des événements d'ampleur historique ou de publier tout texte dont la diffusion enrichira le corpus documentaire de l'historien ; enfin, la troisième, « essais », accueille des textes ayant une forte dimension historique sans pour autant relever d'une démarche académique.

Série Travaux

Didier CHAUVET, *Irma Grese et le procès de Belsen. Une surveillante SS des camps de concentration condamnée à mort*, 2017.
Georges JEHEL, *Les origines chrétiennes de la démocratie moderne. La part du Moyen-Âge*, 2017.
Renée DRAY-BENSOUSAN (dir.), *Images, cinéma et Shoah*, 2017.
Alain CUENOT, *Pierre Naville, Biographie d'un révolutionnaire marxiste, Tome II. Du front anticapitaliste au socialisme autogestionnaire, 1939-1993*, 2017.
Alain CUENOT, *Pierre Naville, Biographie d'un révolutionnaire marxiste, Tome I. De la révolution surréaliste à la révolution prolétarienne, 1904-1939*, 2017.
Jean-Marc Cazilhac, *Le Douaire des reines de France à la fin du Moyen Âge*, 2017.
Didier CHAUVET, *Les autodafés nazis. Mémoire du 10 mai 1933*, 2017.
Anne MÉTÉNIER, *Ségrégation raciale aux États-Unis. Six portraits de stars*, 2017.
Didiver CHAUVET, *Hitler et la Nuit des Longs Couteaux (29 juin – 2 juillet 1934), La Sturmabteilung (SA) décapitée*, 2016.

Jean-Philippe MARTIN

Des « mai 68 » dans les campagnes françaises ?

Les contestations paysannes dans les années 1968

Ouvrages du même auteur

Histoire de la nouvelle gauche paysanne. Des contestations des années 1960 à la Confédération paysanne, Paris, La Découverte, 2005.

La Confédération paysanne aujourd'hui. Un syndicat face aux défis du XXIe siècle, Paris, L'Harmattan, 2011.

© L'HARMATTAN, 2017
5-7, rue de l'École-Polytechnique, 75005 Paris
http://www.editions-harmattan.fr
ISBN : 978-2-343-13151-1
EAN : 9782343131511

À Hugo et Léa

« Je les appelle des années de cuivre, des fils qui conduisaient le courant électrique des luttes sociales… Les années soixante-dix ont été parcourues d'une secousse, d'un essaim sismique de luttes qui imposaient aussi leur ordre du jour au cinéma, aux chansons, au foot, aux vacances. Ce furent des années de cuivre, le meilleur conducteur de cette énergie électrique de transformation. »

Erri DE LUCA, *Le plus et le moins*, Gallimard, Paris, 2016, p. 18.

Introduction

Des paysans contestataires, revendicatifs, proches des gauches voire des extrêmes-gauches, l'image va à rebours de bien des représentations mentales qui pensent les agriculteurs avec les yeux de Vichy et voient les campagnes comme immuables et immobiles oubliant les « campagnes rouges »[1], les résistances, les révoltes et sous-estimant les mutations intervenues dans la branche agricole du catholicisme social. Jeune, beau, étudiant, Parisien, fréquemment passé par l'UEC (Union des étudiants communistes) telle est l'image, souvent diffusée, du contestataire de mai-juin 1968. Cette vision des choses est simpliste et correspond peu à l'ébranlement social qui caractérise ces années (avant, pendant et après ce printemps) ainsi qu'au profil de celles et ceux qui participent aux luttes[2]. Le propos de cet ouvrage est de revenir sur ces années de contestation et d'opérer un déplacement de perspective.

Le déplacement est temporel en ne se centrant plus sur les événements des mois de mai et juin mais en présentant les contestations dans ce que plusieurs historiens ont appelé « les années 1968 » qui voient, du début des années 1960 à la fin des années 1970, les remises en cause de la société se développer, en France et dans le monde[3].

Le pas de côté est aussi géographique, la « scène parisienne »[4] n'est évidemment pas privilégiée par les paysans contestataires,

---

[1] Michel CADE, *Le parti des campagnes rouges. Histoire du parti communiste dans les Pyrénées-Orientales*, Édition du Chiendent, Vinca, 1988.
Gérard BELLOIN, *Renaud Jean, le tribun des paysans*, Éditions de l'Atelier/Éditions ouvrières, Paris, 1993.
[2] Sur « les générations 68 », entre autres :
Jean-François SIRINELLI, « Génération, générations », p. 113-124, *Vingtième siècle. Revue d'histoire*, n°98, 2/2008.
Julie PAGIS, *Mai 68, Un pavé dans leur histoire. Événements et socialisation politique*, Presses de la Fondation nationale des sciences politiques, Paris, 2014.
[3] Geneviève DREYFUS-ARMAND, ROBERT FRANK, Marie-Françoise LEVY et Michelle ZANCARINI-FOURNEL, *Les années 68. Le temps de la contestation*, Éditions Complexe, Paris, 2000.
Michelle ZANCARINI-FOURNEL, *Le moment 68. Une histoire contestée*, Seuil, Paris, 2008. Sur l'expression « contestation » voir p. 32.
[4] *Ibidem*, p. 11.

souvent actifs dans les régions périphériques. En effet, les mobilisations paysannes des années 1968 ne sont pas les répliques affaiblies d'un séisme politique dont l'épicentre serait la capitale[5]. Les luttes paysannes ont commencé avant le printemps 1968, elles ont été massives et marquantes dans plusieurs régions, ont emprunté des traits novateurs à partir du début des années 1960 et les dirigeants paysans ont veillé jalousement à conserver leur indépendance.

Enfin, le déplacement est aussi générationnel et social. Longtemps, l'historiographie a mis surtout en avant le rôle des étudiants. Plus récemment, l'action des ouvriers a été réévaluée avec les travaux de Michelle Zancarini-Fournel, Xavier Vigna et Vincent Porhel[6]. Cependant, des agriculteurs, que nous appellerons paysans comme ils se nommaient alors, contestent, eux aussi, avant, pendant et après le printemps 1968, les choix agricoles des pouvoirs publics, la politique du gouvernement voire l'organisation de la société dans son ensemble. Certains participent même aux mouvements contestataires ou sont à l'origine de mobilisations qui fédèrent les énergies critiques (lutte du Larzac, lutte des vignerons du Languedoc). Dans ces combats paysans, des aînés jouent un rôle majeur, même s'ils sont parfois critiqués par les « jeunes » (pour qui l'année 1968 constitue une expérience fondatrice) et doivent s'adapter aux temps nouveaux. Le plus connu, Bernard Lambert (Loire-Atlantique), a près de 37 ans quand les premiers pavés volent dans les rues parisiennes et, s'il est

---

[5] Par contestations paysannes, nous entendons les mobilisations de paysans contre une décision ou un aspect de la politique agricole dont la dynamique débouche sur une remise en cause de la politique agricole dans son ensemble voire, pour une partie des paysans, sur l'opposition au gouvernement en place et, pour certains, sur une critique du capitalisme. Lors de ces luttes, à plusieurs reprises, des convergences avec d'autres catégories sociales ont été recherchées. Ceux que nous appelons paysans contestataires sont des militants ou des responsables qui pensent que les négociations doivent s'appuyer sur les luttes des producteurs et qui affirment leur hostilité aux gouvernements de droite et à la société capitaliste.

[6] Philippe ARTIERES et Michelle ZANCARINI-FOURNEL, *68. Une histoire collective (1962-1981)*, La Découverte, Paris, 2008.
Xavier VIGNA, *L'insubordination ouvrière dans les années 68. Essai d'histoire politique des usines*, PUR, Rennes, 2007.
Vincent PORHEL, *Ouvriers bretons. Conflits d'usines et conflits identitaires dans les années 68*, PUR, Rennes, 2008.

important, ce moment s'ajoute aux expériences antérieures[7]. Le combat paysan n'est pas uniquement masculin, c'est pourquoi, nous nous intéresserons aussi à l'insertion des femmes dans ces luttes. En effet, quelques militantes jouent à plusieurs occasions un rôle important et les paysans contestataires ont affirmé vouloir changer la place des femmes dans les exploitations, dans l'ensemble de la société ainsi que dans leur mouvement.

Certes les contestataires actifs sont une minorité mais ils impulsent parfois des luttes massives, convaincant et entraînant une majorité d'agriculteurs de leur département dans l'action directe. Par action directe, nous entendons une action publique, légale ou illégale, menée par les agriculteurs, interpellant les pouvoirs publics ou des entreprises, la médiation des élus ou des responsables syndicaux, intervenant, parfois, en complément de la mobilisation. Une définition plus large que celle d'Edouard Lynch qui utilise cette expression seulement pour les actions illégales[8]. Ces contestataires obligent le syndicalisme majoritaire FNSEA (Fédération nationale des syndicats d'exploitants agricoles) et CNJA (Centre national des jeunes agriculteurs) à agir et à débattre. Une minorité certes mais agissante, influente parfois, qui refuse le corporatisme, s'affirme anticapitaliste, utilise un langage marxisant, se veut indépendante des intellectuels, et entend élaborer elle-même l'analyse des évolutions de l'agriculture ainsi que celle de la place des agriculteurs. Ces paysans ne veulent plus être « dominés » par les autorités traditionnelles ou des urbains, ils sont prêts à passer des alliances mais aspirent à réfléchir par eux-mêmes, à rechercher des solutions à leurs problèmes et à diriger leurs luttes.

Par ailleurs, des agriculteurs, sans se dire contestataires, empruntent au registre de la contestation : reprenant et parfois influençant le répertoire d'actions, le discours, les thèmes et les alliances préconisés par les mouvements sociaux qui se développent alors. Nombre de paysans entrent en lutte contre la politique agricole du gouvernement, en défense de leurs intérêts, et deviennent, ou sont

---

[7] Jean-Philippe MARTIN, « Les contestations paysannes autour de 1968. Des luttes novatrices mais isolées », *Histoire des sociétés rurales*, n°41, 1er semestre 2014, p. 89-136.
[8] Edouard LYNCH, « Détruire pour exister ; les grèves du lait en France (1964, 1972 et 2009) », p. 99-125, *Politix*, n° 103, 2013.

dénoncés comme, contestataires. Ainsi, pendant la « guerre du vin » (1971-1976), en Languedoc viticole, les vignerons audois ou héraultais critiquent les choix des gouvernements de droite, défendent leur mode de vie et leur région, l'Occitanie, déclarant, avec le soutien d'une part importante de la population régionale, « Volem viure al païs » (nous voulons vivre au pays)…

Enfin, des luttes paysannes voient affluer des soutiens massifs venant de plusieurs régions et émanant de secteurs différents de la société. Le cas le plus connu est la lutte des paysans du Larzac qui, entre 1971 et 1981, se sont opposés, avec succès, à l'extension d'un camp militaire sur leurs terres.

Les contestations paysannes sont apparues plus nettement, ont été fréquentes, massives, déterminées et souvent émaillées de violences dans l'Ouest (Bretagne et Pays de Loire) et en Languedoc-Roussillon comme le signale Marc Pinol pour les années 1960[9]. D'autres régions sont affectées par des manifestations d'agriculteurs parfois importantes mais ce qui justifie la focalisation sur l'Ouest et le Languedoc-Roussillon, outre la fréquence et le caractère massif de ces luttes, est qu'elles y ont pris une dimension politique à partir de la fin des années 1960. Les paysans hostiles aux choix agricoles des gouvernements, ont élargi leurs critiques à l'ensemble de la politique des gouvernements de droite, ont recherché des alliances avec d'autres et affirmé la dimension régionale de leur combat. Dans ces mobilisations, les responsables et les militants ont fait évoluer le répertoire d'actions utilisé, se sont rapprochés d'autres milieux sociaux (ouvriers, employés, acteurs du monde culturel, étudiants et enseignants), ont parfois eu des contacts avec des groupes politiques contestataires et ont intégré des thèmes dits soixante-huitards : ouvriérisme, anticapitalisme puis critique des autorités traditionnelles, antimilitarisme et régionalisme

Cependant ces luttes souvent novatrices, sont restées isolées, ont été étalées dans le temps, n'ont pas donné naissance à un courant unifié sur le plan national et ont souvent été défaites, la victoire du Larzac (intervenant tardivement), ayant tendance à occulter les autres combats et les débats auxquels ils ont donné naissance. L'exemple

---

[9] Marc PINOL, « Dix ans de manifestations agricoles sous la Vème République », *Revue de géographie de Lyon*, vol. 50, n°2, 1975, p. 111-126.

type de ces luttes oubliées, et que certains acteurs veulent parfois gommer, est celle des vignerons du Midi qui s'est terminée tragiquement avec la fusillade de Montredon (mars 1976).

L'ébranlement des années 1968 que certains voudraient effacer aujourd'hui et que d'autres caricaturent est un mouvement massif et important qui a affecté et transformé la société bien au-delà des boulevards du quartier latin[10]. Pourquoi et comment émerge un courant contestataire, fort divers, dans le monde paysan ? Qu'est-ce qui fait sa spécificité ? Quelles ont été ses évolutions et ses différenciations ? Comment expliquer la dimension anticapitaliste prise par des mouvements nés parmi des travailleurs indépendants dont une partie est propriétaire de ses outils de production ? Enfin, que reste-t-il aujourd'hui des débats portés par les contestations paysannes des années 1968 ? Voilà les principales questions abordées par cet ouvrage.

Dans un premier temps nous évoquerons les transformations, le bouillonnement et les luttes que connaît le monde paysan avant mai-juin 1968 et dont certains aspects préfigurent ce que furent les « événements ». Christian Bougeard se demande si les manifestations du 8 mai 1968 dans l'Ouest, préparées depuis des mois, ne peuvent pas être considérées comme le « coup d'envoi des événements »[11]. La position et l'action des syndicalistes paysans au cours des mois de mai et juin 1968 ainsi que le souffle de ces semaines dans l'immédiat après mai 1968 constituent un deuxième temps. Il correspond à l'émergence d'un courant contestataire qui tente de se structurer au sein puis à l'extérieur du syndicalisme agricole majoritaire et qui intéresse au plus haut point les organisations dites « gauchistes » puis le Parti socialiste. La troisième partie est centrée sur les luttes majeures impulsées par les contestataires paysans ou qui sans être impulsées par ceux-ci prennent une dimension politique et contestataire : grève du lait en Bretagne (1972), actions foncières, actions viande, lutte des

---

[10] Isabelle SOMMIER, « Mai 68 : sous les pavés d'une page officielle », p. 63-82, *Sociétés contemporaines*, vol. 20, n°1, 1994.
Xavier VIGNA et Jean VIGREUX (sous la dir. de), *Mai-juin 1968. Huit semaines qui ébranlèrent la France*, EUD, Dijon, 2010.
[11] Christian BOUGEARD, « Les manifestations du 8 mai 1968 dans l'Ouest de la France : le coup d'envoi des événements ? », dans Christian BOUGEARD, Vincent PORHEL, Gilles RICHARD, Jacqueline SAINCLIVIER, *L'Ouest dans les années 1968*, PUR, Rennes, 2012.

éleveurs intégrés mais aussi lutte des paysans du Larzac et combat des vignerons du Midi... Enfin, dans un dernier temps nous voudrions évoquer les mémoires mais aussi les héritages de ces mobilisations.

Ce livre n'est pas un ouvrage militant. Reste que le point de vue de l'auteur est celui de quelqu'un né à la politique dans la mobilisation lycéenne contre la loi Debré de 1973, qui vit plusieurs fois les vignerons défiler dans les rues de Montpellier en 1975-1976 et qui ne fut pas insensible au souffle contestataire des années 1970. En espérant que les lecteurs et les rongeurs voudront bien pardonner ces défauts.

Partie 1 : Le bouillonnement des années 1960

1 : Tous conservateurs ?

Le préjugé est encore tenace aujourd'hui : le paysan ancré dans ses habitudes, serait traditionaliste sur le plan des mentalités, rétif au progrès et conservateur sur le plan politique. Le monde paysan, fort divers, qui connaît des mutations majeures, dans les années 1960, ne mérite pas une telle paresse.

Un monde paysan organisé

De nombreux facteurs différencient les producteurs agricoles au début des années 1960 : taille des exploitations, niveau de modernisation technique, spécialisation plus ou moins avancée, insertion dans l'économie globale, implantation géographique, niveau de formation des exploitants[12]... Les paysans, qui avaient très tôt constitué des syndicats créent, à la Libération, la FNSEA qui regroupe les exploitants agricoles. Elle est prise en main, sur le plan national, par les conservateurs, et domine peu à peu le champ syndical agricole même si des équipes proches de la gauche jouent un rôle significatif dans certains départements. Pour elle, tous les agriculteurs ont les mêmes intérêts, différents des urbains, et doivent être défendus par un seul syndicat. Elle affirme défendre l'exploitation familiale mais son discours, teinté d'agrarisme, est aussi moral. Le travail de la terre valorisé, conférerait une dignité aux paysans, d'où son opposition à l'exode rural, qu'elle ne parvient pas toutefois à enrayer. Jusqu'au début des années 1960, sa revendication centrale est une hausse des prix à la production, principal moyen, selon elle, de revaloriser le revenu des producteurs. A partir du milieu des années 1950, ses choix et ses orientations sont critiqués, son inaction est dénoncée et le monopole qu'elle exerce sur le champ syndical est remis en cause.

Dans les régions de petite et moyenne exploitation du sud de la Loire, émerge en 1953 un mouvement d'action directe des paysans

---

[12] Parmi d'autres :
Pierre BARRAL, *Les agrariens français de Méline à Pisani*, Colin, Paris, 1968.
Michel GERVAIS, Marcel JOLLIVET, Yves TAVERNIER, *Histoire de la France rurale, tome 4, La fin de la France paysanne, de 1914 à nos jours*, Seuil, Paris, 1976.

souvent impulsé par des FDSEA (Fédérations départementales des syndicats d'exploitants agricoles) animées par des militants proches des gauches. Ce mouvement se développe fréquemment dans les « campagnes rouges » dans lesquelles la Section française de l'internationale ouvrière (SFIO) et le Parti communiste français (PCF) ont une influence significative (Limousin, Sud-Ouest, Midi méditerranéen) depuis la première moitié du vingtième siècle. Les socialistes sont très influents dans le mouvement coopératif viti-vinicole du Languedoc et dans nombre de chambres d'agriculture du Sud-Ouest. Le Parti communiste dispose d'un journal, fort lu, *La Terre*, créé en 1937, tiré en 1960 à 140 000 exemplaires (184 000, en 1974)[13]. Ces organisations affirment être les meilleurs défenseurs de l'exploitation familiale, défendent la propriété de ceux qui travaillent la terre et dénoncent la direction de la FNSEA jugée favorable aux grands exploitants, céréaliers et betteraviers du Bassin parisien, et insuffisamment revendicative. Appréciation qui entre en phase avec ce que ressentent une partie des paysans du Sud de la Loire au début des années 1950.

C'est dans le Languedoc viticole, confronté à la faiblesse des cours du vin, et où existe un syndicalisme indépendant qu'apparaissent de nouvelles formes d'action. En juin 1953, un Comité régional de salut viticole (CRSV), structure de mobilisation, est impulsé avec des comités locaux, auxquels participent souvent des élus. Une revendication s'affirme : la revalorisation des cours du vin par l'achat d'alcool de la part de l'État à un prix-plancher. Après une manifestation à Béziers, une première journée de barricades est décidée le 28 juillet. Plusieurs centaines de barrages sont érigés. Malgré quelques heurts localisés, ce mouvement d'unanimisme régional est pacifique. Le 6 août, plus de 100 000 vignerons participent à 1500 barrages environ dans l'Hérault, l'Aude, le Gard, les Pyrénées-Orientales. Le comité appelle à l'unité et à la discipline, l'action doit être non-violente. Les vignerons affirment qu'ils ne sont « nullement des révolutionnaires, mais des gens qui réclament le droit de vivre en travaillant honnêtement » et défendent leur « droit à la

---

[13] Jean VIGREUX, *Waldeck Rochet. Une biographie politique*, La Dispute, Paris, 2000, (p. 77 et 172).
Dominique DANTHIEUX, « Le communisme rural en Limousin : de l'héritage protestataire à la résistance sociale (de la fin du 19e siècle aux années 1960) », p. 175-199, *Ruralia*, n° 16-17, 2005.

vie ». Le gouvernement décide d'augmenter le prix d'achat des vins de consommation courante et débloque une tranche de distillation. Le mouvement est suspendu[14] mais cette forme de lutte est reprise dans d'autres régions.

Plusieurs FDSEA du sud de la Loire passent à l'action. Elles appellent à former des barrages sur les routes afin de réclamer des mesures en faveur des éleveurs face à la chute des prix de la viande. Une organisation à la vie intermittente est créée, en septembre 1953, animée par Roland Viel (Puy-de-Dôme). Le Comité de Guéret regroupe dix-huit FDSEA et organise la protestation. Il s'oppose à la politique gouvernementale, réclame des mesures de soutien pour les éleveurs, les petits exploitants et critique l'attitude de la direction de la FNSEA jugée favorable aux plus grands[15]. Des barrages « où les tracteurs jouent le premier rôle […] symbole de l'endettement pour les paysans » sont mis en place le 12 octobre, avec parfois l'appui d'élus locaux[16]. La mobilisation est forte. Le gouvernement prend des mesures : des sociétés, chargées d'acheter et de stocker les excédents en cas de crise, sont créées. Malgré les critiques, les responsables du comité de Guéret ne rompent pas avec le syndicalisme majoritaire car ils pensent que l'unité en son sein est souhaitée par une majorité d'agriculteurs[17].

L'année 1953 marque toutefois une rupture. Les paysans ont recouru massivement à l'action directe et ont intégré les barrages routiers dans leur répertoire d'action. Un nouveau moyen d'action ;

---

[14] *Midi-Libre* de juillet et août 1953. *Le Paysan du Midi* (hebdomadaire agricole), de juillet et août 1953.
Jean-Philippe MARTIN, *Les syndicats de viticulteurs en Languedoc (Aude et Hérault), de 1945 à la fin des années 1980*, Thèse d'histoire, sous la direction de Geneviève GAVIGNAUD-FONTAINE, Montpellier, 1994.

[15] Philippe GRATTON, *Les paysans contre l'agrarisme*, Maspéro, Paris, 1972.
Fabien CONORD, « Mobilisation paysanne et relais politiques : le Comité de Guéret (1953-1974) », p. 213-223, dans Annie ANTOINE et Julien MISCHI, *Sociabilité et politique en milieu rural*, PUR, Rennes, 2008. Cet auteur cite les FDSEA y participant : Allier, Cantal, Charente, Charente-Maritime, Cher, Corrèze, Creuse, Dordogne, Indre, Loire, Haute-Loire, Nièvre, Puy-de-Dôme, Saône-et-Loire, Deux-Sèvres, Vendée, Vienne et Haute-Vienne.

[16] Mais apparaissent comme « un signe extérieur de richesse pour les citadins » ajoute Annie MOULIN, *Les paysans dans la société française*, Seuil, Paris, 1988, (p. 220).

[17] Fabien CONORD, *art. cit.*. (2008).

des élus qui, s'ils participent au mouvement, ne sont plus les médiateurs obligés ; une défiance vis-à-vis de la direction de la FNSEA qui s'est matérialisée avec la création d'une structure relativement autonome : autant d'éléments que nous retrouverons.

Vers un renouvellement syndical ?

Quelques années plus tard, des militants communistes et quelques socialistes décident de créer une organisation nationale structurée indépendante. Le Mouvement de défense des exploitations familiales (MODEF), qui n'est pas reconnu par les pouvoirs publics, est lancé en 1959 par des militants de vingt-trois départements[18]. Cependant, la forme syndicale n'est adoptée qu'en 1975 et c'est une structure souple à laquelle appartiennent des FDSEA et des groupes extérieurs au syndicalisme majoritaire, qui est impulsée. Ce mouvement affirme défendre les petits et moyens exploitants, qui vivent de leur travail et dont les intérêts s'opposent à ceux des grands producteurs. Il se présente comme le véritable défenseur de la propriété paysanne, dénonce les choix du gouvernement et la politique agricole européenne. Il refuse les lois d'orientation et complémentaire de 1960 et 1962 qui, viseraient l'élimination des petits paysans en fixant une surface minimum d'installation et en leur refusant les aides. L'État devrait aider en priorité les petites et moyennes exploitations à se moderniser. En temps de crise, cependant, quand il juge la mobilisation indispensable, il appelle à l'unité dans la lutte. Enfin, les discours de ses responsables n'hésitent pas à mettre en avant l'amour de la terre et sont parfois empreints d'un attachement sentimental au travail de celle-ci. En 1970, il est présent dans plus de 60 départements essentiellement au sud de la Loire[19]. Ce mouvement a une audience certaine dans les départements où existe une tradition de gauche, en particulier le Sud-Ouest et le Midi. Celle-ci s'accroît au

---

[18] Il existe en Languedoc une organisation, relancée après-guerre par des militants communistes, la Ligue des petits et moyens viticulteurs qui a un rôle d'aiguillon envers le syndicalisme viticole.

[19] Il est fort dans les Landes, la Corrèze et en Charente (où les fédérations ont été exclues de la FNSEA) et dispose « d'une organisation départementale et de comités locaux : [dans les] régions du Sud-Ouest, du Poitou, des Charentes, du Centre, de Provence, de la vallée du Rhône, des Alpes et de quelques départements isolés : Yonne, Côtes-du Nord, Ille-et-Vilaine », *Histoire de la France rurale, tome 4*, p. 495. Une implantation plus large que celle du Comité de Guéret où les FDSEA du Massif-central représentaient quasiment la moitié des structures du mouvement.

début des années 1970. Lors des élections aux chambres départementales d'agriculture, il obtient les voix de près d'un tiers des agriculteurs bien que les pouvoirs publics lui refusent toute représentativité. Il entend jouer un rôle d'aiguillon vis-à-vis de la FNSEA, la poussant à être plus combative et plus favorable aux petits et moyens. Il est cependant confronté à un vieillissement de sa base. C'est parmi des paysans « modernisateurs » formés par la Jeunesse agricole catholique (JAC) que de nouveaux contestataires apparaissent.

Dans les années 1950, nombre de jeunes exploitants, qui souvent n'ont pas bénéficié d'études scolaires longues, passent par la JAC, en particulier dans les régions d'élevage de tradition catholique, l'Ouest et le Massif-central. Les mouvements d'action catholique de jeunes (JAC et Jeunesse agricole catholique féminine, JACF) deviennent des écoles de formation.

Des paysans modernistes s'affirment au seuil des années 1960.

8ème congrès du CNJA, Paris, 12 septembre 1962.

Crédit : CHT, coll. journal *Le Paysan nantais*.

Comme le signale Simone Lelièvre, « ce mouvement a déterminé notre vie. Il a été comme une université de rattrapage pour nous qui n'avions pas dépassé le stade de l'école primaire dans nos villages »[20]. Ces organisations constituent aussi des lieux de relations entre agriculteurs de régions différentes, entre jeunes hommes et jeunes femmes, entre personnes d'univers sociaux différents (JEC, Jeunesse étudiante chrétienne, JOC, Jeunesse ouvrière chrétienne). De jeunes exploitants moyens soucieux de se moderniser, tels Michel Debatisse (Puy-de-Dôme), Raymond Lacombe (Aveyron), Bernard Lambert (Loire-Atlantique), prennent la direction de ce mouvement.

La JAC affirme la fierté et la dignité paysannes, entend favoriser l'entraide ainsi que la formation professionnelle. Elle devient, dans les années 1950, un mouvement de masse avec l'organisation de loisirs, de stages de formation, de journées de vulgarisation ou de grands rassemblements. La mise en œuvre d'une pédagogie active - il faut « voir, juger, agir » - facilite l'implication des jeunes ruraux dans le mouvement et l'appropriation de ses idées. Il ne s'agit plus seulement de répandre la foi dans les campagnes mais d'agir sur le monde afin de le transformer, en partant de l'échelle locale et des problèmes auxquels sont confrontés les jeunes. Pour ce mouvement, l'homme est créateur, acteur de sa vie. Ces jeunes refusent que l'exploitation familiale débouche sur l'esclavage des agriculteurs et l'exploitation de la famille. La JAC fait le choix de la modernisation et reprend des thèmes diffusés par le ministère de l'Agriculture : afin d'augmenter la production et d'assurer l'indépendance alimentaire du pays, il est nécessaire d'accroître la productivité en développant le machinisme, en recourant à de nouvelles techniques agronomiques et en développant la formation professionnelle. Le jaciste se fait le défenseur d'un changement de mentalités, de nouvelles pratiques et « refusant l'idéologie de l'ordre éternel des champs ». Il plaide pour la décohabitation d'avec les parents, la modernisation de l'habitat, de nouvelles relations dans les familles, les couples. C'est à partir de sa vie et des problèmes de l'exploitation que le jeune « prend conscience de la nécessité de transformer profondément ses méthodes de travail afin de pouvoir améliorer ses conditions d'existence »[21]. Ces militants revendiquent une réforme des structures, considérant que les prix ne doivent plus

---

[20] CONFEDERATION PAYSANNE du Tarn, *Graines de résistance. Naissance et développement de la Confédération paysanne du Tarn. Ses acteurs se souviennent*, CP du Tarn, Toulouse, 2017.
[21] Michel GERVAIS, Marcel JOLLIVET, Yves TAVERNIER, *Histoire de…*, p. 467.

être la seule exigence. Selon eux, l'État doit favoriser l'organisation des marchés, permettre l'accès à la terre des jeunes exploitants moyens, dynamiques, quitte à faciliter le départ des exploitants âgés ou « archaïques ». Les jacistes plaident, par ailleurs, pour un regroupement des agriculteurs dans le cadre de coopératives afin de peser davantage sur le marché et d'améliorer le prix de vente de leurs produits. L'action collective qui leur paraît une nécessité est aussi syndicale et revendicative. S'ils considèrent l'agriculteur modernisé comme un chef d'entreprise, ils n'hésitent pas à recourir à l'action directe parfois violente comme en Bretagne en 1961.

Les jacistes[22] investissent, à partir de la fin des années 1950, le CNJA et les CDJA (Centre départemental des jeunes agriculteurs), dont ils prennent le contrôle. Ils développent leurs analyses dans leur presse mais aussi lors des congrès de la FNSEA, ce qui provoque, au départ, des conflits avec sa direction, plus conservatrice. Au début des années 1960, leur volonté modernisatrice entre en phase avec les projets des gouvernements de la V° République. En 1959, le gouvernement reconnaît la représentativité du CNJA : celui-ci devient un interlocuteur privilégié des pouvoirs publics et bénéficie de financements importants. Cette organisation exerce une influence sur les lois d'orientation et complémentaire que la majorité de ses membres approuvent et qui donnent naissance aux Sociétés d'aménagement foncier et d'équipement rural (SAFER) dont le but est d'acquérir des terres afin de les revendre aux jeunes avec des conditions favorables. Michel Debatisse (1929-1997) est le chef de file de cette tendance. Il dirige le syndicalisme jeune à la fin des années 1950 puis participe à la direction du syndicalisme aîné dont il prend la direction en 1971 dans un cadre d'alliances avec les céréaliers. En 1963, il présente les idées-phares de cette sensibilité dans *La révolution silencieuse*[23]. Un courant modernisateur dans lequel des femmes s'impliquent activement émerge.

---

[22] Jacqueline SAINCLIVIER, « Jacistes et renouveau politique et syndical de 1945 à la fin des années 1970 dans l'Ouest », p. 105-119, dans (sous la dir.) de Brigitte WACHE, *Militants catholiques de l'Ouest. De l'action religieuse aux nouveaux militantismes, XIXe-XXe siècle*, PUR, Rennes, 2004.
[23] Michel DEBATISSE, *La Révolution silencieuse. Le combat des paysans*, Calmann-Lévy, Paris, 1963.

Des associations féminines à l'engagement syndical

Martine Cocaud et Jacqueline Sainclivier soulignaient en 2007 que les historiens du rural « n'ont abordé l'histoire des femmes et du genre que timidement, faute d'études solides »[24]. Quelques travaux cependant permettent de repérer les étapes de l'engagement des femmes ainsi que ses limites[25].

Le début du siècle voit naître des associations féminines dans les campagnes. Fréquemment centrées sur l'entraide, elles sont, à leurs débuts, souvent animées par des femmes ou des filles de notables. Serge Cordellier souligne le rôle éminent de la Jeunesse agricole chrétienne féminine « autorisée en 1933 par la Commission permanente de l'Action catholique. Le développement de la JACF, quoique inégal selon les régions, fut rapide »[26]. La Seconde Guerre mondiale voit des femmes rurales s'engager « dans des organisations d'un type nouveau », clandestines, avec des risques considérables. En parallèle, un grand nombre d'entre elles doivent « faire face à une situation économique complexe ». Ces éléments les conduisent « à vouloir s'impliquer plus activement dans la vie politique et sociale après la Libération »[27]. La Jeunesse agricole chrétienne féminine compte 90 fédérations départementales, en 1946 et sa presse a des dizaines de milliers d'abonnés[28]. Le mouvement jaciste organise des

---

[24] Martine COCAUD et Jacqueline SAINCLIVIER, « Femmes et engagement dans le monde rural (19°-20° siècles) : jalons pour une histoire », p. 129-154, *Ruralia*, n°21, 2007, (p. 129).

[25] Christiane ALBERT, Martine BERLAN, Juliette CANIOU, Martyne PERROT, (sous la dir. de) Rose-Marie LAGRAVE, *Celles de la terre. Agricultrice : l'invention politique d'un métier*, Éditions de l'École des hautes études en sciences sociales, Paris, 1987.
Marie-Thérèse LACOMBE, *Pionnières ! : Les femmes dans la modernisation des campagnes de l'Aveyron de 1945 à nos jours*, Éditions du Rouergue, Rodez, 2009.
Jérôme PELLETIER, « Les paysannes des "petites gens" pas comme les autres ? De la paysanne à l'agricultrice, renouvellement des logiques de subordination des femmes de la terre durant la 'révolution silencieuse », p. 215-221, dans (sous la dir. de Jean-Marc MORICEAU et Philippe MADELINE), *Les petites gens de la terre. Paysans, ouvriers et domestiques (Moyen-Âge-XXI° siècle)*, Presses universitaires de Caen-MRSH, Caen, 2017.
Au-delà de l'agriculture, Olivier FILLIEULE et Patricia ROUX (sous la dir. de), *Le sexe du militantisme*, Presses de Sciences Po, Paris, 2009.

[26] Serge CORDELLIER, *JAC-F, MRJC et transformation sociale. Histoire de mouvements et mémoires d'acteurs. 1945-1985*, p. 11 et 12, MRJC, décembre 2008.

[27] M. COCAUD et J. SAINCLIVIER, *art. cit.*, p. 142-143.

[28] S. CORDELLIER, *ouv. cit.* p. 19.

stages de formation qui permettent de « prendre en tant que jeunes adultes des responsabilités »[29]. Même si une partie de l'enseignement renvoie aux rôles traditionnels assignés aux femmes[30] - épouses, mères, ménagères - les jacistes ne vivront pas comme leurs mères. Cette organisation n'est pas féministe mais, comme le signale Olivier Fillieule, l'implication dans des mouvements qui parfois reproduisent l'idéologie dominante « peut être productrice d'affranchissements »[31]. Ainsi une ancienne responsable affirme que ce mouvement a favorisé une réaction « contre la vie que les femmes menaient » et la recherche d'« une autre place dans la famille, dans la profession, dans la vie sociale. Il fallait faire évoluer les mentalités [..]. Il fallait […] faire en sorte que les femmes sortent tout simplement de l'esclavage afin qu'elles soient considérées comme des êtres humains »[32]. Une autre souligne que les jacistes « furent nombreuses à changer le mode de vie des familles. Finie, la famille patriarcale où la femme, effacée, sans voix et sans profession, met les enfants au monde et travaille à l'ombre du monde masculin. Finie, la cohabitation de plusieurs générations sous le même toit. […] Les femmes ont voulu prendre leur place »[33]. Nombre de militantes de ce mouvement épousent des militants de la JAC, ce qui « a souvent contribué à prolonger les engagements de jeunesse en engagements ultérieurs, familiaux, professionnels, religieux, civiques… »[34]. Peu à peu, les femmes entendent faire reconnaître leurs compétences et leur travail.

Des femmes passées par la JACF s'impliquent dans le syndicalisme agricole à l'échelon local ou dans des commissions féminines. En 1957, elles représentent environ 15% des effectifs[35]. Quelques années plus tard, Michel Debatisse, dans *La Révolution silencieuse*, souligne les avancées sur cette question. L'auteur dit ne pas s'accommoder de l'absence des femmes aux postes de responsabilités. Il souligne qu'il y en a dix sur trente membres du conseil d'administration du CNJA au moment où il écrit ce livre alors qu'il n'y en a eu que deux au bureau de l'Union nationale des

---

[29] M. COCAUD et J. SAINCLIVIER, *art. cit.*, p. 147.
[30] S. CORDELLIER, *ouv. cit.*, p. 22.
[31] Olivier FILLIEULE, « Travail militant, action collective et rapports de genre », dans O. FILLIEULE et P. ROUX, *ouv. cit.* p. 65.
[32] Citée dans S. CORDELLIER, *ouv. cit.*, p. 31.
[33] Marie-Thérèse Lacombe citée dans S. CORDELLIER, *ouv. cit*, p. 32.
[34] *Ibidem.*, p. 23
[35] M. COCAUD et J. SAINCLIVIER, *art. cit.*, p. 149

étudiants de France (UNEF) entre 1956 et 1962. Une réunion des responsables féminines de l'Ouest, en 1964, permet de percevoir les difficultés quant à l'implication des femmes de la « base » au syndicalisme. Elles représentent environ 5% des participants aux réunions cantonales alors qu'elles sont environ un tiers dans les bureaux et conseils d'administration des syndicats départementaux. Un certain nombre de femmes sont actives dans les années 1960 dans les CDJA de Vendée, de Loire-Atlantique, du Finistère... mais les postes de responsabilité sont essentiellement masculins et elles représentent rarement l'organisation à l'extérieur[36]. Les femmes s'impliquent souvent localement ou dans des organismes de vulgarisation agricole. Les commissions féminines ont pu être aussi des « passages quasi-obligés pour poser les problèmes qui sont spécifiques aux femmes et pour qu'elles se donnent la force et les moyens de les argumenter dans les organisations dominées par les hommes »[37].

Avant les années 1970, leur investissement syndical reste limité et rares sont les femmes à des postes de responsabilités. Il y a toujours séparation des activités entre hommes et femmes et hiérarchisation puisque, malgré de timides progrès, la parole publique du syndicat est portée par les hommes. D'autant plus que « si le mari était en réunion ou en déplacement, il fallait bien que quelqu'un fasse le travail »[38]. Les épouses des responsables syndicaux ont, en effet, joué un rôle important dans la tenue des exploitations agricoles alors que leurs maris étaient souvent pris.

L'effervescence des années 1960 voit quelques anciennes jacistes participer au combat contre les orientations des directions du syndicalisme majoritaire. En effet, à partir de la fin des années 1960, celles et ceux qui sont passés par les mouvements catholiques se

---

[36] Compte-rendu de la réunion régionale des responsables féminines des CDJA de l'Ouest, Rennes, le 28 août 1964, Paysans-Travailleurs (PT) 44, bte 5, Centre d'histoire du travail (CHT), Nantes.
[37] Anne-Marie Cholon citée par René BOURRIGAUD, *Paysans de Loire-Atlantique. 15 itinéraires à travers le siècle*, CHT, Nantes, 2001, (p. 262).
[38] Marie-Thérèse LACOMBE et Alice MONIER (interview de Serge CORDELLIER), « Femmes de dirigeants agricoles », p. 266-273, *Pour*, n° 196/197, « L'univers des organisations professionnelles agricoles », mars 2008, (p. 268). Marie-Thérèse Lacombe a été mariée avec Raymond Lacombe qui fut président de la FNSEA entre 1986 et 1992 et Alice Monier fut la compagne de José Bové.

divisent. Certains considèrent que les retombées sociales de la modernisation sont par trop négatives, que la parité n'est pas au rendez-vous et que l'exode rural est plus vif qu'attendu[39].

2 : Bouillonnement et contestations

Une vague catholique ?

Parmi les anciens de la JAC s'affirme un courant qui critique non pas la nécessité de la modernisation mais ses conséquences sociales. Ils constatent que le nombre d'agriculteurs diminue plus fortement qu'attendu, que leur revenu augmente moins rapidement que leur charge de travail ou leur endettement et que les inégalités entre producteurs persistent. Ils ont le sentiment que les revendications des syndicats majoritaires profitent aux grands exploitants et que ceux-ci ne défendent pas suffisamment les exploitants moyens de l'Ouest ou d'autres régions. Ils refusent le corporatisme, veulent s'ouvrir à d'autres couches sociales, d'autres organisations, en particulier le monde ouvrier et ses syndicats. De plus, pour eux, les négociations doivent s'appuyer sur un rapport de forces favorable qui repose sur l'action directe de la base paysanne. Ces responsables sont minoritaires sur le plan national mais ont une influence certaine dans l'Ouest et pèsent d'un poids non négligeable dans le syndicalisme jeune. Ce sont des cadres syndicaux actifs, qui accordent une grande importance à la formation. Surtout, des équipes entières de responsables et de militants évoluent de concert[40].

Certains sont nés dans les années 1930, voire avant, ils ont, pour la plupart, appartenu à un mouvement d'action catholique[41].

---

[39] Jacqueline SAINCLIVIER, *art. cit.*, 2004.
J. P. MARTIN, *ouv. cit.*, 2005.
[40] « Entre 1961 et 1965, la JAC et la JACF se transforment en MRJC (Mouvement rural de jeunesse chrétienne) et MRJCF (Mouvement rural de jeunesse chrétienne féminine) […]. Ensuite, le MRJC et le MRJCF fusionnent en un seul mouvement, le MRJC,», Serge CORDELLIER, *JAC-F, MRJC et transformation sociale. Histoire de mouvements et mémoires d'acteurs. 1945-1985*, MRJC, Paris, décembre 2008.
[41] Parmi les plus connus qui ont eu des responsabilités dans leur département et sur le plan national dans les courants contestataires des années 1960-1970 : Paul Le Saux (1921, Finistère puis Haute-Vienne), Henri Paris (1923, Manche), Marcel Louison (1924, Loire), Bernard Lambert (1931, Loire-Atlantique), Henri Baron (1932, Loire-Atlantique), Joseph Guénanten (1935, Morbihan), Georges Dauphin (1935, Finistère), Jean Monneret (1935, Jura), Léon Ourry (1935, Manche), Jacques

Plusieurs ont effectué leur service militaire en Afrique du Nord pendant la guerre d'Algérie. Tous ont eu, un temps, des responsabilités dans le syndicalisme agricole majoritaire. D'autres, qui ont porté la contestation à l'intérieur du CNJA dans les années 1960-1970, sont nés dans les années 1940. La plupart sont passés par les mouvements d'éducation catholiques[42]. Quelques-uns cependant, un peu plus nombreux que ceux nés dans les années 1930, n'y ont pas appartenu[43].

Des femmes étaient présentes. Souvent elles ont fait tourner l'exploitation pour que leur conjoint, dont elles partagent fréquemment les convictions, dégage du temps pour militer. Beaucoup jouent un rôle sur le plan départemental comme l'a montré Jean-Marc Herreng pour la Vendée[44]. Mais elles sont plus rares à avoir joué un rôle national. Parmi celles qui ont eu des responsabilités au-delà de leur département : Marie-Paule Méchineau (1949, Loire-Atlantique, passée par la JEC), Geneviève Guesdon (1943, Ille-et-Vilaine, qui a

---

Lyotard (1935, Drôme), Bernard Thareau (1936, Loire-Atlantique), Jo Bourgeais (1937, Maine-et-Loire), Yves Manguy (1937, Charente), Jean Cadiot (1937, Loire-Atlantique), Bernard Rapion (1937, Loire-Atlantique), Jean Reverdy (1937, Savoie), Zéphirin Espagne (1938, Haute-Garonne), Charles Plancq (1938, Nord), Jean-Bernard Mabilais (1939). Parmi ceux-ci, seuls deux n'en ont pas été membres. Jean-Louis Bardet, né en 1935, animateur de la FDSEA de la Drôme était lui passé par la JOC.

[42] Clément Sauvaget (1940, Vendée), Joseph Gaborit (1940, Charente), Antoine Richard (1941, Loire puis Tarn-et-Garonne), Amand Chatellier (1941, Loire-Atlantique), Bernard Péré (1941, Lot-et-Garonne), Pierre Van Gastel (1941, Nord), Jo Aubin (1942, Ille-et-Vilaine), Raymond Hénaff (1943, Finistère), Guy Le Fur (1944, Finistère), Henri Ricard (1944, Bouches-du-Rhône), Denis Gaboriau (1945, Loire-Atlantique), Jean-Charles Jacopin (1947, Finistère), André Aubineau (1947, Vendée), Alain Jacob (1949, Finistère) et d'autres encore...

[43] Jean Bréhéret (1940, Loire-Atlantique), Albert Ody (1941, Mayenne), Marc Fillon (1941, Rhône, lecteur un temps de *Témoignage chrétien*), Michel Terrail (1942, Drôme), Jean-Yves Griot (1942, Mayenne), Jean-Claude Olivier (1943, Sarthe), Jean Huillet (1944, Hérault), Bernard Bégaud (1945, Charente-Maritime). Nous n'avons pas cité tous les responsables mais évoqué ceux qui ont joué un rôle national. Que ceux qui s'estiment injustement oubliés nous pardonnent. Ceux nés dans les années 1950, ne sont pas étudiés ici. Ces données s'appuient sur un questionnaire envoyé en 2000 à d'anciens responsables ainsi que sur des entretiens et des questionnaires faits après. Jean-Marc Herreng a contacté A. Aubineau, en août 2015. Le lieu indiqué est celui de l'exploitation au moment de l'envoi du questionnaire.

[44] Jean-Marc HERRENG, *Vingt de luttes paysannes en Vendée. 1968-1988 : du CDJA à la Conf'*, CHT, Nantes, 2015.

eu des responsabilités régionales au MRJC entre 1963 et 1965)[45], Marie-Renée Morvan (1940, Finistère), Marie-Paule Lambert (1934, Loire-Atlantique), Régine Teulier (1948, Tarn-et-Garonne), Annick Mas de Feix (1933, Haute-Vienne), Marjolaine Maurette (1945, Creuse). Plusieurs de celles qui ont joué un rôle national significatif sont issues du monde urbain et ont fait des études supérieures. R. Teulier et M. Maurette ont fait « l'agro », l'une à Rennes, l'autre à Toulouse, et A. Mas de Feix a obtenu l'équivalent d'un BTS. Comme si le niveau d'études et de culture ouvrait pour elles un droit à la parole. Plusieurs, par ailleurs, ont été membres de groupes d'extrême-gauche qui furent aussi des écoles de formation facilitant implication et prise de parole (OC-GOP, Organisation communiste Gauche ouvrière et populaire, pour deux et LCR, Ligue communiste révolutionnaire pour une autre)[46]. A noter aussi que les deux dernières ont joué un rôle national seulement à partir des années 1980.

Cette énumération confirme le caractère collectif du mouvement critique qui s'affirme. D'ampleur quasi nationale, il touche la région Rhône-Alpes, le Nord, le bassin méditerranéen, les Pyrénées-Atlantiques... et le grand Ouest, où il est plus important et plus profond. La contestation prend une dimension politique car nombre de ces militants se rapprochent des gauches ou des extrêmes-gauches. Cette radicalisation part du vécu, de l'expérience de ces agriculteurs. Elle est liée à la formation dispensée qui poussait les jeunes à analyser leur condition et à rechercher des solutions. Les mouvements d'action catholique organisaient des stages de formation sur l'agriculture et sur la société dans son ensemble, n'hésitant pas à faire intervenir des philosophes marxistes reconnus[47]. L'Église catholique confrontée à la modernisation tente de se renouveler mais les jeunes qui animent les mouvements d'action catholique vont plus loin que ne le voudrait la hiérarchie. Ils contestent son influence sur les mouvements, réclament plus d'indépendance, critiquent le traditionalisme dans la société mais aussi dans la religion et se

---

[45] Je remercie M. P. Méchineau et G. Guesdon qui ont répondu à quelques questions par téléphone, le 24 juillet 2015.
[46] Il semble qu'une autre ne nous ait pas fait part d'un engagement politique marqué. La Gauche ouvrière et paysanne (GOP) était une tendance du PSU alors que l'OC-GOP fut une organisation indépendante. D'où la confusion fréquente entre GOP tendance et OC-GOP (souvent appelée GOP).
[47] Serge CORDELLIER, *JAC-F, MRJC... ouvr. cit*, p. 53.

rapprochent de jeunes issus d'autres univers sociaux dont certains se veulent révolutionnaires. En 1965, plusieurs dirigeants nationaux quittent le MRJC en plein congrès car ils voulaient élargir le mouvement sur le plan social, prendre des contacts internationaux, se déterminer eux-mêmes et mener une action politique au sens large[48]. Crise qui rebondit dans les années 1970. Dans le monde paysan, la radicalisation politique des jeunes naît, dans nombre de régions, dans les mouvements d'action catholique. Les courants traditionnels de la gauche jouent un rôle limité dans les contestations des années 1970. D'où l'appellation de « nouvelle gauche paysanne » utilisée tant par les acteurs que par les chercheurs. Malgré ce, l'importance du courant de radicalisation issu des « catholiques de gauche » est souvent sous-estimée et parfois moquée.

Rencontres, débats et convergences

En 1965, les mouvements de jeunes catholiques ruraux comme étudiants traversent une crise. En 1965-1966, les tensions dans l'Union des étudiants communistes atteignent leur paroxysme. En sont exclus ceux qui fondent la JCR (Jeunesse communiste révolutionnaire, dite trostkyste, avec Alain Krivine, Daniel Bensaïd, Henri Weber) et ceux qui sont à l'origine de l'UJC(ml) (Union des jeunesses communistes marxistes-léninistes, pro-chinoise). L'exclusion d'une organisation par un appareil ainsi que l'appartenance à une même génération facilitent les contacts entre « dissidents » d'horizons divers. Une partie des paysans contestataires débattent et entretiennent des liens avec les étudiants critiques à partir du milieu des années 1960 et certains se rapprochent des militants prochinois. D'autres catholiques

---

[48] Claude PRUDHOMME, « Les jeunesses chrétiennes en crise (1955-1980) », dans Denis PELLETIER, Jean-Louis SCHLEGEL (sous la dir. de), *A la gauche du Christ. Les chrétiens de gauche en France de 1945 à nos jours*, Seuil, Paris, 2012. p. 323-350. Selon Jean-Bernard Mabilais, 22 permanents sur 30 démissionnent de leurs fonctions et du MRJC et le bureau sortant quitte la tribune (dont Michel Bertin était président, Marcel Colin vice-président et J. B. Mabilais), Yannick DROUET, entretien avec Jean-Bernard Mabilais, le 25 mai 2009, à Saint-Jean-la-Poterie.
Julie PAGIS, « La politisation d'engagements religieux. Retour sur une matrice de l'engagement en mai 68 », p.61-89, *Revue française de science politique*, 2010/1, vol. 60. Dans cette étude, l'auteure souligne l'importance de l'engagement religieux pour une partie de ceux qui furent actifs en mai-juin 1968 et eurent un engagement politique et-ou syndical marqué. Voir le portrait de « Michèle », qui eut des responsabilités nationales à la JACF, rejoignit un courant maoïste, fut proche de B. Lambert et est connue pour ses recherches sur les salariés agricoles.

de gauche sont impressionnés par l'expérience de la Chine, tels les franciscains de Bordeaux et Toulouse qui animent la revue *Frères du monde*. L'UJC(ml) publie, en mars-avril 1967, un numéro de sa revue (*Cahiers marxistes-léninistes*) intitulé « Eléments sur la question agraire ». Selon elle, pour défendre ses intérêts véritables, la paysannerie pauvre devrait rompre avec la bourgeoisie rurale et s'allier avec le prolétariat. Par ailleurs, ces militants veulent se rendre dans les campagnes pour en étudier les réalités et mener un travail d'enquête. Il s'agissait, selon l'expression de Mao, de « descendre de cheval pour cueillir les fleurs » plutôt que de les regarder ou de les contempler[49]. Dès l'été 1967 ont lieu des tentatives de « stages paysans » de militants en Bretagne, dans l'Hérault... La revue *Frères du monde* demande en 1967 à des anciens du MRJC et de la JEC d'écrire un numéro consacré aux questions agricoles. Il sera réécrit, avant sa publication, pour tenir compte des événements de mai-juin 1968 avec des animateurs de l'UJC(ml). Ces jeunes sont aussi en contact avec des étudiants en agronomie tels René Bourrigaud ou Paul Bonhommeau alors à l'École supérieure d'Agriculture d'Angers. R. Bourrigaud, issu d'une famille de paysans, influencé par la JAC et lecteur de *Témoignage chrétien*, est devenu marxiste et a adhéré au PSU en 1967. Paul Bonhommeau a aussi rejoint ce parti. Tous deux seront des « compagnons de route » de la nouvelle gauche paysanne jusqu'à nos jours[50].

Les jeunes paysans ne constituent pas un « monde à part ». Comme dans d'autres milieux, une minorité est devenue contestataire[51]. Elle affirme son droit à la parole et à la critique, aspire à vivre différemment de ses parents, a la volonté de changer la société et le sentiment de pouvoir y parvenir. Avant même 1968, des liens se

---

[49] Yannick DROUET et Jean-Philippe. MARTIN, « Les maoïstes et les Paysans-Travailleurs (fin des années 1960-années 1970) », *Dissidences*, n°8, mai 2010, p. 112-130.
[50] Samuel DEGUARA, *Les conditions d'émergence d'un nouveau syndicat : la Confédération paysanne (1981-1987)*, DEA, sous la dir. de Annie COLLOVALD, Université de Paris X-Nanterre. 2000, (p. 144).
Y. DROUET et J. –P. MARTIN, « Un militantisme paysan à gauche. Des réseaux paysans de Bernard Lambert (PSU) à ceux de l'OC-GOP (années 1960-années 1970) », dans Tudi KERNALEGUENN, François PRIGENT, Gilles RICHARD, Jacqueline SAINCLIVIER (sous la dir. de), *Le PSU vu d'en bas*, PUR, Rennes, 2009, p. 291-304.
[51] La JCR ou l'UJC(ml) ne regroupaient qu'une minorité d'étudiants et les lecteurs de Guy Debord étaient alors fort rares.

développent avec d'autres, des « rencontres improbables »[52] ont lieu, des expériences sont échangées, des métissages s'opèrent. Décloisonnement de l'espace social qui a marqué profondément certains acteurs. Ce mouvement s'accentue dans les années qui suivent.

Les aspirations des contestataires entrent en phase avec celles d'un nombre significatif de jeunes, y compris dans le monde paysan. Il y a, dans les années 1960, un mouvement et une solidarité générationnelle, renforcée par l'effet de nombre des enfants du baby-boom, par la relative augmentation de leur niveau d'études ainsi que par la diffusion de produits culturels en rupture avec le monde adulte.

Les jeunes paysans tissent aussi des liens avec certains de leurs aînés. Parmi ceux-ci, un leader au fort charisme joue un rôle majeur.

3 : Un leader fougueux, Bernard Lambert

Bernard Lambert est né en 1931 à Teillé (Loire-Atlantique). Fils de métayer, il vit mal la domination subie par ses parents. Bon élève, sa scolarité est interrompue par la maladie et il doit sa formation à la JAC dont il devient membre puis responsable pour les sports et les loisirs de la région d'Ancenis à 18 ans[53]. Il y prend des responsabilités nationales en 1955-1956 et y côtoie des militants d'autres régions tels Michel Debatisse ou Raymond Lacombe puis participe à l'animation nationale du CNJA. C'est par les mouvements d'action catholique qu'il rencontre Marie-Paule Cassagne, du Gers, avec qui il se marie en 1959 et qui s'installe en Loire-Atlantique.

Lors des élections législatives de 1958, plusieurs paysans lui demandent de se présenter dans la circonscription de Châteaubriant au nord du département. Il y est élu député, apparenté MRP (Mouvement républicain populaire). B. Lambert avait été rappelé en Algérie pendant la guerre. Il tente d'intervenir à l'Assemblée nationale, en juin 1959 sur cette question. Son discours est émaillé d'interruptions car il met en doute le caractère spontané des manifestations du 13 mai 1958,

---

[52] Xavier VIGNA, Michelle ZANCARINI-FOURNEL, « Les rencontres improbables dans "les années 68" », *Vingtième siècle. Revue d'histoire*, n°101, 2009, p. 163-177.
[53] Yves CHAVAGNE, *Bernard Lambert. Trente ans de combat paysan*, La Digitale, Quimperlé, 1988.

craint que la guerre dure et affirme que « la prolongation du conflit, en accumulant les haines, élargit le fossé entre les deux communautés »[54].

Après la perte de son siège de député, il se consacre au syndicalisme, intègre la FDSEA et en devient secrétaire-général en 1964. Responsable dynamique, il plaide pour un regroupement régional du syndicalisme agricole. La Fédération régionale des syndicats d'exploitants agricoles de l'Ouest (FRSEAO) est créée en 1966 et B. Lambert en devient secrétaire-général. Cette fédération organise alors des actions d'ampleur. Ce leader est de ceux qui veulent mener des combats communs avec les syndicats ouvriers en défense de la région. Ses critiques envers le syndicalisme majoritaire s'amplifient et, au milieu des années 1970, il fait partie de ceux qui rompent avec lui pour créer des groupes locaux autonomes puis une Association nationale des paysans-travailleurs (ANPT) en 1974 et un syndicat indépendant, la Confédération nationale des syndicats de travailleurs-paysans (CNSTP), en 1981. La plupart de ses anciens compagnons ne le suivent pas, soit qu'ils acceptent les orientations du syndicalisme majoritaire ou s'y rallient, soit qu'ils tentent de créer une tendance en son sein. Cette sensibilité donne naissance à un autre syndicat, la Fédération nationale des syndicats paysans (FNSP), en 1982. Sur le plan syndical, un des derniers combats de B. Lambert, avant sa mort en juin 1984, fut d'œuvrer en faveur de l'unification des branches divisées de la nouvelle gauche paysanne.

Si son choix de rompre avec la FNSEA fut très minoritaire, B. Lambert conserve une influence significative du fait de son sens politique qui l'amène à donner une impulsion décisive à deux combats. Lors de la lutte du Larzac, c'est lui et les Paysans-travailleurs qui appellent à la première marche sur le plateau, en août 1973. Il insiste pour que les PT, qui n'y sont pas tous favorables, soutiennent les paysans du causse qui s'opposent à l'extension d'un camp militaire[55]. Ce dirigeant a largement contribué à donner une

---

[54] Bernard Lambert, Assemblée nationale, 2° séance du 9 juin 1959.

[55] « Les Paysans travailleurs [...] organisent, du 24 au 26 août, une marche sur le Larzac pour protester à leur tour contre la menace d'expropriation qu'entraînerait pour les paysans de cette région l'extension du camp militaire. [...]. Une délégation des cent trois agriculteurs du Larzac a assisté à cette conférence de presse et exprimé sa solidarité aux Paysans travailleurs pour l'action qu'ils projettent. », *Le Monde*, 4/08/1973. Voir aussi *Vent d'Ouest* de mai et juin 1973.

ampleur nationale à ce mouvement. Les éleveurs veillant toujours cependant à en conserver la maîtrise. Le second combat anticipateur est celui contre le « veau aux hormones ». En 1980, deux éleveurs endettés liés par contrat dénoncent l'usage d'hormones interdites pour favoriser la croissance des veaux. Ce leader les soutient mais il est confronté à un appel au boycott d'une organisation de consommateurs et, de ce fait, est accusé de jouer contre les agriculteurs. Ceci l'amène à poser la question de la finalité de l'agriculture et à développer une critique du productivisme. Peu à peu, ces analyses s'imposent et l'intérêt pour les pratiques alternatives se développe. Convaincu de la justesse de ses idées et emporté par un tempérament énergique, B. Lambert a parfois imposé ses choix à ceux avec qui il militait, ce qui a pu être source de tensions et l'a amené dans certaines occasions à être très en avance sur la base paysanne. Toutefois, dans ces deux cas, il participe à l'élargissement du combat sur le plan national, est favorable à la recherche d'alliances larges sur les plans social et politique et entend faire de la question agricole une question de société, affirmant l'idée qu'elle concerne tous les citoyens.

Syndicaliste, B. Lambert est également partisan d'une transformation révolutionnaire de la société favorable aux paysans. Dans ce but, il développe une analyse des évolutions de l'agriculture et du monde agricole et s'engage au Parti socialiste unifié (PSU) entre 1966 et 1972. Il milite à la direction politique de ce parti mais quasiment pas sur le plan local. B. Lambert y déploie une double action. Tout d'abord, il renouvelle la pensée politique marxiste sur l'agriculture dans son livre paru en 1970 et tiré à 100 000 exemplaires, *Les Paysans dans la lutte des classes* sur lequel nous reviendrons[56]. Par ailleurs, il souhaite transformer le PSU en un parti révolutionnaire, un outil politique permettant l'analyse des luttes, un « intellectuel collectif » au service des masses ouvrières et paysannes, du mouvement populaire[57].

Pour lui, il était essentiel de partir des idées des militants, qui participaient aux luttes et d'élaborer un programme politique à partir de celles-ci. Il participe peu au jeu des tendances, s'investit

---

[56] Bernard LAMBERT, *Les paysans dans la lutte des classes*, Seuil, Paris, 1970. Réédition commentée, CHT, Nantes, 2003.
[57] Bernard RAVENEL, *Quand la gauche se réinventait. Le PSU, histoire d'un parti visionnaire, 1960-1989*, La Découverte, Paris, 2016, (p. 181-186).

prioritairement dans le secteur paysan et anime, sinon dirige, la Commission nationale agricole du PSU qui est pour lui un lieu de débat et de confrontation théorique sur les problèmes agricoles, où se retrouvent des membres de ce parti, des sympathisants et des personnes gravitant autour, paysans ou travaillant dans le secteur para-agricole. Un réseau se constitue qui permet de confronter et de diffuser idées, expériences et projets[58]. Plusieurs militants du PSU animeront, après mai-juin 1968, avec un groupe souvent qualifié de maoïste, la revue *Paysans en lutte*.

Paysan, de formation catholique, syndicaliste et révolutionnaire : tel apparaît le parcours singulier de B. Lambert qui, au-delà de sa forte personnalité, est lié à tout un collectif qui a animé de nombreuses luttes dans l'Ouest, et a observé avec attention celles qui se développaient en Languedoc.

4 : Des vignerons combatifs

Dans les années 1960, une grande partie des départements littoraux du Languedoc-Roussillon (Aude, Gard, Hérault, Pyrénées-Orientales) est consacrée à la culture de la vigne. La monoculture s'y est développée avec l'expansion des chemins de fer et a fait, un temps, la fortune de certains. Cette activité emploie des dizaines de milliers de vignerons, à temps plein ou doubles actifs. C'est tout un peuple qui vit entièrement ou en partie de la vigne[59]. Depuis le début du siècle, nombre de petits et moyens producteurs se sont regroupés et ont constitué des caves coopératives de vinification. Le Midi vend essentiellement un vin de consommation courante destiné aux couches populaires du Nord, parfois coupé avec des vins d'Algérie ou d'ailleurs. Il est alors plus rentable de produire une grande quantité de produit de consommation courante avec des cépages médiocres mais très productifs qu'une boisson de qualité avec des cépages aux rendements plus bas.

En 1907, la viticulture du Midi est confrontée, depuis plusieurs années, à une crise majeure liée à la mévente et à la baisse des cours.

---

[58] Y. DROUET et J. P. MARTIN, *art. cit.* (2009).
[59] Sur l'usage des expressions « vinhairon », « viticultor », viticulteur, vigneron : J.P. MARTIN, « Vignerons, vins du Languedoc et pouvoirs », p. 87-106, dans *Vignes, vins et pouvoirs*, Jean VIGREUX, Serge WOLIKOW, *Cahiers de l'IHC*, n°6, 2001.

Des manifestations massives dénoncent la fraude, défendent le vin naturel, critiquent l'inaction des pouvoirs publics et donnent naissance à un mouvement social dont le fantôme hantera la viticulture pendant des dizaines d'années[60]. Cette révolte entraine des mesures qui visent à protéger les vignerons et à éviter une nouvelle crise. Après cette date, la production et le marché du vin sont réglementés. Des mesures portant sur la définition du produit et visant à limiter la fraude (interdiction du mouillage, du sucrage) sont prises. Une organisation de défense, la Confédération générale des vignerons (CGV devenue après-guerre CGV du Midi, CGVM), est créée. Dans les années 1930, l'État intervient sur le marché afin d'éviter la surproduction (interdiction de nouvelle plantation, prime à l'arrachage...) et de protéger les petits producteurs (blocage et échelonnement de la récolte, taxes sur les forts rendements...). La coopération, encouragée, se développe. Les organisations viticoles très attachées à ce cadre réglementaire, qui permet à tout un peuple de vivre, entendent le défendre[61].

Le peuple vigneron a donné naissance à un mouvement syndical spécialisé et régional constitué d'organisations, parfois concurrentes, mais partageant un certain nombre de valeurs et de revendications : la défense du produit ; le besoin d'un cadre législatif qui organise la plantation, les pratiques et le marché ; l'attachement à un mode de vie et à la région ainsi que la nécessité de s'unir en cas de crise afin de défendre le prix du vin. Pour les vignerons, les causes des crises sont à rechercher à l'extérieur de la profession voire de la société régionale : c'est la viticulture algérienne, plus tard, celle d'Italie, les négociants d'autres régions de France, des sociétés commerciales internationales qui coupent les vins et, parfois, les négociants du Midi qui importent des vins étrangers : autant d'acteurs qui ont une influence parfois occulte sur les gouvernements français puis sur l'Europe [62]... Plusieurs organisations se sont développées : la principale, la CGVM, installée à Narbonne, dominée par les grands

---

[60] Félix NAPO, 1907 : *La révolte des vignerons*, Privat, Toulouse, 1971.
Rémy PECH, Monique PECH et Jean SAGNES, *1907 en Languedoc et en Roussillon*, Espace Sud Éditions, Montpellier, 1997.
[61] Pierre BARTOLI, Daniel BOULET, *Dynamique et régulation de la sphère agro-alimentaire: l'exemple viticole*, INRA, Montpellier, 1989.
[62] Conseils d'administration de la Confédération générale des vignerons du Midi des 28/3/1962, 29/8/1962, CGVM, Narbonne. Arguments parfois justifiés.

propriétaires ; des fédérations des caves coopératives qui ont aussi un rôle revendicatif, Fédération départementale des caves coopératives de l'Aude (FDCCA) et Fédération des caves coopératives de l'Hérault (FCCH), dominées par les petits et moyens producteurs[63] ; la Ligue des petits et moyens viticulteurs, animée, après-guerre, par des communistes, joue un rôle d'aiguillon. En 1953, une structure d'action s'affirme (le CRSV). Ces organisations sont indépendantes du syndicalisme agricole national jusqu'à la fin des années 1970 même s'il existe formellement des sections départementales de celui-ci. Dans ces régions, les militants de gauche jouent un rôle clef dans les organisations viticoles, l'influence du catholicisme social est limitée et le particularisme régional vif. Cette multitude d'organisations entraîne parfois des tensions entre vignerons des plaines et des coteaux, entre grands, moyens ou petits exploitants, entre les diverses sensibilités syndicales ou politiques, voire entre vignerons de départements différents. L'unité est un combat et l'existence d'une multitude d'organisations explique, peut-être, le goût du leader providentiel, haut en verbe ou homme d'action, parmi les vignerons de base[64].

À partir des années 1960, les vignerons du Midi sont confrontés à des difficultés. Le recul de la consommation de vin de consommation courante est sensible et structurel, d'où des prix à la baisse. À cela s'ajoute la concurrence des vins d'Algérie d'autant plus mal acceptée que ce pays est devenu indépendant et que les vignerons ont le sentiment d'être les dupes d'un accord entre les deux gouvernements. Par ailleurs, la législation française tend à devenir plus libérale. La Communauté économique européenne (CEE) suscite des espoirs mais aussi des craintes parmi les vignerons[65]. Ces années sont marquées par un nouveau cycle de luttes (1961, 1963 et 1967) contre les importations de vin algérien à bas prix et le décret du 16 mai 1959 décidé par le gouvernement pour lutter contre les excédents.

---

[63] Antoine Verdale dirige la FDCCA de 1963 à 1992 et Henri Bessède la FCCH entre 1946 et 1963 puis de 1967 à 1972. Marcelin Courret lui succède jusqu'en 1991. Tous trois appartiennent ou sont proches du PS.

[64] Jean-Philippe MARTIN, *Les syndicats de viticulteurs en Languedoc (Aude et Hérault) de 1945 à la fin des années 1980*, Thèse d'histoire, Montpellier, 1994.
Geneviève GAVIGNAUD-FONTAINE, *Le Languedoc viticole, la Méditerranée et l'Europe au siècle dernier (XXe)*, Publications de l'Université Paul-Valéry, Montpellier, 2000.

[65] P. BARTOLI et D. BOULET, *ouv. cit.*

Les vignerons constatent un recul du prix à la production des vins de table. Ils entrent en action et dénoncent les importations[66].

Fin juin 1961, dans l'Aude et l'Hérault, des comités d'action sont créés par les organisations viticoles traditionnelles mais s'en émancipent peu à peu. Entre le 27 juin et le 1er juillet 1961, des barrages qui ont pour objectifs de souder le groupe, d'occuper l'espace public et d'attirer l'attention des médias sont organisés. Ceux-ci, fait nouveau, entraînent parfois des heurts avec les forces de l'ordre, heurts qui se reproduisent à l'issue de manifestations (Béziers, nuit du 28-29 juin). Lors d'une d'entre elles, à Montpellier, le 4 juillet, les dirigeants de la CGVM sont pris à partie par des jeunes dont Emmanuel Maffre-Baugé (Hérault). Les premières actions de commando de nuit sont réalisées, des abattages d'arbres et une bombe au plastic qui explose le 1er juillet sur une voie ferrée à proximité de Béziers. Les syndicats sont débordés et « un fossé apparaît entre les vignerons et leurs dirigeants »[67]. La lutte est menée par des jeunes qui entendent bloquer les voies de communication, utiliser des moyens d'action spectaculaires. Ceux-ci veulent prendre une plus grande place dans le syndicalisme viticole (dans l'Hérault) ou dans les structures d'action (dans l'Aude). La principale organisation, pragmatique, adopte, après un temps, une attitude souple et utilise la combativité des jeunes des Comités d'action viticole (CAV). Celle-ci lui permet même de faire reconnaître sa représentativité par le ministère de l'Agriculture et de confirmer son indépendance vis-à-vis du syndicalisme national[68].

L'importance de la vendange de 1962 et les importations expliquent la mévente de l'année suivante qui entraîne une nouvelle flambée de colère. Le 9 février 1963, le ministre de l'Agriculture, Edgard Pisani est chahuté à Montpellier. Le 14 mars des bouteilles de vin algérien sont brisées sur la voie publique à Montpellier, Béziers et Perpignan. Le 27 octobre, action traditionnelle, les drapeaux des mairies sont mis en berne. Le 12 novembre, une manifestation regroupe près de 50 000 vignerons à Montpellier en présence des élus.

---

[66] J. P. MARTIN, *ouv. cit*, 1994, p. 157-173.
[67] *Le Monde*, 6/07/1961.
[68] Antoine ROGER, « Syndicalistes et poseurs de bombes. Modalités du recours à la violence dans la construction des 'intérêts vitivinicoles' languedociens », *Cultures et conflits*, n° 81-82, printemps-été 2011,

Elle est suivie de heurts auxquels participent des militants d'extrême-droite mais aussi de jeunes vignerons. Le 5 décembre, des barrages routiers donnent lieu à des incidents dans deux d'entre eux. Les vignerons justifient ce type d'actions car, disent-ils, ils ne peuvent pas faire grève[69]. Par ailleurs, des actions illégales accompagnées de déprédations matérielles ont lieu. Au printemps 1963, plusieurs négociants de la région voient leurs cuves vidées des vins algériens. Les négociants importateurs sont désignés comme responsables des maux des vignerons. L'ennemi reste extérieur à la profession mais appartient à la société locale. Fin octobre et courant novembre, dans l'Aude, des poteaux et des relais téléphoniques, des pylônes électriques ainsi que des voies de communication sont endommagés, parfois à l'explosif. Ces actions illégales qui apparaissent légitimes à une partie des vignerons, sont organisées dans la clandestinité, préparées dans le secret, et sont exécutées pour certaines de nuit. Elles visent l'État ou des négociants et ont pour but de faire pression sur ceux-ci, de frapper l'opinion publique et les médias, de montrer l'ampleur de la crise et d'en dénoncer les responsables mais aussi de prouver la détermination des vignerons. Les activistes qui les mènent, souvent jeunes, ont fréquemment participé à la guerre d'Algérie. Ils se regroupent de manière informelle, par affinités ou sur le plan géographique et sont plus ou moins autonomes des syndicats.

En 1967, deux épisodes de lutte se succèdent contre les importations de vin d'Algérie. André Castéra, installé à Montredon (Aude), résolu et bon tribun, entame en janvier une série de réunions au cours desquelles il appelle les vignerons à réagir : sinon ils seront bons « pour vendre des cigales sur les plages ou pour aller apprécier la poésie du ciment des HLM »[70]. Avec Jean-Baptiste Bénet, qui dirige la CGVM, s'opère un partage des rôles : au syndicat, la négociation, à A. Castéra et aux comités d'action, le combat. Des barrages sont érigés, en janvier, un comité régional de défense et d'action viticole naît. Des actes de sabotage sont perpétrés, en février et mars, dans

---

[69] J.P. MARTIN, *ouv. cit*, 1994.
Edouard LYNCH, « Les manifestations paysannes en mai 1968 : " si loin, si proche " ? », dans Bruno BENOIT, Christian CHEVANDIER, Gilles MORIN, Gilles RICHARD, Gilles VERGNON, *À chacun son Mai ? Le tour de France de mai-juin 1968,* PUR, Rennes, 2011.
[70] *Le Paysan du Midi (PM)*, 20/04/1967, AD de l'Hérault.

l'Aude. Des manifestations se déroulent le 3 février à Limoux (Aude), puis le 20 février à Perpignan, Béziers, Nîmes et Narbonne.

L'année 1967 voit aussi le premier, et seul, cortège autonome de femmes, défiler dans les rues de Narbonne, le 9 février. Il s'agit de frapper l'opinion publique et les médias. Cette mobilisation s'insère dans un mouvement qui a commencé fin janvier. Des femmes prennent la parole lors de réunions publiques et une section féminine du Comité d'action est créée. Cependant, les femmes sont instrumentalisées par André Castéra qui fait appel à elles afin de prouver aux pouvoirs publics la profondeur de la crise mais cantonne leur discours à ses aspects sociaux[71]. Le caractère inhabituel de ce type de démonstration en fait l'intérêt pour la cause viticole et accroît l'écho de la mobilisation. Ce leader affirme en avoir eu l'idée après une rencontre avec le sous-préfet qui l'interrogeait sur la présence des femmes. Elles tiennent « le porte-monnaie et l'anse du panier » ; si elles participent aux réunions, c'est que la situation est grave, aurait dit le représentant de l'État. Les femmes se mobilisent alors en tant qu'épouses de vignerons et non comme vigneronnes. Elles sont rarement chefs d'exploitation, fournissent un « travail d'appoint » et la manifestation est pensée comme essentiellement masculine. À propos de cette manifestation, Martine Berlan évoque des femmes « en scène » et des « hommes metteurs en scène »[72].

Des rassemblements de vignerons à Draguignan, Montpellier et Carcassonne regroupent, le 16 mars, des dizaines de milliers de personnes. À Carcassonne, de violentes bagarres opposent des manifestants, équipés de bâtons, aux forces de l'ordre, et la gare est mise à sac. Une partie des producteurs a intégré le recours à la violence et s'y est préparée. Peu de temps après, les pouvoirs publics suspendent les importations de vin d'Afrique du Nord. Syndicalistes et activistes font le bilan : la violence peut améliorer le rapport de force et permettre d'obtenir des résultats. À l'automne, la reprise des importations pousse les vignerons à relancer la structure régionale de mobilisation qui prend le nom de Comité régional d'action viticole

---

[71] « Et puis, j'avais amené les femmes » écrit A. Castéra *a posteriori*,. CAV et Michel LE BRIS, *ouv. cit*, p. 47.
[72] Martine BERLAN, « Un théâtre de l'ambiguïté : les manifestations », p. 187-232, dans Christiane ALBERT, Martine BERLAN, Juliette CANIOU, Martyne PERROT, sous la dir. de Rose-Marie LAGRAVE, *ouv. cit.*, p. 191.

(CRAV) et à repartir au combat. Barrage sur la voie ferrée (nuit du 20-21 novembre), actions contre les négociants (nuit du 25-26 et 28 novembre), découverte d'une charge d'explosif sur une écluse du canal du Midi se succèdent. Le CRAV appelle à « l'action violente des Pyrénées aux Alpes » pour le 29 novembre[73]. Le ton, fort martial, est une constante des mobilisations vigneronnes. Il s'agissait, en fait, d'organiser des barrages pour paralyser les communications à l'échelle régionale. Des milliers de vignerons y participent. Au barrage de Villedaigne (Aude), les installations de la SNCF sont mises à sac, mais A. Castéra évite les heurts directs avec les forces de l'ordre.

L'année 1967 a vu apparaître une structure de mobilisation régionale, qui dure plusieurs années, ainsi que la différenciation fonctionnelle entre comités d'action et syndicalisme. Une nouvelle génération s'affirme, qui n'hésite pas à recourir à des actions illégales, spectaculaires, accompagnées de violences de masse ou minoritaires, de nuit ou en plein jour, les cibles étant l'État ou les négociants-importateurs. Les revendications sont centrées sur la défense du prix et l'opposition aux importations, avec parfois, des références à la défense d'un mode de vie, de la région, d'une civilisation. E. Maffre-Baugé l'écrit : la civilisation méditerranéenne est fille du vin, « source de poésie, d'art ». Il refuse qu'au nom de la lutte antialcoolique des « hommes blêmes » défendant parfois « des intérêts occultes » s'en prennent au Midi et il oppose les « méduses » aux « fils du soleil »[74]. Nombre de vignerons ont le sentiment que le Midi viticole a été sacrifié au Nord industriel et que le gouvernement ne les comprend pas.

La fin des années 1960 voit les vignerons s'interroger sur le marché commun viti-vinicole qui prend effet à partir de 1970. Reste que le combat des vignerons du Languedoc est singulier. Il n'en va pas de même pour celui des petits et moyens producteurs de l'Ouest dont la situation est proche de celle de nombre de paysans français.

---

[73] Comité régional d'action viticole, réunion du 25/11/1967, *PM* du 30/11/1967.
[74] Emmanuel Maffre (E. Maffre-Baugé), « Méduses et fils du soleil », *PM*, 24/02/1966.

5 : Des éleveurs déterminés

L'Ouest est, au début des années 1960, une région dans laquelle les actifs agricoles sont encore nombreux avec plus de 25% des actifs en Bretagne et en Pays de Loire. Les petites et moyennes exploitations, souvent en fermage et qui pratiquent fréquemment l'élevage, y dominent. Dans ces régions, les autorités traditionnelles (Église, aristocratie) ont longtemps conservé une grande influence. Toutefois, les mouvements d'action catholique qui ont attiré nombre de jeunes, dans les années 1950-1960, ont tenu un discours émancipateur et ont favorisé des pratiques nouvelles. Discours et pratiques qui entrent en phase avec les attentes des jeunes paysans qui parfois divergeront dans les années 1970. B. Lambert a suivi des cours du Centre d'enseignement rural par correspondance d'Angers (CERCA) et obtenu son examen de maîtrise en 1956, la même année qu'Alexis Gourvennec (Finistère), qui sera l'un des dirigeants du courant libéral[75]. Selon Vincent Flauraud, la pénétration de la JAC dans l'Ouest, a été plus marquée qu'ailleurs et ce sont des dizaines de milliers de jeunes ruraux qui, au milieu des années 1950 ont, à un degré ou un autre, été militants, sympathisants ou en contact avec celle-ci[76]. Ces jacistes se connaissent, travaillent ensemble, s'impliquent activement dans le syndicalisme, à partir de la fin des années 1950, y accèdent à des postes de responsabilités puis en prennent la direction[77].

À partir de la fin des années 1950, les responsables syndicaux de l'Ouest, sous l'impulsion de ceux du Finistère et de Loire-Atlantique, se retrouvent régulièrement afin de débattre et de prendre des initiatives communes, du fait de la similitude des situations. Des structures régionales sont créées : Centre régional des jeunes agriculteurs de l'Ouest (CRJAO) en 1965 et Fédération régionale des

---

[75] Y. CHAVAGNE, *ouv. cit.*, p. 31-32.

[76] Vincent FLAURAUD, « Militantisme jaciste et engagement à gauche. Le " laboratoire" breton », *Parlement[s], Revue d'histoire politique* 2/2014 (n° HS 10), p. 121-134.

[77] FDSEA de Loire-Atlantique en 1959 (Raphaël Rialland), d'Ille-et-Vilaine (1961, Louis Chopier), des Côtes-du-Nord (André Bléjean, 1967), du Morbihan (Gilles Possémé, 1967) et du Finistère (Georges Dauphin, 1969). Dès février 1958, sous l'impulsion de Marcel Léon, fut adoptée dans le Finistère une réforme privilégiant l'action collective et l'activité de la base. Suzanne BERGER, *Les paysans contre la politique*, Seuil, Paris, 1975, (p. 250).

syndicats d'exploitants agricoles de l'Ouest (FRSEAO) en novembre 1966. Celle-ci regroupe les syndicats d'exploitants des deux régions. Joseph Ariaux, du Maine-et-Loire, en est le président, B. Lambert, secrétaire-général. Cette fédération veut défendre les agriculteurs de la région, éleveurs, polyculteurs, souvent à la tête de petites et de moyennes exploitations et qui vivent loin des grands axes de communication. Il s'agit de faire contrepoids aux lobbies des céréaliers et des betteraviers qui bénéficient d'aides importantes. La FRSEAO défend l'agriculture de l'Ouest et demande un soutien des pouvoirs publics envers les producteurs de ces régions. Ses responsables, alors unis, espèrent que leur point de vue pourra progresser à l'intérieur du syndicalisme agricole majoritaire. Elle oriente son action dans plusieurs directions. Elle développe la formation de ses responsables, élabore des revendications spécifiques à la région et aux éleveurs. Enfin, elle met en œuvre une stratégie, combinant action directe des paysans et recherche d'alliances avec d'autres sur le plan régional[78].

La FDSEA de Loire-Atlantique est motrice dans le choix de l'alliance avec le mouvement ouvrier[79]. Raphaël Rialland, son président, a été ouvrier du bâtiment : ancien de la Jeunesse ouvrière chrétienne, il a appartenu à la Confédération française des travailleurs chrétiens (CFTC). Il mène bataille, avec d'autres, en faveur d'un rapprochement avec les syndicats ouvriers. Des contacts se développent et le 6 avril 1960 une déclaration commune ouvrière et paysanne est co-signée, dans ce département, par la Confédération générale du travail (CGT), la CFTC, Force ouvrière (FO) et la FDSEA. Une déclaration du même type est adoptée, en septembre,

---

[78] J.P. MARTIN, « La Fédération régionale des syndicats agricoles de l'Ouest. Quelle région ? Quel projet ? Quelles alliances ? », Christian BOUGEARD, Vincent PORHEL, Gilles RICHARD, Jacqueline SAINCLIVIER (sous la dir. de), *L'Ouest dans les années 1968*, PUR, Rennes, 2012, p. 37-49.

[79] René BOURRIGAUD, « La Loire-Atlantique, creuset du pluralisme syndical », dans Pierre COULOMB, Hélène DELORME, Bertrand HERVIEU, Marcel JOLLIVET, Philippe LACOMBE, (sous la dir. de), *Les agriculteurs et la politique*, Presses de Sciences Po, Paris, 1990, p. 370-385.
René BOURRIGAUD, *Paysans de Loire-Atlantique. 15 itinéraires à travers le siècle*, Editions du CHT, Nantes, 2001.
Jean-Philippe MARTIN, *Histoire de la nouvelle gauche paysanne. Des contestations des années 1960 à la Confédération paysanne*, La Découverte, Paris, 2005.
J.P. MARTIN, « La Fédération régionale… », *art. cit.*.

dans le Finistère. Ces textes mettent en cause la politique du gouvernement favorable aux grandes puissances financières, dénoncent les dépenses jugées improductives, affirment que les intérêts des ouvriers et des paysans sont liés et que leur union est nécessaire afin d'obtenir une rémunération plus juste. Le chômage et la baisse des cours y sont critiqués. Y est aussi exprimée la nécessité de mesures favorables au département, soit pour permettre son expansion industrielle soit pour aller vers un aménagement rural. Cette déclaration reçoit un bon accueil dans les manifestations convoquées en Loire-Atlantique, le 7 avril 1960. Les préventions commencent à être levées entre syndicalistes ouvriers et paysans même si une partie des agriculteurs de la région se défient encore des organisations ouvrières, en particulier de la CGT. En juin 1961, un meeting commun est organisé à Saint-Nazaire. En 1964, face à la crise de l'emploi à Saint-Nazaire, cette alliance se renforce avec la participation de syndicats enseignants, étudiants et de la Confédération générale des cadres (CGC) à la manifestation du 19 février 1964 qui regroupe plusieurs dizaines de milliers de personnes, à Nantes. R. Rialland y prononce un discours critique envers un système économique « aux mains des puissants ». Cette manifestation « pour le droit à la vie, pour l'avenir des jeunes, pour du travail, pour tous », crée un précédent et les syndicalistes essaient de l'étendre à l'ensemble de la région. Les autres départements sont aussi confrontés à un départ massif de jeunes et à des difficultés causées par leur situation périphérique. En avril 1965, plusieurs milliers de manifestants défilent, dans Paris, sous le slogan « l'Ouest veut vivre » à l'appel des Unions départementales de la CGT, de la CFDT, de la FEN (Fédération de l'Éducation nationale) des régions Bretagne et Pays-de-Loire, de structures départementales de FO, des syndicats agricoles ainsi que des partis politiques de gauche. Les organisateurs réclament un développement régional à l'aide d'investissements publics afin de favoriser l'industrie pour que des emplois soient créés. En parallèle, des meetings sont organisés dans plusieurs villes de l'Ouest. L'action est coordonnée sur le plan régional et les alliances sociales esquissées semblent durables. Fin 1967, les syndicats, en particulier les responsables agricoles de Loire-Atlantique, préparent une action interprofessionnelle, qu'ils veulent massive, à l'échelle régionale et dont ils fixent la date au 8 mai 1968. Cette initiative prend une dimension différente du fait des manifestations violentes survenues à Paris début mai.

Les FDSEA de l'Ouest font, dans les années 1960, le choix de s'allier avec les syndicats ouvriers. Dans le même temps, elles se montrent revendicatives et impulsent des luttes déterminées et massives. Le Finistère est en pointe : journée de protestation pacifique dans l'ensemble du département contre la politique agricole du gouvernement, le 19 octobre 1959, avec barrages de tracteurs sur les routes et distribution de tracts. Manifestations coordonnées, à Quimper, Morlaix et Landerneau, en faveur de l'indexation et d'une sécurité sociale, le 14 décembre, au cours desquelles des discours au ton menaçant sont prononcés. C'est lors d'une manifestation dans le cadre d'une journée de mobilisation de la FNSEA, le 7 avril 1960, qu'éclate une première série de violences. Des milliers d'agriculteurs bloquent les voies de chemin de fer à Quimper et saccagent plusieurs wagons. Au printemps 1960, les producteurs d'artichauts prennent une initiative originale et recourent à la vente directe, à Paris, suscitant un vif engouement des consommateurs, des militants et des médias[80].

Le premier épisode de mobilisation de l'année 1961 est le fait des producteurs de légumes du Finistère. Une chute du cours des pommes de terre primeur, combinée à une crise de surproduction de l'artichaut, débouche en juin 1961 sur des manifestations de masse, avec des barrages de tracteurs sur les routes, accompagnées de heurts et de déprédations matérielles. Des urnes électorales sont brûlées le 4 juin et la sous-préfecture de Morlaix est envahie le 8 juin. Suprême insolence, Marcel Léon et Alexis Gourvennec, ont forcé la serrure de l'appartement du sous-préfet, coupé les fils de téléphone et un agriculteur se serait assis sur le fauteuil de celui-ci[81]. Ces leaders sont arrêtés, ce qui donne lieu à de nouvelles manifestations qui dépassent le cadre départemental. Nathalie Duclos a comptabilisé 256 détériorations (poteaux sciés, lignes téléphoniques cisaillées) à l'échelle de toute la Bretagne pendant ce mois. Pour elle, le recours à la violence dans le Finistère s'explique par la prégnance d'une influence dorgériste[82] valorisant l'action directe, fût-elle violente, et par le fait que nombre d'agriculteurs ont fait leur service militaire en

---

[80] S. BERGER, *ouv. cit.*, p. 254-256.
Serge MALLET, *Les paysans contre le passé*, Seuil, Paris, 1962, 242 p.
[81] Nathalie DUCLOS, *Les violences paysannes sous la Vème République*, Économica, Paris, 1998, (p. 103).
[82] Robert T. PAXTON, *Le temps des chemises vertes. Révoltes paysannes et fascisme rural, 1929-1939*, Seuil, Paris, 1996.

Algérie et ont reproduit des méthodes du Front de libération nationale afin de désorganiser les forces de l'ordre et de conduire le gouvernement à négocier. Le sentiment que la Bretagne est une région en retard, voire sous-développée, a aussi probablement joué dans l'identification de ces paysans avec les combattants nationalistes et dans l'emprunt de certains de leurs moyens de lutte[83]. Les deux leaders sont relaxés le 22 juin. Le gouvernement reconnaît qu'il faut aller plus loin dans la modernisation des marchés et, en août, Edgard Pisani est nommé ministre de l'Agriculture. Il a pour mission d'apaiser le malaise paysan. Par ailleurs, un élément a surpris les journalistes comme les policiers des Renseignements généraux : la présence de femmes dans les manifestations[84].

En 1966, à Morlaix, « dans le cadre d'une manifestation des producteurs avicoles et après l'échec d'une rencontre avec le sous-préfet, l'Hôtel de ville est investi par des manifestants et de nombreuses dégradations sont commises »[85]. Une fois de plus, dans le Finistère, des jeunes agriculteurs recourent à des actions accompagnées de déprédations matérielles visant des bâtiments publics.

En 1967 une mobilisation coordonnée et d'ampleur régionale est organisée contre la chute des cours du porc et du poulet ainsi que contre des projets d'importations de viande bovine à bas prix, depuis l'Amérique latine, envisagés par la CEE. Une manifestation est organisée le 26 juin, à Redon, elle regroupe 10 000 à 15 000 éleveurs, soit un nombre plus élevé qu'attendu. La politique agricole de la CEE est critiquée et le président de la FRSEAO affirme que les « agriculteurs de l'Ouest veulent être reconnus et soutenus comme les céréaliers ». La situation se tend devant la sous-préfecture. « À la fin du meeting, soudain, des œufs pourris, des poulets congelés… percutent les casques des forces de l'ordre »[86]. Des manifestants se rendent à la gare, bloquent les voies ferrées, de vifs heurts contre les forces de l'ordre s'en suivent. À la différence de 1961, ce ne sont pas

---

[83] N. DUCLOS, *ouv. cit,.* p. 100-104.
[84] M. COCAUD et J. SAINCLIVIER, *art.. cit.*, p. 151.
[85] Edouard LYNCH, « Les manifestations paysannes en mai 1968 : "si loin, si proche" ? », dans Bruno BENOIT, Christian CHEVANDIER, Gilles MORIN, Gilles RICHARD, Gilles VERGNON, *À chacun son Mai ? Le tour de France de mai-juin 1968*, PUR, Rennes.
[86] A. TRISTAN et M. LEBOT, *ouv. cit.,* p. 89.

seulement des producteurs du Finistère qui participent à ces violences. La réponse du ministre de l'Agriculture, Edgar Faure, ne satisfait pas entièrement les agriculteurs. De nouvelles manifestations sont convoquées le 2 octobre 1967 à Quimper, Redon et Le Mans. Celle de Quimper regroupe 12 à 15 000 personnes, des syndicalistes jeunes dénoncent une « Europe libérale où le profit serait capitaliste ». Par ailleurs, des « responsables paysans sont venus avec l'intention d'en découdre ». Des photos de presse montrent ainsi de jeunes paysans casqués avec des gourdins. Les violences prennent un « caractère systématique et incontrôlé ». Une partie des manifestants recherchent l'affrontement, s'attaquent à la préfecture, à la permanence du député gaulliste, ancien directeur de la FDSEA du Finistère. En deux heures d'affrontements, il y a, selon la presse, 279 blessés. Jamais par la suite de telles violences ne se sont renouvelées en Bretagne. Pour Ch. Bougeard, « les paysans bas-bretons ont anticipé les manifestations étudiantes parisiennes »[87].

Parfois, les moyens d'action utilisés inspirent les ouvriers comme le soulignent les propos rapportés par E. Lynch du procureur de la République d'Angers après les manifestations du 2 octobre 1967 :

« *Enfin, les manifestations paysannes du 2 octobre n'ont pas manqué d'impressionner fortement les travailleurs de l'industrie et de la métallurgie du Mans. Ces manifestations ont trouvé chez eux, et notamment à la régie nationale Renault une raisonnance [sic] d'autant plus grande que beaucoup sont d'origines rurales et que leurs parents proches ou lointains sont des cultivateurs. Il s'est ainsi créé une sorte d'émulation qui a conduit les ouvriers à se montrer dans l'action aussi vigoureux et décidés que s'étaient montrés les paysans*»[88].

La crainte de voir d'autres catégories sociales recourir aux méthodes d'actions énergiques des paysans de l'Ouest est réelle,

---

[87] Christian BOUGEARD, « Les manifestations du 8 mai 1968 dans la France de l'Ouest : le coup d'envoi des événements ? » dans Christian BOUGEARD, Vincent PORHEL, Gilles RICHARD, Jacqueline SAINCLIVIER, *L'Ouest dans les années 1968*, PUR, Rennes, 2012, p. 23-36.
N. DUCLOS, *ouv. cit.*, (p. 17 et suivantes).
[88] CAC, 19800350 art. 19, rapport du procureur de la République à Angers, 9 novembre 1967, E. LYNCH, p. 242, *art. cit.*, (2011).

certains signes laissent penser qu'elle n'est pas infondée. D'autres, en effet, peuvent avoir les mêmes cibles et des violences peuvent être le résultat d'actions unitaires. La manifestation paysanne du 2 octobre 1967, au Mans, a vu des participants bombarder d'œufs et de pierres la préfecture. Deux jours plus tard, lors d'un défilé en défense de la Sécurité sociale, les grilles de ce bâtiment sont arrachées et le 26 du même mois de nouveaux heurts éclatent dans le centre de cette ville[89]. À Caen, le 26 janvier, des ouvriers grévistes de la Saviem et des étudiants politisés affrontent violemment les forces de l'ordre[90]. Parfois, des initiatives communes débouchent sur de vives échauffourées. À Fougères, le 26 janvier 1968, à l'issue d'une manifestation contre le chômage des syndicats agricoles et ouvriers, des jeunes s'en prennent aux grilles de la sous-préfecture et affrontent les forces de l'ordre[91]. Des paysans se joignent parfois aux ouvriers lors des heurts avec les forces de l'ordre. Le 11 mars 1968, à Redon, des agriculteurs et des lycéens participent à une manifestation ouvrière ainsi qu'aux affrontements qui s'ensuivent. Les manifestations du Mans, de Caen, de Redon deviennent « des emblèmes de la révolte et les symboles d'une possible convergence sociale »[92].

Le syndicalisme de l'Ouest entend mobiliser mais il veut aussi être un cadre d'élaboration de revendications voire d'une ébauche de contre-projet et il se différencie des directions des syndicats agricoles. En 1967, il remet un document au ministre de l'Agriculture recensant des mesures visant à « compenser et supprimer les disparités régionales ». Il réclame un traitement différencié en faveur de l'Ouest : suppression des taxes sur les céréales destinées au bétail, parité des charges sociales et fiscales avec le reste de la France et de l'Europe, aides aux industries de transformation agricole de l'Ouest, soutien à l'organisation économique des producteurs, développement des infrastructures de communication, augmentation des prix de la viande et des produits laitiers... Autant de mesures qui permettraient de soutenir l'agriculture, de lutter contre le sous-emploi et d'empêcher le départ des jeunes. Les années suivantes, la réflexion d'une partie

---

[89] Michelle ZANCARINI-FOURNEL « Récit. Le champ des possibles », p. 47, *art. cit.*
[90] Gérard LANGE, « La liaison étudiants-ouvriers à Caen », dans René MOURIAUX, Annick PERCHERON, Antoine PROST, Danielle TARTAKOWSKY, *1968. Exploration du mai français, Tome 1 : Terrains*, L'Harmattan, Paris, 1992.
[91] E. LYNCH, *art. cit.*. (2011), p. 243.
[92] Michelle ZANCARINI-FOURNEL, « Récit. Le champ des possibles », *art. cit.,* p. 49.

des responsables évolue et les aides touchées par les céréaliers sont remises en cause.

Combativité, recherche d'alliances sociales et élaboration d'un ensemble revendicatif visant à répondre aux problèmes de l'agriculture régionale : tels sont les piliers de l'action et du projet de la Fédération de l'Ouest. Fin 1967, elle participe à la préparation d'une journée interprofessionnelle régionale d'action prévue pour le 8 mai 1968. Dans plusieurs régions, le syndicalisme agricole semble puissant, actif et reconnu. Toutefois, les luttes restent circonscrites à une région et les structures critiques envers la direction de la FNSEA ne parviennent pas à s'unir. Ainsi, si d'autres actions sont organisées à l'automne 1967 : en Languedoc, le 29 novembre, dans le Sud-Ouest et le Massif central, le 12 octobre, les mobilisations ne convergent pas. Comité de Guéret, FRSEAO ou organisations viticoles du Midi, critiques vis-à-vis de l'inaction du syndicalisme national et opposés à la politique agricole du gouvernement, ne s'unissent pas et ne semblent pas avoir cherché à le faire. Chacune de ces structures cherche à gérer son domaine professionnel, son « bastion », quitte à agir en même temps que d'autres quand les pouvoirs publics semblent affaiblis, mais sans vouloir de réelle convergence.

On le voit, une partie des paysans a mené, bien avant le printemps 1968, des luttes massives et répétées, en particulier dans l'Ouest et le Languedoc-Roussillon, en utilisant d'énergiques moyens d'action et en recourant parfois à la violence. La contestation des mesures agricoles des gouvernements a favorisé la politisation d'une partie des cadres paysans, le rapprochement de certains avec le syndicalisme ouvrier ainsi que l'idée qu'au-delà de leur activité, c'est une région qu'ils défendaient. Ces paysans contestataires ou qui deviennent plus critiques vis-à-vis des choix gouvernementaux sont confrontés au mouvement de mai-juin 1968.

Partie 2 : Le printemps 1968 et ses suites immédiates

6 : Un mai breton ?

Fin 1967, les contacts, entre le syndicalisme agricole de l'Ouest et les confédérations ouvrières, deviennent plus fréquents et une action commune d'ampleur régionale est envisagée. Le 6 novembre, une réunion, à Nantes, débouche sur un communiqué qui dénonce la politique du gouvernement défavorable aux « classes laborieuses ouvrières et agricoles » et qui tend à augmenter « le profit des groupes industriels, agricoles et financiers dominants ». Sont réclamés : un développement de la région par des investissements publics, la mise sous responsabilité et la gestion démocratique des secteurs clés de l'économie ainsi qu'une réforme démocratique de la fiscalité. Il y a dans ces exigences une critique du gouvernement, une tonalité anticapitaliste, la volonté de défendre la région et l'affirmation d'une communauté d'intérêts entre paysans et ouvriers confrontés aux mêmes problèmes[93]. Plusieurs rencontres font suite à cette déclaration au cours desquelles les syndicalistes préparent une initiative d'ampleur régionale. Celle-ci s'accompagne cependant du maintien de certaines préventions. Des syndicalistes ouvriers craignent les violences des paysans et des responsables agricoles sont réservés vis-à-vis d'une action en commun avec les syndicats ouvriers pour des raisons idéologiques ou parce qu'ils ont peur de ne pas être suivis par leur base. Christian Bougeard signale que, selon les Renseignements généraux, « les responsables des FDSEA sont réticents sauf ceux de la Loire-Atlantique et de la Mayenne »[94]. Pour l'animateur de la fédération de l'Ouest, seules les FDSEA de la Loire-Atlantique et dans une moindre mesure de l'Ille-et-Vilaine et de la Mayenne semblent prêtes pour une telle action. Ailleurs, l'action paysans-ouvriers paraît difficile : soit elle est impossible pour le moment (Vendée), soit le climat est jugé peu favorable (Maine-et-Loire), soit il n'y a pas encore eu de rencontre intersyndicale (Sarthe), soit les

---

[93] CGT et CFDT des régions de Bretagne et des Pays-de-Loire ainsi que FRSEAO et CRJAO, en présence de de représentants de la FEN (Fédération de l'Éducation nationale), de l'UNEF et de l'UD-FO de Loire-Atlantique, communiqué du 6 novembre 1967, Centre d'histoire du travail (CHT), Nantes, FDSEA 44, boîte 321.
[94] Christian BOUGEARD, *art. cit.*, (2012), p. 27.

positions de la CGT sont jugées « démagogiques » (Morbihan)[95]... Le syndicat du Finistère, activiste mais où l'influence d'Alexis Gourvennec, leader libéral de 1961, est forte, veut prendre ses distances avec les organisations ouvrières[96]. Fin janvier, cette structure quitte la FRSEAO, se rapproche « des milieux économiques » et privilégie, un temps, l'alliance avec le patronat local[97]. Elle se rallie cependant fin avril au mouvement comme celle de Vendée.

L'implication des syndicats agricoles à la préparation de cette journée est inégale. Elle varie aussi entre les syndicats jeune et ainé d'un même département. Jusqu'à début mai, les FDSEA n'envisagent que l'envoi de délégations aux manifestations prévues. Toutefois, une partie des responsables y est très favorable : B. Lambert mais aussi Joseph Ariaux (Maine-et-Loire). Les revendications avancées portent sur « les prix du lait et de la viande qui doivent être négociés à Bruxelles ». Il s'agit de démontrer que cette initiative commune se fait en défense des revendications des agriculteurs. Le CDJA de Vendée organise des réunions où il explique qu'il ne s'agit pas de manifester pour les ouvriers mais avec eux[98]. La FDSEA de Loire-Atlantique dans un tract indique que « les paysans comme les ouvriers sont les victimes du libéralisme » et que leurs aspirations sont les mêmes : un revenu correct, la sécurité dans l'emploi, le revenu, un niveau de vie décent. Même si le front syndical n'est pas total dans la région, cette mobilisation reçoit l'appui de plusieurs prélats, des partis de gauche, des enseignants du privé... Enfin, après les événements étudiants parisiens, la jeunesse scolarisée commence à se mobiliser, à Nantes, Rennes, Brest. Présence étudiante qui inquiète certains syndicalistes.

Seize rassemblements sont organisés, le 8 mai, dans les régions Bretagne (Côtes-du-Nord, Finistère, Ille-et-Vilaine, Morbihan) et Pays-de-Loire (Loire-Atlantique, Maine-et-Loire, Mayenne, Sarthe,

---

[95] Notes manuscrites lors des réunions des 20 novembre et 4 décembre 1967 (probablement de l'animateur de la FRSEAO, M. Lebot), FDSEA 44, bte 321 CHT. CRJAO et FRSEAO, réunion du 22 décembre 1967 (Rennes), FDSEA 44, bte 319 CHT.
[96] La FDSEA du Finistère est le théâtre, des années 1960 aux années 1980, d'un conflit entre dirigeants « libéraux », proches de la droite et responsables opposés au libéralisme qui se rapprochent de la gauche. Elle est dirigée à partir de 1969 par un militant de cette dernière tendance.
[97] Christian BOUGEARD, *art. cit.*, (2012), p. 27.
[98] *Ibidem*, p. 28.

Vendée). Des syndicalistes agricoles prennent la parole lors des manifestations : Bernard Hémery à Carhaix (Finistère), Gilles Possémé à Vannes (Morbihan), Bernard Lambert à Nantes mais aussi des jeunes. Ainsi Marie-Renée Morvan, pour le CDJA du Finistère, qui est une des rares oratrices (elles sont quatre sur 80). A quelques exceptions près, les manifestations regroupent un nombre significatif de participants, plusieurs dizaines de milliers au total, selon les sources. La présence d'agriculteurs, aux côtés d'ouvriers, de fonctionnaires, d'enseignants et d'étudiants est soulignée par la presse régionale[99]. Elle est aussi mise en valeur par les organisateurs : à la Roche-sur-Yon, la banderole syndicale proclame « Front uni, ouvriers et paysans » et le défilé est ouvert par deux tracteurs[100]. A Nantes, les sigles des syndicats agricoles figurent avec ceux des confédérations ouvrières sur la banderole de tête. B. Lambert est avec d'autres responsables au premier rang du défilé. Sur une photo prise place de la Bourse, on distingue une banderole qui exige « la terre à ceux qui la travaillent ». Signe de l'importance accordée au monde paysan, le tract d'appel diffusé par l'Association générale des étudiants de Nantes, alors proche des situationnistes, évoque la situation des « paysans en butte aux accapareurs de terre qui veulent leur arracher leur droit au travail »[101]. Dans son discours, B. Lambert demande « une politique planifiée qui permette l'expansion des secteurs en retard et des régions en retard [...] le plein emploi, et pour l'obtenir, le contrôle public des investissements » et, avec son sens de la formule, il pourfend les « enragés » du « profit »[102]. A Quimper, les orateurs ont clamé « leur inquiétude devant la dégradation de l'emploi [...], l'exode [...], la baisse du pouvoir d'achat des agriculteurs, plus endettés que jamais. Tous ont dénoncé les promesses d'usines nouvelles prodiguées par Paris, tous ont exprimé leur refus de voir leur province "transformée en un parc national"»[103]. À Redon, où

---

[99] Sarah GUILBAUD, *Mai 68. Nantes*, Coiffard Éditions, Nantes, 2004, (p. 48-49)).
[100] Jean-Paul SALLES, « Mai 68 en Vendée », p. 53-71, *Dissidences*, n°5, oct. 2008. Ch. BOUGEARD, *art. cit.,* (2012), p. 28.
Film *Écoute Joseph, nous sommes tous solidaires*, de Jean Lefaux, 1968, avec des images du rassemblement de Quimper.
[101] Sarah GUILBAUD, *ouv.cit.,* (p. 36-45).
[102] *Ibidem,* p. 45. L'expression « enragés » commence à être connue. Des heurts violents ont eu lieu à Paris, le 3 mai, et René Riesel du groupe des « Enragés » de Nanterre est passé devant le conseil de l'Université de Paris, le 6 mai, avec d'autres dont Daniel Cohn-Bendit.
[103] *Le Monde*, Alain Murcier, 9/5/1968.

plusieurs centaines d'agriculteurs sont présents, un responsable jeune affirme : « Nous voulons vivre avec un revenu nous permettant de le faire honorablement. Nous ne voulons plus être à part de la société »[104]. Ces rassemblements se déroulent dans l'ensemble dans le calme mais des heurts sont signalés, à Redon et à Fougères (Ille-et-Vilaine).

Malgré la volonté des organisateurs, la participation des agriculteurs aux défilés est en demi-teinte. Elle est importante dans le Finistère, estimée par des sources préfectorales que cite Ch. Bougeard, entre 4000 et 5000 sur un total de près de 22 000 manifestants, soit près d'un cinquième[105]. Elle est significative en Loire-Atlantique et dans le Maine-et-Loire (1000 agriculteurs selon les mêmes sources sur 4500 à 7500 manifestants) mais dans les autres départements, elle est limitée (quelques centaines dans les Côtes-du-Nord et l'Ille-et-Vilaine) voire faible (quelques dizaines dans la Mayenne et la Sarthe). Même le préfet de la région Bretagne s'en étonne car, selon lui, la situation des agriculteurs s'est dégradée[106]. La FDSEA de Loire-Atlantique se demande s'il faut attribuer cette mobilisation inégale à une information insuffisante, à un faible intérêt des agriculteurs pour les manifestations ouvrières ou à d'autres facteurs[107]. Plusieurs raisons contribuent à expliquer, selon nous, le caractère différencié de cette participation paysanne. D'abord, la faible implication de certains syndicats qui craignent la récupération politique : ceux-ci se défient des organisations ouvrières, en particulier de la CGT du fait de ses liens étroits avec le Parti communiste français. D'autre part, les réticences d'une partie de la base vis-à-vis du syndicalisme ouvrier sont fortes. Peut-être faut-il y voir aussi, le signe d'un décalage entre des responsables syndicaux favorables à l'alliance avec les ouvriers et une partie de la base qui n'est pas encore gagnée à cette

---

[104] *Ouest-France*, édition Ille-et-Vilaine, 9/5/1968. Merci à Pascale Morne.
[105] Ch. BOUGEARD, *art. cit.*, (2012), p. 34.
[106] *Ibidem*, p. 34. Il n'y a pas de données chiffrées pour la Loire-Atlantique, le Morbihan et la Vendée.
[107] Compte-rendu du bureau de la FDSEA, 10/5/1968, FDSEA 44, boîte 12, CHT, Nantes.

perspective[108]. Enfin, la Basse-Bretagne se sent, selon Ch. Bougeard, plus durement menacée.

Pour cet auteur, cette journée est à inscrire dans l'ensemble des manifestations des années 1960 qui voient l'ébauche d'un front commun entre organisations ouvrières et paysannes. Selon J. Sainclivier, l'ampleur de ces manifestations prouve « l'angoisse d'une région »[109] qui se sent délaissée. D'où une mobilisation interclassiste à laquelle les syndicats jeunes s'associent alors que l'attitude des fédérations d'exploitants est différenciée. En Loire-Atlantique, la FDSEA est active, dans le Finistère, elle s'implique fortement, après un temps, mais ce n'est pas le cas dans les autres départements. Face au malaise, la mobilisation est significative sans être partout massive. Cependant, un élan est donné et un front interprofessionnel se dessine. La nuit parisienne des barricades (10 au 11 mai), l'appel à la grève pour le 13 mai et le développement de grèves spontanées, dont celle de Sud-aviation à Nantes, modifient la donne.

7 : « Huit semaines qui ébranlèrent la France »[110]

À partir de début mai, les syndicats agricoles sont confrontés à une série d'événements inattendus qui se succèdent à un rythme rapide et dont l'évolution paraît imprévisible au plus grand nombre : répression policière, généralisation des grèves, manifestations à la tonalité anti-gouvernementale accompagnées de violences, contestation de la société alors que le pouvoir semble vaciller puis reprise en main progressive et victoire électorale de la droite aux élections législatives[111]. Quelles furent leurs réactions ? Comment les paysans et le syndicalisme agricole se sont-ils positionnés face à une situation mouvante, en particulier dans les régions dans lesquelles l'activité manifestante a été forte auparavant [112]? Trois éléments nous

---

[108] Séverine MISSET « Le mouvement ouvrier et les syndicalistes paysans en Loire-Atlantique : De la naissance à l'abandon d'une référence (1957-1984) », Communication au 13° Congrès de l'AFSP, Aix-en-Provence. (2015).
[109] J. SAINCLIVIER, art. cit., 2004.
[110] Xavier VIGNA et Jean VIGREUX, *Mai-juin 1968. Huit semaines qui ébranlèrent la France*, Éditions Universitaires de Dijon, Dijon, 2010.
[111] BORIS GOBILLE, «L'événement mai 68. Pour une socio-histoire du temps court », p. 321-349, *Annales. Histoire, Sciences Sociales*, 2008/2 (63e année).
[112] Il n'existe pas, à notre connaissance, de travail sur la FNSEA et le CNJA en mai-juin 1968.

semblent importants. Tout d'abord, le monde paysan n'est pas un bloc unifié et l'attitude des forces syndicales a été différente selon les départements mais aussi selon les sensibilités voire les générations. De plus, la perception des événements a évolué : la politisation et l'importance des violences ont modifié le point de vue des acteurs au fur et à mesure de l'évolution de la crise. Enfin, des échéances professionnelles : négociations sur le lait et la viande de bœuf à Bruxelles le 27 mai, et syndicales : réunion des éleveurs à la mi-mai puis de responsables FNSEA le 17, ont télescopé les événements en cours[113].

Quel fut le point de vue des appareils nationaux du syndicalisme agricole ? Les auteurs du tome IV d'*Histoire de la France rurale,* après avoir affirmé que ces événements révèlent les attitudes politiques profondes et « brisent l'apparente homogénéité des « anciens » de la JAC », indiquent que la « majorité des dirigeants a fait preuve d'opportunisme »[114]. Si cette caractérisation pourrait être discutée, dans la mesure où la dynamique des événements prend une ampleur inattendue, il n'en est pas moins vrai que dans un premier temps, la sympathie de nombre de dirigeants semble aller vers les contestataires. Après les manifestations du 10 mai, le CNJA publie un communiqué de soutien au syndicat étudiant face à la répression. À la mi-mai, il réaffirme la solidarité des jeunes agriculteurs avec les étudiants, souligne que les paysans sont victimes du système d'enseignement et rappelle la nécessité de réformer celui-ci[115]. Le secrétaire-général du CNJA, Raoul Serieys, ira même encore plus loin quelques jours plus tard en apportant son soutien à Pierre-Mendès France[116].

Le gouvernement prête une grande attention aux responsables agricoles. Le Premier ministre, Georges Pompidou, rencontre le président de la FNSEA (Gérard de Cafarelli) et son secrétaire-général Michel Debatisse, le 22 mai, et leur affirme que les intérêts agricoles seront défendus avec fermeté par le gouvernement à Bruxelles. Le

---

[113] J.P. MARTIN, « Des paysans soixante-huitards ? Le syndicalisme agricole (Hérault, Loire-Atlantique) et le mouvement de mai-juin 1968 », dans Xavier VIGNA et Jean VIGREUX (sous la dir. de), *Mai-juin 1968ouv. cit.,* p. 85-110.
Edouard LYNCH, *art. cit.,* (2011), p. 237-251.
[114] Michel GERVAIS, Marcel JOLLIVET, Yves TAVERNIER, *ouv. cit.,* p. 475.
[115] *Le Monde*, 17/5/1968.
[116] Michel GERVAIS, Marcel JOLLIVET, Yves TAVERNIER, *ouv. cit.,* p. 475.

directeur de la FNSEA (Jean-François Breton) suit comme observateur les négociations de Grenelle. S'il se réjouit de voir le revenu des salariés progresser, il s'inquiète du retard pris par le revenu des agriculteurs et demande des mesures en leur faveur. Les dirigeants agricoles sont à nouveau reçus par le Premier ministre, le 27 mai. Peu à peu, la majorité des responsables agricoles se rangent du côté du gouvernement. Michel Debatisse rencontre le chef de l'État, le 28 mai, et l'assure de son soutien. Même si la FNSEA réclame, lors d'une réunion tenue le 29 mai, un gouvernement élargi et « une politique nouvelle apportant des solutions indispensables aux problèmes mis en évidence par la crise actuelle », le blocage de l'économie du fait des grèves l'inquiète[117]. Le 31 mai, Michel Debatisse affirme qu'il est favorable à plus de justice mais qu'il refuse de « politiser le débat », ce qui vaut ralliement au gouvernement[118]. La direction du CNJA se dit favorable à la tenue d'élections générales pour sortir de la crise alors que le relèvement du prix du lait et de la viande obtenu à Bruxelles contribue à désamorcer le malaise paysan. Cela n'empêche pas le bureau de la FNSEA de réaffirmer, le 5 juin, la nécessité d'une **« authentique politique des revenus »** du fait **« des charges supplémentaires »** (en gras dans le texte) liées aux résultats des négociations de Grenelle et d'une hausse des revenus pour les agriculteurs défavorisés, faute de quoi le syndicat n'aurait d'autre choix que de « reprendre l'action professionnelle »[119]. Même si elle soutient le gouvernement et est favorable au retour à l'ordre, la FNSEA tente d'utiliser la situation pour faire avancer ses revendications.

Cependant, au cours des mois de mai et juin, le syndicalisme majoritaire a été confronté à la pression de structures départementales, de la fédération de l'Ouest et des associations d'éleveurs afin de s'insérer dans le mouvement et/ou de peser sur les négociations de Bruxelles du 27 mai. Les éleveurs se réunissent à Paris et Marcel Bruel (Aveyron), jugé plus proche des petits et moyens producteurs, prend la direction de la Fédération nationale bovine (FNB) à la mi-mai. Le 17, les responsables de la FNSEA sous la pression, en

---

[117] *Midi-Libre*, 30/5/1968 et *Le Monde,* 31/5/1968.
[118] *Le Monde*, 31/5/1968.
[119] « La position de la FNSEA », *Le Paysan nantais*, n°528. Numéro daté du 11 mai mais non distribué du fait des grèves. La FDSEA y a inséré ultérieurement un quatre pages sur le mouvement.

particulier des délégués de Bretagne, appellent à une journée de manifestation nationale pour le 24 mai[120]. Cette action se veut exclusivement professionnelle afin de refuser une baisse des cours du lait et de la viande. Elle est adressée aux instances européennes et ses initiateurs ne veulent pas lui donner une tonalité anti-gouvernementale. La FNSEA demande une audience au gouvernement qui a lieu le 22 mai. Elle entend pousser celui-ci à la fermeté dans les négociations communautaires. Concernant l'action du 24 mai, le syndicat ne recherche d'alliance avec d'autres forces sociales, refuse toute politisation et est favorable à des manifestations à l'extérieur des villes (devant les usines de transformation et non devant les préfectures). C'est pourquoi, précise E. Lynch, les Renseignements généraux pensent, le 22 mai, que « la manifestation de vendredi devrait se dérouler dans le calme, car la grande masse des paysans veut se tenir en dehors des mouvements en cours, et n'approuve pas la tournure politique prise par les événements »[121]. D'autres forces ont un projet différent : l'Ouest affirme sa solidarité avec les étudiants, les enseignants et tous les travailleurs. Certaines structures départementales veulent lier les combats des paysans, des ouvriers et des étudiants ; le MODEF, lui, privilégie l'alliance avec les ouvriers. Pour le syndicalisme jeune, les manifestations du 24 mai doivent exprimer des revendications professionnelles mais aussi la volonté de participer à des réformes permettant d'aller vers une véritable démocratie économique et sociale afin de bâtir une société plus humaine et plus juste[122].

Dans plusieurs départements, des manifestations de solidarité ont lieu, des paysans s'insèrent dans le mouvement et, le 24 mai, des rassemblements paysans significatifs ont lieu. Dès le 13 mai, des contacts sont pris en plusieurs endroits. La FDSEA de Loire-Atlantique appelle à la manifestation, son représentant y affirme : « Le combat des étudiants rejoint celui de tous les hommes qui exigent l'instauration d'une société nouvelle »[123]. À Clermont-Ferrand, une délégation de la FDSEA et du CDJA est présente dans le défilé, la

---

[120] *Le Monde*, 18/5/1968.
[121] E. LYNCH, *art. cit.* (2011), p. 244.
[122] *Le Monde,* 24/4/1968.
[123] Sarah GUILBAUD, *ouv. cit.,* p. 54.

FDSEA l'est à Toulouse et le CDJA à Rennes, Brest et Quimper[124]. En Loire-Atlantique, la grève s'étend, dès le 14 mai, à sud-Aviation et la mobilisation étudiante est importante. Le 20 mai, B. Lambert intervient à la faculté des lettres de Nantes, devant plusieurs centaines d'étudiants où il est très applaudi[125]. La réussite des manifestations du 13 mai, le développement des grèves et la proximité des négociations de Bruxelles amènent nombre de structures départementales à agir, parfois avant même la journée d'action du 24. Se mêlent défense professionnelle, solidarité avec les étudiants et les ouvriers, et considérations sur la gravité de la crise. Le 21 mai, la FDSEA de l'Hérault appelle à la manifestation du 24, critique le gouvernement et évoque des revendications « maintes fois exposées »[126]. En parallèle, des jeunes se rendent dans les universités pour voir, entendre et parfois s'exprimer. Dans l'Aude, le comité d'action des syndicats des vignerons de Carcassonne-Limoux souligne l'efficacité du mouvement étudiant. Selon lui, les autorités qui traitaient les étudiants d'extrémistes au départ ont capitulé et reconnu qu'il y avait un problème[127]. Dans la Loire, la FDSEA publie un communiqué de soutien aux revendications des ouvriers et des étudiants. Le 26 mai, le CDJA en fait autant et mène une campagne d'information sur les problèmes des agriculteurs, distribuant des tracts dans les usines en grève[128]. Dans la Drôme, CDJA et CFDT se rencontrent et des ventes directes de produits agricoles en liaison avec les syndicats sont organisées[129]. Des actions sont entreprises. Parfois, le registre d'action renvoie aux années 1950-1960 : barrages de routes (Allier, Landes, Bouches-du-Rhône à Châteaurenard), destruction de poteaux

---

[124] Danielle TARTAKOWSKY, « Les manifestations de mai-juin 68 en province », dans René MOURIAUX, Annick PERCHERON, Antoine PROST, Danielle TARTAKOWSKY, 1968. *Explorations du mai français, t.1, Terrains,* L'Harmattan, Paris, 1992, (p. 148).
Christian BOUGEARD, *art. cit.,* p. 30,.
[125] René BOURRIGAUD, « Les paysans et mai 68. L'exemple nantais », dans René MOURIAUX, et alii, , *ouv. cit.,* (p. 241).
[126] *Midi-Libre,* 22/5/1968 et Henri Bessède, *Le Paysan du Midi,* 23/5/1968.
[127] CAC, 19820599 art 40, bulletin quotidien du 14 mai 1968, nouvelle n°10, dans E. LYNCH, *art. cit.,* (2011), p. 246.
[128] Jean VERCHERAND, *Un siècle de syndicalisme agricole. La vie locale et nationale à travers le cas du département de la Loire,* Saint-Etienne, Presses de l'Université de Saint-Etienne, 1994, (p. 274-275).
[129] Gilles VERGNON, « Temps et territoires de mai dans la Drôme », p. 73-85 dans Bruno BENOIT, Christian CHEVANDIER, Gilles MORIN, Gilles RICHARD, Gilles VERGNON, *ouv. cit.*

téléphoniques (Gironde). D'autres fois, des moyens spectaculaires sont utilisés : défilés nocturnes de tracteurs (à Saint-Brieuc et Loudéac dans les Côtes-du-Nord).

Danielle Tartakowsky a comptabilisé 52 manifestations d'agriculteurs touchant moins de trente départements entre le 22 et la 26 mai, avec un temps fort le 24 mai. La FNSEA souhaite que les agriculteurs manifestent seuls et qu'ils évitent les violences[130]. C'est le cas dans les Hautes-Pyrénées, le Tarn, le Tarn-et-Garonne, en Charente-Maritime, au Mans, à La Roche-sur-Yon, à Caen, à Saint-Lô[131]. À Montpellier, plusieurs milliers de vignerons manifestent et se dispersent assez rapidement sans incidents. Toutefois, la direction de la FNSEA n'est pas toujours écoutée. Des barrages sont érigés dans le Lot, la Gironde, le Vaucluse ; des porcelets sont pendus aux grilles de la sous-préfecture de Guingamp (Côtes-du-Nord) et des heurts ont lieu à Quimper (Finistère), Agen (Lot-et-Garonne), Rennes, Le Puy (Haute-Loire). De plus, des agriculteurs ont tenu à affirmer leur solidarité avec les autres forces sociales. À Angers, une banderole affirme « Nous nous battrons ensemble ou nous serons battus ensemble ». À Argentan, sur une autre, est écrit: « Le lait, c'est le salaire de 80% des paysans ». Parfois, les paysans manifestent avec d'autres : à Cahors (Lot), Narbonne (Aude), à Saint-Brieuc, Mont-de-Marsan (Landes), Limoges (Haute-Vienne), dans le Gers, les Charentes. À Laval comme à Angers plusieurs centaines d'agriculteurs rejoignent un défilé ouvrier. C'est aussi le cas, à une échelle plus réduite à Hennebont (Morbihan)[132]. À Caen, des distributions de lait aux grévistes sont organisées par les jeunes agriculteurs[133]. En Loire-Atlantique, quatre points de rassemblement sont fixés, en dehors de Nantes ; la mobilisation est limitée, avec environ 2000 agriculteurs présents au total. Quand la poursuite de la manifestation est annoncée, certains paysans refusent de se rendre à Nantes mais la plupart acceptent. Des agriculteurs avec des tracteurs se joignent, derrière deux banderoles, au défilé interprofessionnel. La première, classique, exige « le plein emploi, la parité des revenus et du niveau de vie » ; la seconde proclame : « Non au régime capitaliste.

---

[130] D. TARTAKOWSKY, *art. cit.*, (1992), p. 153, E. LYNCH, *art. cit.*, (2011), J. P. MARTIN, *art. cit.* (2010).
[131] *Ouest-France, Ille-et-Vilaine*, 25/5/1968.
[132] *Ouest-France*, 25/5/1968.
[133] E. LYNCH, *art. cit.* (2011), p. 244.

Oui à la révolution complète de la société », écho de la contestation générale parmi une frange des jeunes paysans. La place Royale est rebaptisée place du Peuple en détournant une banderole qui affirmait « Place au peuple ». Des dirigeants paysans prennent la parole, l'ordre de dispersion est donné mais de violents heurts éclatent et quelques paysans y prennent part[134]. De plus, un comité central de grève auquel participent les syndicats agricoles est formé à Nantes afin d'assurer le ravitaillement des urbains et d'approvisionner les agriculteurs en essence et en aliments pour le bétail. B. Lambert et d'autres responsables se débrouillent même pour avoir de l'essence et se rendre à Paris, où ils rencontrent Pierre Mendès-France.

Selon Christian Bougeard, le « moment 1968 » a cristallisé en Bretagne un « malaise général ». « L'unité ouvriers-paysans n'a pas seulement été un mythe car une fraction certes limitée du syndicalisme paysan a participé au mouvement ». Au-delà de la Loire-Atlantique, des rondes de tracteurs ont eu lieu dans la nuit du 21 au 22 mai dans les Côtes-du-Nord à Saint-Brieuc, Guingamp et Loudéac. Dans ce département la population est réveillée au son du tocsin à Merdrignac et Gouarec. Le 24 mai, des agriculteurs manifestent par centaines à Carhaix (Finistère), par milliers à Quimper. Des défilés paysans ont aussi lieu à Callac (Côtes-du-Nord), à Guingamp, à Lannion (Côtes-du-Nord), à Rennes. Des agriculteurs offrent du lait aux grévistes dans le Finistère ou vendent des pommes de terre à bas prix, dans les Côtes-du-Nord. Les autorités craignent la radicalisation car les dirigeants agricoles « semblent débordés » un moment dans le centre Finistère et le Trégor (à la limite du Finistère et des Côtes-du-Nord)[135].

Pour D. Tartakowsky, l'appel à manifester a été fortement suivi et les limites que ce syndicat avait fixées n'ont pas été respectées dans un nombre significatif de départements. On a le sentiment que, comme les autres syndicats, celle-ci a été débordée, un temps, par une partie de la base. Le journaliste du *Monde* qui suit ces manifestations a un avis opposé. Selon lui, les défilés du 24 mai regroupent environ 200 000 personnes ; il considère que les manifestations ne sont pas aussi massives qu'attendues, attribuant les limites de cette mobilisation au manque d'essence, à la crainte de heurts et à

---

[134] R. BOURRIGAUD, *art. cit*, 1992, p. 242 et Yves CHAVAGNE, *Bernard Lambert, 30 ans de combat paysan*, La Digitale, Quimperlé, 1988, (p. 124-125).
[135] Ch. BOUGEARD, *art. cit.*, (2011), p. 32 et 34 et *Ouest-France*, 25/5/1968.

l'annonce par le gouvernement de l'ouverture de négociations[136]. Il y a eu probablement un attentisme de la part de certains agriculteurs alors que d'autres ont voulu s'insérer dans le mouvement ou profiter du moment pour défendre leurs revendications. D'où une mobilisation en demi-teinte et qui décroît après le 24 mai du fait des violences à Nantes, Lyon (un mort) et en d'autres villes et de la politisation du discours qu'une partie du monde paysan n'approuve pas. Du 24 au 28 mai, D. Tartakowsky a recensé 96 manifestations en province, des FDSEA participent à neuf d'entre elles, des CDJA à huit et des structures du MODEF à quatre. Après cette date, seuls deux syndicats départementaux se joignent aux défilés des 29 et 30 mai. « Dans les semaines qui suivent, d'autres opérations se déroulent, mais de manière [...] plus autonome, rejoignant le calendrier des crises sectorielles[137] ». Avec la décrue du mouvement, les positions des syndicats évoluent. Le 24 mai, le président de la FDSEA du Finistère déclarait : le « pouvoir n'a plus la confiance populaire ». Six jours plus tard, dans le même département, « la FDSEA dénonce [...] les manifestations communes ouvriers/paysans »[138]. Le vent a tourné et Charles de Gaulle a repris l'initiative.

Un changement d'échelle peut nous aider à mieux saisir le pouls de la base ainsi que les évolutions et les différenciations à l'œuvre parmi les paysans. C'est ce que les comptes rendus des réunions du conseil d'administration (6 juin) et du bureau (1er juillet) de la FDSEA de Loire-Atlantique permettent de faire. Les administrateurs présents (plus d'une quarantaine) constatent que la mobilisation a été inégale selon les cantons, mais jamais forte, que les paysans ont ressenti un besoin d'information, que parfois les positions du syndicat départemental n'ont pas été comprises même si la participation au comité central de grève qui a permis d'avoir de l'essence a été, quelquefois, bien vue. Un participant met en valeur l'évolution du point de vue des agriculteurs au fur et à mesure des événements. Plusieurs soulignent la crainte devant la politisation des événements, la peur du communisme mais aussi du désordre et de ses conséquences économiques. Les syndicalistes constatent un décalage et des risques d'incompréhension entre les responsables et une partie

---

[136] D. TARTAKOWSKY, *art. cit.*, 1992, p. 153. *Le Monde*, 23/5/1968 et 26 et 27/5/1968, François Henri-de-Virieu.
[137] E. LYNCH, *art. cit.*, (2011), p. 247
[138] Ch. BOUGEARD, *art. cit.,* p. 32 et 35, (2011).

significative de la base[139]. D'où le ton prudent de la presse syndicale après la crise qui souligne que la participation au comité central de grève a permis l'approvisionnement des agriculteurs, insiste sur les gains professionnels obtenus (relèvement des prix du lait et de la viande) et rappelle que le syndicat refuse le capitalisme mais aussi le communisme[140]. D'où peut-être aussi le fait que B. Lambert décline l'invitation qui lui est faite de se présenter aux élections législatives comme candidat du PSU. Fabien Conord note aussi pour la Creuse un décalage entre les dirigeants départementaux et locaux[141]. Jean-Paul Salles, pour la Vendée, souligne la discrétion des paysans « pourtant mobilisés avant mai »[142].

Les événements de mai-juin 1968 entraînent des ruptures entre agriculteurs, y compris chez les anciens jacistes, quant à leur interprétation et à leur prolongement. En effet, au-delà des craintes et des réticences face aux événements, l'onde de choc de « mai 68 » résonne les années suivantes. La porosité des moyens d'action, des revendications, du discours, des aspirations avec ceux des mouvements ouvrier et de la jeunesse scolarisée, est nette comme l'est la recherche de liens plus étroits même parmi des agriculteurs « passés à côté » de l'événement. C'est ce qu'exprime à sa façon, le leader vigneron Emmanuel Maffre-Baugé.

« Mai 1968 éclate sur Paris comme un accès de rage. D'abord nous ne comprenons rien à ce qui se passe [...] Nous n'en percevons que l'aspect scandaleux [...] notre monde paysan ne voit que cela et s'en trouve choqué, effrayé. [...] Et pourtant mai 68 ne peut nous laisser indifférents. [...] il invite à la réflexion [...] Sommes-nous un monde à part [...] Dans quelle mesure pouvons-nous échapper au pouvoir des systèmes dominants »[143].

---

[139] Conseil d'administration (6 juin 1968) et bureau (1er juillet) de la FDSEA de Loire-Atlantique, CHT.
[140] *Le Paysan nantais*, numéro spécial qui fait le bilan des événements.
[141] Fabien CONORD « Au cœur de la "France profonde" ? Mai-juin 1968 en Creuse », p. 37 - 48, dans Bruno BENOIT et alii, , *ouv. cit.*
[142] J. P. SALLES, *art. cit.*, p. 58.
[143] Emmanuel MAFFRE-BAUGE, *Vendanges amères*, Ramsay, Paris, 1976, (p. 66-67).

8 : L'onde de choc de « 68 » : revues, débats et contestations

Les années qui suivent immédiatement mai-juin 1968 sont marquées par une intense contestation menée par une fraction minoritaire mais significative du monde paysan. Ce mouvement se fait à l'intérieur comme à l'extérieur du cadre syndical. Il est porté par des revues qui entendent inciter au débat, donner lieu à de nouvelles pratiques et à des luttes. Pour une partie des contestataires, souvent jeunes, mai 1968 a constitué un événement fondateur, pour d'autres il a infléchi ou accéléré des réflexions en cours.

En septembre 1968, le CRJAO présente un rapport fort critique envers le système libéral. Joseph Bourgeais (Maine-et-Loire) y affirme l'importance de l'alliance avec les syndicats ouvriers, la nécessité de faire évoluer les mentalités et dénonce la société de consommation[144]. À partir de novembre 1969, cette structure publie un mensuel, *Vent d'Ouest* qui devient, en février 1972, le journal des paysans travailleurs. Il s'agit de signifier un élargissement régional mais aussi générationnel afin de mieux se coordonner[145].

Une floraison de revues

La réflexion se développe en dehors du cadre syndical. En 1967, l'équipe de rédaction de la revue *Frères des hommes* avait demandé à d'anciens des mouvements d'action catholique de réaliser un numéro sur la question agricole. Celui-ci, écrit avant les événements de mai, mais non encore publié, est retravaillé rapidement, en en tenant compte, avec l'aide des membres de l'UJC(ml). Ce groupe pro-chinois avait publié en 1967, un article d'une trentaine de pages intitulé « Éléments sur la question agraire » dans le n°16 des *Cahiers marxistes-léninistes* de mars-avril 1967, où il affirmait qu'il fallait au « parti du prolétariat une politique agraire ». Numéro qui avait intéressé des militants paysans. L'équipe qui rédige le n° 54-55 de *Frères des hommes*, intitulé « Une agriculture au service des travailleurs », veut aider « les paysans travailleurs à débattre plus clairement des situations dont ils sont victimes et des

---

[144] Rapport Bourgeais, *Des choix difficiles qui exigent une action syndicale combative*, assemblée générale du CRJAO, 27 septembre 1968, Rennes, CHT, Nantes.
[145] *Vent d'Ouest*, n° 25, journal édité par le CRJAO, éditorial de Jean Bréhéret, Pdt du CRJA.

luttes à enclencher ». Elle veut démasquer la logique capitaliste en agriculture mais aussi les « impasses réformistes »[146]. Elle constate que si nombre de paysans sont réduits à un travail de plus en plus dur ou à la misère, ils ont peu participé au mouvement de mai et dénonce l'attitude des directions des organisations agricoles qui ont contribué à cette absence. Cependant, selon les rédacteurs, on assiste à un « réveil de la vie politique à la campagne » que la revue entend favoriser[147]. Pour y parvenir, il faut s'appuyer sur les petits et moyens agriculteurs, refuser les illusions modernistes et bureaucratiques prônées par le CNJA, soutenir les actions locales des plus dominés et favoriser les actions en veillant « à ce qu'elles soient prises en mains par la masse des travailleurs eux-mêmes » de manière indépendante. Toutefois, les rédacteurs pensent qu'« il est juste » que les agriculteurs progressistes « militent dans les organisations agricoles existante [sic] »[148]. Ce numéro remporte un écho relativement important, « en plus du public habituel de la revue, près de 2000 exemplaires ont été vendus » et « on peut raisonnablement estimer que entre 6000 et 7000 personnes ont lu » ces textes qui ont donné lieu à un courrier des lecteurs abondant. Même si les rédacteurs pensent que nombre de lecteurs sont des techniciens agricoles[149], ce numéro semble répondre à l'attente d'une partie des paysans contestataires quant à la recherche de lieux de débats et de réflexions sur les actions à mener.

Les mêmes (membres de l'UJC(ml) et militants issus de l'action catholique) participent avec des chercheurs de l'INRA-Paris (Pierre Coulomb, Michel Gervais, Claude Servolin) et des paysans très impliqués en mai-juin 1968 à la création du *Bulletin pour l'action des paysans-travailleurs*. Deux numéros sont publiés fin 1969 et début 1970[150]. Ils sont diffusés de la main à la main, par mesure de sécurité, ou auprès de militants connus à qui plusieurs exemplaires

---

[146] *Frères des hommes*, n° 54-55, « Une agriculture au service des travailleurs », p. 2, Bibliothèque du Saulchoir, Paris. Les rédacteurs reprennent l'expression « paysans travailleurs » utilisée par la Confédération générale des paysans travailleurs, proche du PCF, avant-guerre.
[147] *Ibidem*, p. 6.
[148] *Ibidem*, p. 92-93.
[149] *Frères des hommes*, n° 59, « Une ligne révolutionnaire pour les paysans », p. 1-4, Bibliothèque du Saulchoir, Paris.
[150] *Bulletin pour l'action des paysans-travailleurs*, n°1 et n°2, CHT, PT 44, bte 113.
Y. DROUET et J.P. MARTIN, « Les maoïstes et les Paysans-Travailleurs (fin des années 1960-années 1970) », *Dissidences*, n°8, mai 2010, p. 112-130.

sont envoyés. Les animateurs de la revue ont pour objectifs la défense des « petits et moyens paysans contre les méfaits du capitalisme » ainsi que la « prise du pouvoir par les travailleurs et l'instauration du socialisme ». Ils définissent des « tâches urgentes » : l'information sur les combats, la réflexion et l'approfondissement des actions menées ainsi que la coordination des luttes afin de déterminer progressivement la ligne politique à suivre[151]. Des actions locales sont mises en valeur, une analyse critique des orientations de la direction du CNJA, jugée réformiste et bureaucratisée, est faite. Par ailleurs, les évolutions de l'agriculture, de plus en plus soumise au capitalisme, sont soulignées. D'où la nécessité d'un travail de longue durée et la recherche d'alliances avec le monde ouvrier. Cependant les auteurs constatent la multiplicité des groupes politiques et n'en choisissent aucun même si des rédacteurs sont influencés par certains, nous l'avons vu.

Ces thèmes sont approfondis dans la revue *Paysans en lutte* qui voit fusionner l'équipe du *Bulletin pour l'action des paysans-travailleurs*, celle de la Commission nationale agricole du PSU, des responsables syndicaux (Jean-Claude Olivier, de la Sarthe, Joseph Bourgeais du Maine-et-Loire) et Jean-Pierre Le Dantec de la Gauche prolétarienne (GP). Jean-Bernard Mabilais en assure la publication. Treize numéros sont publiés de juin 1970 à juin 1974 avec un tirage d'environ 3000 exemplaires dont 2000 diffusés auprès d'abonnés, ce qui est loin d'être négligeable pour un bulletin militant. La revue veut être un outil de lutte au service des paysans-travailleurs. Elle sert de lieu de débats et d'analyse « des luttes menées par les petits et moyens paysans contre les méfaits du système capitaliste » afin de mettre à bas celui-ci. Il s'agit de rendre compte des expériences de lutte, d'en faire le bilan, de les confronter, de susciter le débat afin de « contribuer à l'élaboration d'une ligne juste et à la naissance d'une direction politique que les travailleurs devront se forger pour mener […] le combat pour le socialisme » [152]. La revue insiste sur l'importance de l'action de masse et souligne les « limites de l'action de militants progressistes insérés dans un syndicalisme d'état-major » sans pour autant proposer d'alternative à la démarche des opposants à la direction du CNJA qui ont semblé marquer des points, en 1970, au congrès de ce syndicat[153]. Le numéro trois affirme qu'il faut chercher

---

[151] Éditorial du n°1 du *Bulletin pour l'action des paysans-travailleurs*.
[152] *Paysans en lutte*, n°1, Préambule, juin 1970, CHT.
[153] *Paysans en lutte*, n° 2, octobre 1970, p.4.

les moyens « de faire de toutes les luttes des combats politiques, en les engageant sur une base de classe et en empêchant leur récupération réformiste »[154]. Cette orientation maoïsante portée par Marcel Colin, François Colson, Jean-Bernard Mabilais, Claude Servolin, s'oppose à la construction d'une organisation syndicale autonome et accorde une importance primordiale à la spontanéité révolutionnaire des masses[155]. Des tendances antisyndicales s'y expriment parfois ce qui donne lieu à des désaccords[156]. Un article du n° 8-9 affirme : « La structure syndicale, par rapport aux responsables, a une double fonction : elle attire les éléments pourris, elle pourrit les éléments sains »[157]. Ce texte puis la création du mouvement Paysans-travailleurs, à partir de mai 1972, entraîne le départ d'une partie de ses membres (proches du PSU et/ou partisans de la construction d'un courant syndical). La revue perdure jusqu'en 1974, date à laquelle ceux qui la maintiennent y mettent fin constatant leur isolement.

À partir de fin 1972, des militants intéressés par le monde paysan mais pour la plupart non agriculteurs, veulent créer un espace d'informations indépendant. Le bulletin de l'Agence de presse libération-paysans (APL-P), hebdomadaire, est lié au projet de l'Agence de presse libération mais continue après la disparition de cette dernière. Il a pour but d'informer, de favoriser les luttes paysannes et de promouvoir l'unité avec d'autres secteurs de la société. Il n'entend pas prendre parti dans les débats de la nouvelle gauche paysanne même si plusieurs de ses membres sont proches des idées de *Paysans en lutte*. La revue qui dispose de 200 à 300 abonnés disparaît courant 1978[158].

---

[154] *Paysans en lutte*, n°3, décembre 1970, p.3.
[155] Yannick DROUET, entretien avec Jean-Bernard Mabilais, le 25 mai 2009, à Saint-Jean-la-Poterie.
[156] *Bulletin intérieur de la CNA du PSU,* supplément au n° 230, non daté mais publié probablement à l'été ou l'automne 1971, RB 22, CHT, Nantes.
[157] *Paysans en lutte*, n° 8-9, déc. 1971 - février 1972.
[158] Edouard MORENA, « L'Agence de presse libération-Paysans. Avec les paysans sur le "front de l'information" », p. 25-38, *Études rurales*, n° 198, 2016/2.

Malgré l'opposition de la FNSEA (ici M. Debatisse avec une hache), les luttes à la base se multiplient affirme *Paysans en lutte. Bulletin pour l'action des travailleurs de la terre*, Couverture du n°1, juin 1970, Crédit, CHT.

La couverture du livre de Bernard Lambert, *Les paysans dans la lutte des classes*, Paris, Seuil, 1970, présente les idées centrales de ce leader.

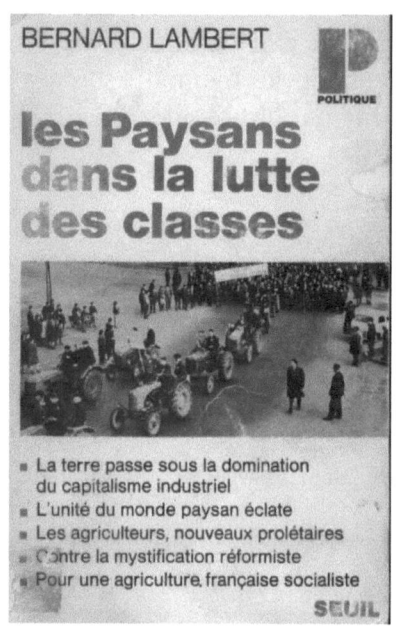

Un livre choc

En parallèle, B. Lambert publie, en 1970, *Les paysans dans la lutte des classes,* préfacé par Michel Rocard. Ce livre, tiré à 100 000 exemplaires, suscite nombre de débats. Il se veut l'aboutissement d'une réflexion collective menée entre autres avec Serge Mallet, Henri Nallet, Michel Gervais, Claude Servolin et nombre de militants... B. Lambert utilise les analyses de Marx mais entend les renouveler et les enrichir. Cinq idées forces sont affirmées dès la couverture : la terre passe sous domination du capitalisme industriel, l'unité du monde paysan éclate, les agriculteurs sont de « nouveaux prolétaires », la « mystification réformiste » est refusée et la perspective proposée est « une agriculture française socialiste »[159].

Avec la pénétration du capitalisme dans l'agriculture, les paysans modernisés seraient de plus en plus dépendants des firmes ou de grands groupes coopératifs, dépossédés de la propriété de leurs exploitations, perdant leur indépendance ; ils deviendraient des « façonniers » à domicile. En voie de prolétarisation, ces agriculteurs endettés seraient exploités par les firmes agroalimentaires, les banques. Pour lui, le monde paysan serait divisé et la lutte des classes passerait à l'intérieur de celui-ci : séparant les gros exploitants, capitalistes, notamment les céréaliers et les betteraviers du Bassin parisien, qui tiendraient les rênes du syndicalisme agricole, des petits et moyens paysans exploités notamment dans les régions d'élevage.

Les paysans, appelés par lui, « paupérisés », qui ont souvent raté le train de la modernisation, et servent de masse de manœuvre aux dirigeants du syndicalisme agricole traditionnel pourraient devenir les alliés des paysans « prolétarisés »[160]. De cette analyse, découle une idée force : les paysans modernisés mais « prolétarisés » doivent s'unir avec les ouvriers dans les luttes pour enclencher le processus révolutionnaire et mettre à bas le système capitaliste. La perspective politique est une société socialiste. L'action revendicative doit être énergique mais ce responsable, tout en étant critique envers les syndicats majoritaires, reste prudent estimant que celui qui romprait

---

[159] B. LAMBERT, *ouv. cit.*
[160] *Ibidem*, p. 78-79.

l'unité syndicale risquerait « de perdre toute influence [...] pour avoir brisé un tabou »[161].

L'ouvrage est lu par un nombre important de jeunes, il entraîne des débats et provoque des réactions négatives, tant dans l'Ouest, où certains lui reprochent d'être excessif ou peu tactique, que sur le plan national où les dirigeants du CNJA adressent un courrier aux responsables départementaux dénonçant la politisation et l'hostilité à l'action économique de ce discours. Pour eux, l'unité paysanne reste une aspiration et améliore le rapport de forces.

Cette floraison de revues et de débats témoigne du dynamisme, de l'activisme et de la soif d'analyses d'une frange, minoritaire mais parfois influente, des paysans. On y retrouve des thèmes anticapitalistes ainsi que la perspective d'une société socialiste sans que celle-ci soit clairement définie. Des événements du printemps 1968, ces paysans ont retiré des certitudes : l'importance de la jeunesse dans les contestations ainsi que la centralité ouvrière dans le projet de transformation de la société. Le primat donné à l'action et à la lutte des classes constituent deux autres points partagés. Cependant, le temps de la contestation tous azimuts touche à sa fin et certains privilégient l'organisation d'un courant syndical.

9 : L'onde de choc de « 68 », s'organiser

Peut-être parce que la perspective d'un nouveau mouvement de masse s'est éloignée, peut-être pour y être prêt s'il venait à arriver, peu à peu, les contestataires essaient de s'organiser et de structurer un courant national à l'intérieur puis, pour certains, en dehors du syndicalisme majoritaire. Ils doivent aussi tenir compte des réactions des directions de celui-ci qui mènent une vigoureuse contre-offensive.

Avant 1968, le pôle de l'Ouest, apparaissait comme le principal bastion de l'opposition aux directions du syndicalisme agricole majoritaire et B. Lambert incarnait celle-ci. Ses déclarations inquiètent, cependant, une partie des syndicalistes de la région. Il est jugé trop en avance et est accusé de ne pas travailler de manière assez collective. Ceux qui dans l'Ouest sont proches des orientations majoritaires utilisent les défauts du bouillant leader pour l'isoler et ne

---
[161] *Ibid.*, p. 28.

pas renouveler son mandat de secrétaire-général de la FRSEAO, en janvier 1970, prétextant son engagement politique ou les thèmes de son livre. Les jeunes contestataires condamnent cette éviction mais constatent qu'ils n'ont pas su s'y opposer[162]. Ce qui pose la question d'une meilleure structuration de leur courant.

Ces jeunes s'étaient démarqués lors des journées d'étude du CNJA, des 25 et 26 octobre 1967, en ne cautionnant pas le rapport porté par la direction nationale. Ils entrent les années suivantes dans une « bataille pour la conquête de l'appareil »[163]. Au congrès des 16 et 17 octobre 1968, un des leaders de l'opposition, Bernard Thareau (Loire-Atlantique), est candidat à la présidence du syndicat face à celui de la direction sortante. Il est battu de deux voix sur cinquante-sept votants du conseil d'administration. L'opposition dénonce des pressions mais a le sentiment d'avoir échoué de peu et les liens entre les régions se développent. Le congrès de Blois (5 et 6 juillet 1970) lui donne l'occasion de tenter un nouvel assaut et de se faire entendre. Antoine Richard (Loire) présente un rapport d'orientation intitulé *Pour un syndicalisme de travailleurs* qui a été rédigé par des militants de l'Ouest et de la région Rhône-Alpes. Celui-ci affirme :

« *Nous sommes des chefs d'entreprise sans pouvoir et sans grande responsabilité. Nous nous exploitons nous-mêmes. Nos intérêts sont des intérêts de travailleurs. [...] Nous refusons la compétitivité présentée comme une fin en soi. [...] Nous voulons la possibilité pour tous d'innover, de créer, de se réaliser dans son travail. [...] Nous voulons que le droit au travail soit le droit premier et fondamental dans notre société.*»[164].

L'opposition est favorable à un syndicalisme, de travailleurs, combatif, et non à un syndicalisme de chefs d'entreprise. Cette tendance délimite le groupe social qu'elle entend défendre et désigne ses alliés : les travailleurs. Elle critique la politique de concertation qui se traduit par « une complicité du syndicalisme par rapport aux orientations prises » et par le fait que les dirigeants ont tendance à négliger l'action à la base. Le rapport dénonce le capitalisme, la

---

[162] *Compte-rendu de la réunion du bureau élargi du CRJAO*, le 6 février 1970, PT 44, bte 17, CHT et *Vent d'Ouest*, n°3, janvier 1970.
[163] Bernard BRETONNIERE, François COLSON, Jean-Claude LEBOSSE, *Bernard Thareau, militant paysan*, Editions de l'Atelier, Paris, 1997, (p. 76).
[164] Rapport Richard, *Pour un syndicalisme de travailleurs*, ANPT 1, CHT.

bourgeoisie mais aussi les agriculteurs qui ont un comportement de chefs d'entreprise. Les opposants sont critiques vis-à-vis des gouvernements de droite, se disent partisans d'une « agriculture autogérée de type socialiste » et se rapprochent des diverses gauches (hors le PCF) et extrêmes-gauches. Cependant ce texte est moins abrupt que le livre de B. Lambert. Il n'y est pas question de lutte des classes entre agriculteurs et le langage est moins marxisant, plus en conformité avec le discours syndical. Le rapport Richard obtient les voix de 119 délégués, celui de la direction 148. L'opposition obtient un score très honorable mais dénonce les manœuvres de la direction et affirme que ses idées sont majoritaires. Il n'en est pas moins vrai qu'elle échoue à conquérir le syndicat où sa représentation à la direction est minorée (30% des sièges d'administrateurs pour 43% des voix des délégués). Elle refuse, par ailleurs, de proposer des représentants au bureau, privilégiant l'éthique militante et la construction d'une opposition à la participation à la direction. Il est décidé au lendemain de ce congrès de publier un bulletin national. Les années suivantes, les contestataires se détournent peu à peu de la bataille pour la conquête de l'appareil et tentent de construire une tendance.

Nombre de ces contestataires qui prennent le nom de Paysans-travailleurs organisent les 21 et 22 mai 1972, à Orléans, des journées nationales au cours desquelles ils entendent définir « une nouvelle pratique syndicale ». Le texte préparatoire à ces journées qui pose la question des rapports avec les syndicats existants ne préconise la rupture que si elle est voulue par l'ensemble des agriculteurs du département. Le militant syndical est défini comme un animateur et non un dirigeant. Il doit favoriser le travail collectif, l'implication du plus grand nombre dans les luttes et rechercher la construction d'un rapport de forces avant de négocier[165]. Ces journées rassemblent des jeunes mais aussi des aînés membres de la FNSEA. Préparées, en particulier, par Jean Cadiot (Loire-Atlantique), Yves Manguy (Charente), Jean-Paul Mouillé (Vienne) et Antoine Richard (Loire), elles rassemblent plusieurs centaines de participants. Des ateliers sont organisés sur l'économie, le syndicalisme, le cadre de vie, les liaisons avec les autres travailleurs. Ces journées sont révélatrices des exigences de démocratie présentes parmi les contestataires des années

---

[165] *Un syndicalisme de Paysans-travailleurs. Pourquoi ? Comment ?*, janvier 1972, RB 1, CHT. Texte préparatoire repris en partie après.

1968. Ainsi, une banderole proclame : « Non aux états-majors » et B. Lambert qui n'est pas à la tribune intervient relativement peu. Les organisateurs sont, en partie, surpris et débordés par la tournure que prennent les débats. Ceux-ci portent sur la tactique syndicale mais aussi sur la famille, les relations dans le couple, l'exigence d'une sexualité libérée, la critique du travail ou de la société de consommation. Débats souvent portés par les femmes qui réclament plus d'autonomie. Selon Yves Chavagne, les trois quarts des participants ont rejoint les carrefours portant sur des thèmes sociétaux : changer la vie, changer la société, lutter contre les aliénations[166]. Pour Jean Cadiot, « la révolution intellectuelle » de mai 1968 se serait étendue aux paysans contestataires et la discussion ne porta pas que sur les questions de tactique syndicale[167]. À l'issue de ces journées, les opposants se rendent au congrès du CNJA, qui se tient quelques jours plus tard, mais n'y présentent pas de liste et semblent renoncer à conquérir l'appareil. Ce d'autant plus que les directions syndicales ont entrepris de les isoler et de reprendre en main un certain nombre de structures. Elles y parviennent peu à peu, supprimant des financements de syndicats jeunes dans des départements, empêchant la publication d'articles de ces structures dans d'autres, mettant à l'écart des animateurs jugés favorables à l'opposition, préparant avec des appuis locaux la reconquête de structures départementales… La reprise en main est menée avec fermeté mais habilement et méthodiquement, en particulier après la grève du lait[168].

La réponse des directions des syndicats majoritaires avive les divergences qui commencent à s'affirmer entre les opposants. À partir de 1974, le courant contestataire s'éparpille. Certains pensent qu'il devient impossible de militer à l'intérieur du syndicalisme traditionnel du fait des différences de pratique, des désaccords idéologiques, de l'influence des grands exploitants et des pressions à l'encontre des opposants. Impatients, combatifs, volontaristes, souvent jeunes et proches des idées des extrêmes-gauches, ils commencent à organiser des groupes départementaux autonomes en reprenant le nom de Paysans-travailleurs à partir de 1973. Cette sensibilité se constitue en

---

[166] Y. CHAVAGNE, *ouv. cit.*, p. 162.
[167] Entretien avec Jean Cadiot (1938-2013) et sa femme Annick, le 6 juillet 2001, Béziers.
[168] J. P. MARTIN, *ouv. cit.* (2005), p. 96-98 et p. 127-131.

Association nationale des paysans-travailleurs (ANPT), indépendante, à Rennes, les 19 et 20 octobre 1974. Très minoritaire mais fort active, elle bénéficie de la présence en son sein de B. Lambert et joue un rôle important dans certaines luttes. Une deuxième sensibilité refuse la rupture, considère qu'il faut mener un travail oppositionnel en se servant des points d'appui dont elle dispose (syndicats d'exploitants de la Drôme, du Finistère, de la Loire-Atlantique, de la Loire... certains CDJA, des sections spécialisées de la FNSEA, Fédération nationale porcine, Section nationale des fermiers et métayers...). Elle espère se faire entendre, faire reprendre ses idées par les agriculteurs et constituer une tendance. Ses animateurs, plus prudents, pour une partie plus expérimentés, ont souvent des responsabilités départementales ou nationales, et se rapprochent pour certains du Parti socialiste, tel Bernard Thareau. Cependant, la coupure n'est pas toujours nette : des syndicalistes peuvent appartenir aux deux sensibilités à la fois (ainsi dans la Drôme) et un petit groupe tentera de les rapprocher (le Mouvement syndical des travailleurs de la terre). Pour ajouter à la division, des groupes départementaux refusent de choisir et restent indépendants, en Savoie, dans la Manche, dans l'Aude, dans l'Hérault...

Au lendemain de 1968, la nouvelle gauche paysanne a tenté de mieux s'organiser et a semblé, un temps, avoir le vent en poupe. Cette combativité explique en partie l'insolence très soixante-huitarde dont ont fait preuve à plusieurs reprises des paysans vis-à-vis des pouvoirs établis.

Insolence et humour grinçant envers l'idéologie « moderniste » portée par la FNSEA, les pouvoirs publics ou les firmes vont souvent de pair dans les revues des paysans contestataires de l'après 1968.

Vent d'Ouest, n°63, juin 1975, Crédit : CHT.

10 : Une insolence paysanne ?

Les années 1968 ont été un moment de contestations pendant lequel les acteurs des luttes défendaient des revendications économiques mais refusaient aussi l'ordre social existant. Xavier Vigna évoque une « insubordination ouvrière » avec des grèves fréquentes et déterminées au cours desquelles s'exprime un « refus de l'autoritarisme »[169]. Peut-on parler pour une partie des paysans d'une telle insubordination, d'une telle insolence, pendant ces années, envers les firmes ou les pouvoirs publics ? Il nous semble bien que les contestations paysannes, après mai-juin 1968, ont revêtu une telle dimension. Les aspirations des contestataires en témoignent : refus des jeunes de vivre comme leurs parents, exigence d'être reconnus comme travailleurs, volonté de vivre de leur travail et dénonciation de l'exploitation. La durée, la fréquence et l'ampleur des luttes en témoignent. Le primat accordé à celles-ci, l'exigence de leur contrôle par la base ainsi que le recours à des actions illégales le confirment. La politisation qui en découle parmi une partie des agriculteurs l'atteste[170]. Les pouvoirs publics sont critiqués et ceux qui les représentent sont parfois moqués.

À cette insolence, s'ajoute, dans l'Ouest, une remise en cause des autorités traditionnelles. Le pouvoir des propriétaires fonciers, dont nombre sont d'origine nobiliaire, est quelquefois vivement contesté. Elise Roullaud, évoque, la manifestation de plusieurs centaines de paysans devant le château d'un propriétaire foncier (le comte O' Delant) en défense de l'ancienne métayère, en janvier 1973. L'ordre social local est contesté par des paysans qui s'opposent à ceux qui cumulent capital économique, social et politique (certains ont été ou sont maires de leur commune)[171]. Au-delà, les choix d'institutions, comme l'armée ou l'Église catholique, longtemps acceptées et prescriptrices sont dénoncés. Le rapport à la religion et à la famille traditionnelle est questionné. Cette subversion de l'ordre social local évoque ce que Boris Gobille nomme la « crise du consentement »,

---

[169] Xavier VIGNA,, *ouv. cit.*
[170] Xavier VIGNA, *art. cit.*, p. 319-328, (2008).
[171] Élise ROULLAUD, « Luttes paysannes dans les années 68. Remise en cause d'un ordre social local », p. 26-49, *Agone*, n°51, 2013.

critique par les dominés de la domination[172]. La propriété de la terre n'est plus une fin en soi, l'exploitation familiale déboucherait pour certains sur l'exploitation de la famille. Ces remises en cause mettent parfois les contestataires en porte-à-faux vis-à-vis d'une partie de leur milieu et provoquent des réactions hostiles envers eux. Cependant si seule une minorité a adopté un tel discours, ces militants ont impulsé des luttes parfois massives contribuant à des évolutions sensibles.

L'insolence paysanne est particulièrement visible à travers les textes et les caricatures diffusés par la presse de ces mouvements. Elle se repère dans le ton adopté, le contenu du discours mais aussi dans les attitudes et les combats menés.

Des actions mineures ont pour fonction de dénoncer une décision jugée injuste en faisant rire. Quand le véhicule du préfet de Loire-Atlantique qui a interdit la chasse à la poule faisane est intercepté, des militants affirment qu'ils en ont découvert une dans l'automobile et se moquent [173]… « Je ne vous dis pas qu'il y avait une poule faisane dans le coffre » affirme Joseph Potiron devant plusieurs centaines de personnes, le 20 novembre 1969, à La Chapelle-sur-Erdre mais il le suggère si fort que : « L'assemblée rit. La cause est entendue. Ce soir l'autorité de l'État en prend un coup »[174].

Les membres du gouvernement peuvent faire les frais d'une telle insolence. Le respect dû aux ministres en pâtit parfois. Jacques Duhamel, ministre de l'Agriculture est confronté pendant son discours au congrès du CNJA d'octobre 1969 à d'ostensibles manifestations de mauvaise humeur. Selon les contestataires environ 150 délégués sortent dès l'introduction de son discours et une cinquantaine les rejoint. « Qu'ont-ils à faire de baratins et de promesses d'un représentant de la bourgeoisie qui leur donne des leçons ? » est-il écrit dans le *Bulletin pour l'action des paysans travailleurs*. Le ministre est déconsidéré : présenté comme un donneur de leçons, dispensateur de promesses non tenues. Au service de la bourgeoisie, son objectif majeur serait le maintien l'ordre social. Des délégués disent avoir

---

[172] Dominique DAMAME, Boris GOBILLE, Frédérique MATTONTI, Bernard PUDAL (sous la dir. de), *Mai-juin 68*, Editons de l'Atelier, Paris, 2008.
[173] *Bulletin pour l'action…*, n°1, *ouv. cit.*,
[174] Site *Le Nouvelobs.com*. (1/12/1969).

mieux à faire, tiennent meeting, procèdent à un échange d'expériences et font une « démonstration politique »[175].

Parfois la rencontre est houleuse. Le 16 novembre 1969, le ministre de l'Éducation, député de Loire-Atlantique, Olivier Guichard, est contraint à une « visite de ferme ». Même si on ne peut pas parler de séquestration, une telle visite, renverse les positions des uns et des autres. Le ministre n'est plus dans son élément, perd les attributs symboliques (tenue vestimentaire, escorte, discours convenu, public choisi…) qui marquent sa supériorité ; il peut paraître ridicule et se sentir déconsidéré. Les paysans, à l'opposé, sont dans leur élément, se sentent plus forts et mettent les rieurs de leur côté. Cette inversion des rôles permet aux paysans d'aborder la discussion avec une position plus assurée[176]. Ce jour-là, au Dresny-Plessé (Loire-Atlantique), le ministre est interpellé par plusieurs centaines d'agriculteurs, dont des syndicalistes jeunes, qui lui imposent de marcher derrière une banderole « Contre le cumul des terres et l'encadrement du crédit, utilisez le débourgeoisant Jacquou »[177]. Le fermier présente sa situation et il est demandé au ministre ce qu'il en pense. Sa réponse, évasive, ne satisfait pas les manifestants. Quand il se dirige vers sa voiture, des œufs, des pommes, de la boue sont lancés dans sa direction et vers les forces de l'ordre. Il est atteint et des cris hostiles fusent. Il s'agit par cette initiative de rompre avec un syndicalisme de concertation, de négociation qui privilégie la responsabilité, au profit d'un syndicalisme d'action directe à la base qui remet en cause les pouvoirs établis et entame « une brèche dans la carapace de l'autorité

---

[175] *Bulletin pour l'action…*, n°1, *ouv. cit.* et *Le Monde*, 18 novembre 1969.
[176] Après, le CRJAO affirmera que les ministres ne connaissent pas la situation et que « ce n'est pas dans un salon que nous devons les rencontrer mais sur nos lieux de travail », CRJAO, *Plan de réflexion à l'usage des centres cantonaux des jeunes agriculteurs*, 2/12/1969, PT 44, bte 17, CHT.
André Cases, dirigeant des CAV de l'Aude, explique que lors de sa première rencontre avec le préfet, en costume-cravate, il se sent mal à l'aise ce qui avantage son interlocuteur. La fois suivante, il le rencontre en bleu de travail et le préfet, selon lui, ne sait plus quoi dire. CAV et M. LE BRIS, *La révolte du Midi*, p. 36-37.
[177] Allusion au feuilleton télévisé Jacquou le Croquant, tiré du roman éponyme d'Eugène Le Roy, diffusé à la télévision en octobre et novembre 1969.
Edouard LYNCH, « Les trois âges de la jacquerie : usages de la violence et identités professionnelles dans le syndicalisme agricole au XXe siècle », p. 257-275, dans Vincent FLAURAUD et Nathalie PONSARD, *Histoire et mémoire des mouvements syndicaux au XXe siècle. Enjeux et héritages*, Éditions de Arbre bleu, Nancy, 2013.

des pouvoirs publics »[178]. L'autorité de l'État a été bafouée, la réponse des pouvoirs publics est rapide. Des arrestations interviennent et trois responsables du CDJA sont emprisonnés les jours suivants. Jean Bréhéret, François Legentilhomme et Jean Martin sont condamnés à deux mois de prison ferme. La lourdeur des peines stupéfait les syndicalistes même ceux qui désapprouvent cette action. Ils appellent à des manifestations en faveur de la libération des militants emprisonnés qui rassemblent plusieurs milliers d'agriculteurs mais aussi d'ouvriers et de jeunes, à Rennes, Nantes et Saint-Nazaire, le 22 novembre. Suite à cette mobilisation, la peine des syndicalistes est commuée en prison avec sursis et ils sont libérés. Cependant des tensions sont apparues avec la FNSEA. M. Debatisse est venu affirmer sa solidarité mais a critiqué le choix de l'alliance interprofessionnelle et il insiste sur la nécessité de conserver un cadre strictement professionnel à l'action.

Après cette date quand les paysans contestataires interpellent un ministre, ils sont plus attentifs aux modalités de l'action essayant d'éviter tout dérapage qui pourrait être contre-productif. En septembre 1970, la Fédération des producteurs de lait de la Loire prépare une action en secret. 2000 manifestants bloquent par surprise, à Boën-sur-Lignon, le ministre de la Santé publique et de la Sécurité sociale, Robert Boulin. Malgré le chahut, le ministre accepte d'écouter les revendications des paysans qui font part de leurs difficultés, dénoncent les choix gouvernementaux mais sans débordements[179].

Les paysans contestataires, dont beaucoup sont fermiers, dénoncent aussi ceux qu'ils appellent les « notables », en particulier les propriétaires non exploitants d'origine nobiliaire. Toutefois, ceux qui soulèvent le plus leur colère sont ceux qu'ils appellent les « cumulards » : agriculteurs qui ont une exploitation importante et veulent s'agrandir ou ceux qui, extérieurs à la profession, veulent acquérir des terres et empêchent ainsi un jeune de le faire. Le CNJA avait mené une action contre l'acteur Jean Gabin, en 1962, sur laquelle nous reviendrons. Les contestataires s'en inspirent. L'achat par un négociant en bestiaux d'une exploitation de 29 ha à Saint-Michel Mont Mercure (Vendée), alors qu'il en possède une autre, constitue un cas de cumul qui les scandalise. En juin 1969, une

---

[178] *Bulletin….*
[179] Jean VERCHERAND, *ouv. cit.*, p. 281.

manifestation se dirige vers cette exploitation, des clôtures sont saccagées, des pancartes sont plantées et le vibroculteur est passé sur une prairie. Le droit de propriété n'est pas respecté et de nombreuses actions foncières vont reprendre ce type de pratiques[180].

La religion et l'Église sont aussi remises en cause. Nombre de contestataires de l'Ouest se rapprochent peu à peu de la constellation des catholiques de gauche qui s'affirme en ces années. Lecteurs de *Témoignage chrétien*, anciens adhérents des mouvements de jeunesse catholique, membres de Chrétiens dans le monde rural (CMR) ou d'autres cercles de réflexion, ils sont critiques vis-à-vis de l'Église-institution mais restent pour la plupart croyants voire pratiquants. Rares sont ceux qui ont perdu la foi. Le flamboyant B. Lambert, dit même l'avoir retrouvé grâce à la JAC et participe à des « journées théologiques rurales ». Après 1968, il rejoint le « Cercle Jean XXIII » qui réunit catholiques et protestants de la région nantaise et va encore à la messe un temps[181]. Cependant leur vision de la foi rompt avec la tradition. Selon ses biographes, Bernard Thareau écartait la « prière passive, la tolérance béate qui conduisent au silence et au refus de l'engagement [...] au profit d'un sens de l'effort et d'une volonté intraitable le poussant parfois à entrer en opposition avec l'Église en tant qu'institution ». Il était pratiquant, le plus régulièrement possible, mais refusait la passivité. Pour lui, « un chrétien ne devrait jamais dire 'on n'y peut rien' »[182]. Ces catholiques entament le dialogue avec des protestants mais aussi avec des non chrétiens et se rapprochent des partis de gauche voire des marxistes pour certains. De plus, dans cette région, dans laquelle les écoles privées catholiques scolarisent une part importante des jeunes, un nombre significatif d'entre eux font le choix de l'école publique. Le débat est posé à partir de 1964-1965 dans le CDJA de Loire-Atlantique sous l'impulsion de Marie-Paule Lambert qui vient d'une région où l'école privée est peu présente. Au terme de celui-ci, le syndicat se prononce « pour l'école unique »[183]. B. Thareau et sa femme Odile inscrivent leurs enfants à l'école publique, au début des années 1970. B. Lambert et Marie-Paule, craignant que leurs enfants soient mis en quarantaine, agissent de manière progressive : les garçons restent, un temps, à l'école privée

---

[180] *Bulletin...* n°1.
[181] Yves CHAVAGNE, *ouv. cit.*, p. 121-122 et p. 197.
[182] Bernard BRETONNIERE et alii, *ouv. cit.*, p. 33-34.
[183] Yves CHAVAGNE, *ouv. cit.*, p. 196.

mais les filles vont à l'école publique, dans un autre village cependant[184]. Ce choix entraîne parfois des tensions avec des voisins plus respectueux des traditions mais un mouvement collectif s'amorce. Les paysans contestataires ont bravé les traditions, le ton de leur presse fait aussi preuve d'une belle insolence.

L'impertinence des années 1968 est perceptible dans l'expression publique de la sensibilité « gauchiste » que ce soit dans *Vent d'Ouest* ou dans *Paysans en lutte*. Les caricatures de Sabadel[185] font preuve d'un humour féroce. Michel Debatisse en fait les frais ; il est souvent présenté comme s'opposant aux luttes et complice du gouvernement. Les syndicats traditionnels sont accusés de trahir les intérêts et les luttes de la majorité des agriculteurs. Les firmes agro-alimentaires sont brocardées, symbolisées par un homme en costume trois pièces avec un chapeau haut de forme, incarnant le capitalisme honni. Lors de la lutte des éleveurs intégrés ces firmes sont accusées de ruiner les agriculteurs, de ne pas se soucier de leur santé et de négliger celle des consommateurs. La justice et la police sont souvent critiquées car elles seraient au service des possédants et des gouvernements de droite. La répression est dénoncée dans l'ouvrage *Répression des luttes : des paysans parlent*[186]. Pendant la lutte du Larzac, textes, dessins et affiches antimilitaristes fleurissent : les dénonciations du rôle répressif de l'armée et les moqueries envers l'univers militaire sont fréquentes.

Ces agriculteurs ne respectent pas forcément les institutions du monde agricole. Les limites de la coopération sont souvent soulignées. Parfois même, est dénoncé le fait que les coopératives aient été amenées à adopter une logique capitaliste. Le Crédit agricole est plusieurs fois pris à partie. En 1975, *Vent d'Ouest* titre « Le Crédit agricole favorise l'exploitation des paysans ». Un contestataire des années 1970, Jean Cadiot, entame, en septembre 1978, une grève de la faim devant une caisse de Loire-Atlantique pour dénoncer le refus de

---

[184] B. BRETONNIERE et alii, *ouv. cit.*, p. 35-36
Y. CHAVAGNE, *ouv. cit.*, p. 196-197.
[185] Sabadel (Claude Blanc) dessine, souvent, au début des années 1970, dans *Vent d'Ouest*. En 1977, il est victime d'un accident vasculaire cérébral. Après des années, il parvient à publier, en 2008, *Une plume à mon cerveau*, Éditions Fabert.
[186] *Répression des luttes : des paysans parlent*, Maspéro, Paris, 1972. Les auteurs ne sont pas indiqués mais B. Lambert et Henri Leclerc sont responsables de la publication.

transformer une partie de ses emprunts à court terme en emprunts à moyen terme. Après négociations, la banque infléchit ses positions. Ce type d'action est rare toutefois. Enfin, l'insubordination se manifeste aussi par l'emploi de moyens d'action qui enfreignent la légalité.

Des ventes aux enchères sont troublées, en février 1970, dans le Finistère et dans la Meurthe-et-Moselle. À d'autres occasions, des clôtures sont endommagées, des terres jugées injustement acquises par des « cumulards » sont labourées ou occupées. Ce courant n'est pas le seul à recourir à des actions illégales et plusieurs luttes paysannes voient alors leurs acteurs ne pas respecter les lois au nom de la difficulté de leur condition et de la légitimité de leur combat. Les contestataires justifient ces modes d'action et leur assignent des objectifs politiques. Pour eux, les luttes foncières remettent en cause, de fait, le droit de propriété d'où des formes d'action « en dehors de la légalité bourgeoise ». Les paysans souvent endettés, dont les revendications sont légitimes, ne peuvent faire grève, ils sont donc contraints à agir par des « voies illégales » qui, dans le passé, ont à plusieurs reprises, permis d'acquérir de nouveaux droits soulignent, en 1972, les auteurs de *Répression des luttes : des paysans parlent*. Cependant, il faut éviter « une violence minorisante » qui isolerait les syndicalistes de la base[187]. Les contestataires, en particulier les jeunes, ont tendance à valoriser les actions directes car dans leur esprit, si elles ont un caractère de masse, elles favoriseraient une prise de conscience, feraient progresser la politisation et dévoileraient « la collusion existante entre le pouvoir, la police, la loi, les appareils réformistes... »[188]. Des militants sont, de ce fait, confrontés à la justice ; ils découvrent alors que la loi offre des possibilités de se défendre et bénéficient de l'appui d'avocats favorables à leur cause. Ils apprennent à utiliser les procès, de manière défensive, pour faire valoir leurs droits mais aussi, de manière offensive, pour populariser leur cause, voire pour inscrire dans le droit des avancées en faveur des agriculteurs. Ils essaient d'articuler mobilisation de masse et recours aux tribunaux, transformant ceux-ci en tribunes. C'est pourquoi, la

---

[187] *Répression des luttes..., ouv. cit.*, p. 11-13.
[188] *Bulletin..., n°1, ouv.cit.*,

FDSEA de Loire-Atlantique tient des permanences juridiques régulières dans le département[189].

Les paysans contestataires, à l'instar des groupes de gauche et d'extrême-gauche, ont tendance à considérer qu'une action directe radicale entraîne une politisation de ceux qui la mènent. Ce qui est loin d'être prouvé. Par ailleurs, ils pensent que la culture peut être un outil favorisant l'éveil politique.

11 : La culture au service de la contestation

En effet, des militants utilisent la culture pour dénoncer la domination dont les paysans sont victimes[190]. Un groupe « Paysans en lutte » de la région de Blain-Redon, à la limite de la Loire-Atlantique et de l'Ille-et-Vilaine, écrit une pièce de théâtre, *La Vacherie*, en août 1970, jouée une quinzaine de fois devant cent à trois cents personnes à chaque fois. Dans celle-ci, « un couple d'agriculteurs en proie à des difficultés financières » fait face à un marchand de bestiaux (« Picsou »), un banquier du Crédit agricole (« M. Bouftou »), à leur propriétaire qui veut vendre la ferme (« M. Parasite ») ainsi qu'à un vétérinaire qui s'enrichissent à leurs dépens. Selon E. Roullaud, les auteurs de la *Vacherie* mettent en scène « la conflictualité sociale », l'opposition entre les travailleurs et les possédants[191]. Au-delà, il s'agit de favoriser une prise de conscience et de montrer que s'unir peut permettre de résister. Pour les auteurs, la culture est un moyen de lutter contre la domination subie. D'autant plus qu'elle est jouée par des « amateurs et agriculteurs » dans des fermes et que « les dialogues privilégient une langue parlée ». Est-il sûr cependant que les résultats soient si nets et que tous les spectateurs adhèrent à un tel projet

---

[189] Patricia HUYGHEBAERT Boris MARTIN, *Quand le droit fait l'école buissonnière. Pratiques populaires du droit*, Descartes et Cie, Paris, 2002.
Entretien avec Jean Designe, animateur et conseiller juridique de 1968 à 1975 de la FDSEA de Loire-Atlantique, 17/4/2009, Marseille.
J.P. MARTIN, *La Confédération paysanne aujourd'hui. Un syndicat face aux défis du XXe siècle*, L'Harmattan, Paris, 2011 (p. 63-90).
[190] Jean-Pierre LE DANTEC, *Bretagne : re-naissance d'un peuple*, Gallimard, Paris, 1974, (p. 282-283).
Élise ROULLAUD, « Luttes paysannes dans les années 68. Remise en cause d'un ordre social local », p. 27-49, *Agone,* « Campagnes populaires, campagnes bourgeoises », n° 51, 2013.
[191] E. Roullaud, *art. cit.,* p. 38.

subversif ? La remise en cause de l'ordre social est portée par des paysans aidés probablement par une personne ressource. L'auteur-compositeur contestataire, Kirjuhel, vivait alors dans cette région[192]. Ce type d'initiatives s'inscrit dans les tentatives que firent, ailleurs, les courants politiques dits gauchistes pour toucher un public large : sketchs, pièces, chansons... Il s'inscrit aussi dans la tradition jaciste, les militants de ce mouvement utilisant le théâtre pour animer les campagnes et pour faire passer leur message. Or la région de Blain-Redon a connu une activité significative des mouvements de jeunesse catholique

D'autres initiatives de ce type ont été portées par des paysans dans les luttes des années 1968. La pièce *Histoire de veaux qu'ont mal tourné* présente, en 1978, le combat des éleveurs intégrés. Des acteurs des luttes viticoles ont écrit des livres, en 1976, soit seul comme Emmanuel Maffre-Baugé (*Vendanges amères*) soit avec Michel Le Bris comme les Comités d'action viticoles (*La révolte du Midi*). Michel Le Bris a relaté la lutte du Larzac (*Les fous du Larzac*). Des troupes de théâtre (théâtre de la Carriera dans *Mort et résurrection de M. Occitania*) ou des chanteurs (tel Claude Marti) évoquent la lutte des vignerons du Midi. Dès 1968, Jean Lefaux présente le « mai breton » paysan dans *Écoute Joseph, nous sommes tous solidaires.* Dans ce film alternent des interviews de paysans, des cartons rédigés analysant les évolutions du monde agricole et des images des manifestations des 8 et 24 mai 1968, à Quimper, Rennes et Nantes. Les années suivantes, des cinéastes militants de l'Université de Vincennes, dont Guy Chapouillé, regroupés dans un Front paysan, de sensibilité maoïste, réalisent des films sur les luttes paysannes. Le premier date de 1972, après la grève du lait, nous y reviendrons.

Dans les années 1968, des acteurs du monde de la culture, sensibles aux luttes des paysans, vont à leur rencontre. Il en est de même des militants politiques des diverses gauches.

---

[192] *Ibidem*, p. 43-44. L'auteur-compositeur, Kirjuhel (Jean-Frédéric Brossard, auteur de la chanson *Ah ! Le joli mois de mai à Paris),* a participé à l'élaboration de cette pièce.

12 : À gauche toute ?

L'émergence et le développement d'un courant contestataire qui se détache de la tradition démocrate-chrétienne et de la droite attire l'attention du PSU, des innombrables groupes d'extrême-gauche et du Parti socialiste. Le nombre d'adhérents à un parti est limité mais d'autres s'en sentent proches, participent à des sessions de formation, des débats... Il ne faut pas imaginer toutefois des responsables agricoles sous l'influence d'idéologues urbains qui leur feraient la leçon. Ceux-ci tiennent farouchement à leur indépendance et les groupes en question viennent aussi apprendre. Contestataires paysans ou urbains participent d'une même mouvance, partagent un certain nombre d'analyses, même s'ils s'opposent parfois. Le PSU joue un rôle significatif avant 1968. Puis les groupes dits prochinois ou maoïstes (UJC(ml), GP et PCML) déploient leurs efforts et séduisent quelques-uns et l'Organisation communiste-Gauche ouvrière et populaire est active auprès des PT. Cependant, c'est le Parti socialiste qui a l'influence la plus forte dans la seconde moitié des années 1970[193] et des organisations régionalistes entretiennent des liens avec les animateurs des luttes paysannes.

B. Lambert pense que les luttes syndicales doivent avoir un débouché politique. Dirigeant la Commission nationale agricole du PSU, il en fait une structure élargie, ouverte aux non-membres du parti, afin de favoriser le débat avec des experts agricoles : laboratoire d'idées et de confrontation théorique. Les positions des autres syndicats y sont analysées et des questions tactiques comme les relations avec la composante « maoïste » de la revue *Paysans en lutte* ou le choix de militer ou non dans le cadre de la FNSEA y sont parfois discutées[194]. En 1972, cette commission est composée en sus de paysans mais aussi de techniciens agricoles, d'« experts » et d'étudiants de l'ESA d'Angers[195]. Toutefois, l'influence de B.

---

[193] Bernard BRETONNIERE et alii, *ouv. cit.*
Yannick DROUET et Jean-Philippe MARTIN,..., *art. cit.*, (2009)..
Y. DROUET et J.P. MARTIN, *art.cit.*, 2010, p. 112-130.
[194] Compte-rendu de la CNA du PSU des 9 et 10 novembre 1969 et de la rencontre CNA élargie et FGA du 5 juin 1971, RB 22, CHT, Nantes.
B. RAVENEL, *ouv. cit.*
[195] Parmi les paysans : Jean Mallet (Vendée), Lino Ottogali (Dordogne), Dominique Froger (Mayenne), Georges Dolias, Raymond Feyfant, Maguy Guillien (Alpes-Maritimes), Jean-Marie Teisseire. Y sont aussi passés, Louis Cougny (Nièvre), Jean

Lambert est prépondérante dans les orientations définies par cette structure. Pour lui, le PSU doit être un lieu favorisant l'action et les luttes. Cependant, ce leader apparaît plus comme un syndicaliste préoccupé des problèmes agricoles que comme un idéologue ou un homme de parti. Il quitte ce parti, en 1972, après la grève du lait et affirme que celui-ci n'apporte plus rien aux luttes de ceux qui affrontent le capitalisme et qu'il ne permet pas de confronter les acquis théoriques à l'expérience quotidienne[196]. Le fait que ses positions soient minoritaires y a aussi probablement contribué.

L'après mai-juin 1968 est marqué par les tentatives de divers groupes prochinois ou maoïstes. Ceux-ci valorisent le rôle des paysans en Chine et accordent à ce groupe social une certaine importance dans le processus révolutionnaire qu'ils appellent de leurs vœux. Ils défendent la nécessité pour les paysans de participer à la lutte des classes aux côtés des ouvriers. Certains privilégiant la participation de ceux qu'ils appellent les paysans pauvres. Au-delà de ces analyses apportées de l'extérieur, les liens entre ces groupes et les paysans contestataires prennent d'autres formes. Ils participent ensemble, nous l'avons vu, à la publication de revues dans l'immédiat après mai 1968. Des membres de l'UJC(ml) (dissoute en juin 1968) sont partie prenante du numéro de *Frères des hommes*, intitulé « Une agriculture au service des travailleurs », en 1968. Ils sont présents, avec d'autres, dans l'équipe du *Bulletin pour l'action des paysans travailleurs* en 1969 et 1970. Les mêmes, qui semblent alors proches de la Gauche prolétarienne, animent, avec des membres du PSU, *Paysans en lutte*. Ce travail signifie des efforts d'analyses, la popularisation des luttes mais aussi le souci de tisser des liens afin de diffuser la revue. Ces organisations ont aussi organisé des stages auprès de paysans contestataires, à l'été 1967 et l'été 1968. En 1968, une trentaine

---

Huillet (Hérault), René Philippot (Loire-Atlantique). Entre autres techniciens : Yves Tavernier, de jeunes chercheurs de l'INRA (Jean-Pierre Bompart, Daniel Hassan, Alain Salmon, Claude Viau, Guy Debailleul) mais aussi quelquefois Jacques Maubuisson (en agronomie à Montpellier), Gilles Allaire (INRA, Toulouse), Gilles Lemaire (études d'ingénieur informaticien à Toulouse). René Bourrigaud et Paul Bonhommeau étaient à l'ESA d'Angers. Maguy GUILLIEN, *Quelle vie !*, Syllepse, Paris, 2004. Autobiographie de cette militante, résistante, opposante à la guerre d'Algérie qui se définissait comme marxiste révolutionnaire. Membre du PSU, elle rejoint l'Alliance marxiste révolutionnaire puis les Comités communistes pour l'autogestion (courant dit « pabliste ») et enfin la LCR.
[196] Y. CHAVAGNE, *ouv. cit.*, p. 167.

d'étudiants maoïstes seraient allés dans la région nantaise, une dizaine dans les Vosges et quelques-uns dans le Midi. En 1970, la GP essaie d'organiser ces « stages » de manière plus rigoureuse. Plus d'une centaine de jeunes entre 16 et 24 ans se seraient rendus dans l'Ouest. Les buts sont de contribuer à la prise de conscience dans les campagnes, d'aider les paysans progressistes à s'organiser mais aussi de mettre à mal le mythe de l'étudiant « bon à rien »[197]. Ces stages permettent des contacts entre militants politiques et agriculteurs contestataires mais n'ont pas influencé le mouvement paysan en profondeur. Comme le résume Gérard Loquais (Loire-Atlantique) qui en accueillit dès juillet 1968 : « Les étudiants venaient au début pour persuader et ont cherché à influencer politiquement les paysans. Mais ils ont vite compris qu'il fallait avant tout dialoguer. On a appris à leur contact, ils ont appris à notre contact »[198]. Les rencontres favorisent les échanges et permettent une hybridation entre les idées des uns et des autres. Les militants maoïstes accordent de l'importance au travail d'enquête et *Paysans en lutte* insiste, en 1972, sur ce type de démarche afin de renforcer la connaissance du terrain. Le Parti communiste marxiste-léniniste de France (PCMLF), groupe prochinois se distingue par un discours plus dogmatique, très critique vis-à-vis du PCF et du MODEF et qui survalorise la Chine. La thèse de la « prolétarisation » est refusée car elle nierait le rôle central de la classe ouvrière comme force dirigeante de la révolution socialiste. Ce groupe est moins attentif aux analyses venant des syndicalistes et se place en surplomb. Il diffuse une revue à destination du monde paysan, *La Faucille*, peu lue, et a une faible influence même s'il gagne « quelques militants peu nombreux mais résolus »[199].

Un courant influencé par le maoïsme, l'OC-GOP (dite GOP)[200], adopte une démarche plus souple qui lui permet de jouer un rôle significatif auprès des paysans contestataires. Des militants para-agricoles de ce groupe (René Bourrigaud, Paul Bonhommeau, Gilles Allaire, Jacques Maubuisson, Guy Debailleul…) ont des liens avec les

---

[197] Brochure non signée intitulée *Le mouvement de la jeunesse et les paysans de l'Ouest*, fin 1970, citée dans Y. DROUET et J. P. MARTIN, *art. cit.*, 2010.
[198] Gérard Loquais dans Y. DROUET et J. P. MARTIN, *art. cit.*, p. 116.
[199] Serge CORDELLIER, *ouv. cit.*
[200] Des militants de la tendance, Gauche ouvrière et paysanne (GOP), du PSU fondent, avec d'anciens de la tendance Gauche révolutionnaire, l'organisation Pour le communisme (PLC), en 1973, qui devient OC-GOP, en 1975.

Paysans-travailleurs et quelques paysans de ce courant en font partie ou en sont proches. Cette organisation accorde une place centrale à la construction de ce qu'elle appelle la gauche ouvrière et paysanne. Le renforcement du courant Paysan-travailleur est un de ses axes centraux. Elle participe à son animation en Loire-Atlantique mais aussi sur le plan national. Relativement souples, ses militants font passer la construction du courant syndical avant le renforcement de leur organisation. Ils sont cependant hostiles en 1976-1977 à une tentative de regroupement des courants dispersés de la nouvelle gauche paysanne. Un des apports de cette organisation est de percevoir les limites de la théorie de la prolétarisation qui, interprétée de manière stricte, sous-estime la place des petits paysans dans les luttes. Par ailleurs, en se dégageant d'un marxisme rigide, ils ont contribué à ce que les militants de l'Ouest se tournent vers d'autres régions et d'autres types d'exploitations amorçant l'ouverture aux agriculteurs du Sud-Ouest et du Midi.

Les trotskystes sont peu actifs sur ce front même si la LCR (Ligue communiste révolutionnaire) fait quelques tentatives. Elle bénéficie des liens d'interconnaissance entre un de ses dirigeants languedociens et Jean Huillet. Ses fédérations du Languedoc et de Dordogne diffusent deux revues, *Les Cahiers Occitanie rouge* et *Le Petit rouge du Périgord,* qui évoquent les luttes paysannes en les insérant souvent dans une dimension régionaliste. Elle met en place une commission paysanne en 1969 et un comité rouge existe un temps dans le Gard, mais les résultats sont très minces[201]. Quand, au milieu des années 1970, une militante joue un rôle à la tête des Paysans-travailleurs, elle a le sentiment que cela n'intéresse pas cette organisation[202].

Le parti qui joue, après le temps de l'effervescence contestataire, le rôle le plus important est le PS. Il a développé des liens avec les opposants restés à l'intérieur du syndicalisme majoritaire et qui tentent de s'y faire entendre. C'est particulièrement vrai dans l'Ouest où des militants ont conservé les rênes de nombre de

---

[201] Jean-Paul SALLES, *La Ligue communiste révolutionnaire (1968-1981). Instrument du Grand soir ou lieu d'apprentissage ?,* PUR, Rennes, 2005, (p. 172-175).
[202] Entretien avec Régine Teulier (membre entre 1974 et 1976 de l'équipe dirigeante des PT), Montpellier, le 18 juin 2001.

FDSEA en Loire-Atlantique, dans le Finistère, le Morbihan... Bernard Thareau n'a pas été attiré par le PSU qui « avait tendance à rassembler des hommes qui s'écoutaient eux-mêmes ». Il fait le choix de rejoindre le PS à partir du congrès d'Épinay de 1971. Il participe à sa Commission nationale agricole et dès la fin 1973 il anime des « groupes de réflexion dans les fédérations départementales avant de diffuser les réactions et les analyses du Parti sur le terrain ». Une équipe se soude autour de lui, composée d'agriculteurs, de salariés des organisations agricoles et de fonctionnaires. Il devient responsable de la Commission agricole nationale à partir de 1976 et un certain nombre de responsables paysans adhèrent à ce parti ou s'en rapprochent[203]. Comme dans d'autres univers sociaux, certains de ceux qui le rejoignent avaient participé aux aventures gauchistes de l'immédiat après 1968. C'est le cas de paysans, de techniciens ou d'experts agricoles : Michel Gervais, Pierre Coulomb mais aussi Henri Nallet. Dans la perspective des élections présidentielles de 1981, un programme agricole est élaboré. Il défend la nécessité d'une organisation des marchés avec le projet d'offices publics interprofessionnels par produit et une politique des structures avec le projet d'offices fonciers[204]. B. Thareau participe à la campagne en faveur de François Mitterrand. Celui-ci élu, Edith Cresson devient ministre de l'Agriculture et Henri Nallet conseiller auprès de la présidence de la République pour les affaires agricoles.

Qu'est-ce qui explique cette rencontre entre des paysans et des organisations politiques ? Il y a chez ces hommes et ces femmes, quel que soit le parti qu'ils rejoignent, la volonté de prolonger leur combat syndical sur le plan politique afin d'obtenir des résultats durables pour les agriculteurs. Le rapprochement avec les diverses extrêmes-gauches renvoie à des convergences générationnelles. Certains de ceux qui ont participé à la guerre d'Algérie peuvent difficilement rejoindre la SFIO dont l'attitude pendant celle-ci les avait heurtés. Ceux qui ont milité au MRJC au début des années 1960 ont eu le sentiment d'être exclus de ces organisations par la hiérarchie de l'Église comme l'ont été

---

[203] Parmi lesquels : Georges Dauphin, Louis Chopier, Jean-Noël Le Du (Finistère), André Pochon (Côtes d'Armor), Joseph Guénanten (Morbihan) et une forte cohorte en Loire-Atlantique (Médard Lebot, Henri Baron, Amand Chatellier...). Plusieurs ont pris des responsabilités électives (maires, conseillers généraux)
B. BRETONNIERE et alii., *ouv. cit.*, p. 117-119 et V. FLAURAUD, *art. cit.*, (2014).
[204] B. BRETONNIERE et alii., *ouv. cit.*, p. 120.

aussi des étudiants catholiques ou les étudiants communistes mis à l'écart par la direction de leur parti. Ceux pour qui les événements de mai-juin 1968 ont été des événements fondateurs se sentent des points communs avec les jeunes ouvriers, les étudiants et les lycéens qui contestent. Les rencontres interpersonnelles ont aussi joué. J. B. Mabilais, exclu du MRJC, rencontre des jeunes de l'UEC, du PSU, de la JEC, souvent en rébellion contre l'autorité de leurs aînés. D'autres facteurs ont joué. Les luttes paysannes de 1967 et les événements de mai-juin 1968 ont semblé valider la recherche de l'alliance avec le monde ouvrier. Des « éveilleurs de conscience » (certains aumôniers, B. Lambert...) sont souvent évoqués lors d'entretiens. L'attraction qu'exerçait le marxisme dans les cercles intellectuels et politiques dans les années 1960-1970 a aussi opéré. Erik Neveu indique aussi que des engagements dits « extrémistes » aujourd'hui « ont pu être vécus ou s'éclairer par des logiques de fidélité au monde social des parents pour les jeunes gens issus de milieux populaires »[205]. Son échantillon n'est pas composé d'agriculteurs mais cette logique nous semble pouvoir opérer. Par ailleurs, les rencontres avec des militants issus d'autres milieux sont stimulantes. Pour des jeunes agriculteurs, qui se sentent parfois dominés par les urbains, débattre avec des étudiants politisés a dû être valorisant et a provoqué des rencontres singulières. Mais pourquoi donc cet attrait (relatif) des maoïstes ? La première raison peut être cherchée dans le rapport à la base. La JAC voulait former une élite, le militantisme CNJA était exigeant, certains maos pensaient constituer une avant-garde. Serge Cordellier va plus loin et affirme que la recherche d'un absolu a pu favoriser le passage du christianisme au maoïsme[206]. La seconde raison est à rechercher dans le « modèle chinois » qui semble alors remporter des succès dans la lutte pour nourrir sa population et qui se prétend révolutionnaire. Quelques paysans se sont rendus dans ce pays sans pour autant appartenir à un groupe prochinois[207]. De plus, certains intellectuels ont défendu et légitimé le « modèle chinois ». Reste que l'attrait des « maos » a été limité dans le temps, que peu de paysans ont adhéré à

---

[205] Érik NEVEU, « Trajectoires de 'soixante-huitards ordinaires' », p. 306-318, dans Dominique DAMAME, Boris GOBILLE, Frédérique MATONTI, Bernard PUDAL (sous la dir. de), *Mai-juin 68*, L'Atelier, Paris, 2008.
[206] Serge CORDELLIER, *ouv. cit.*, p. 63.
[207] Marie-Renée Morvan (Finistère), Michel Tarin (Loire-Atlantique), Jean-Charles Jacopin (Finistère), Jean-Claude Cogrel (Ille-et-Vilaine), des militants du MRJC...

ces organisations et que leur influence a été faible[208]. Le PS, après le temps de la contestation tous azimuts, attire à lui nombre de contestataires car la perspective révolutionnaire s'éloigne et il semble le seul à même d'inscrire dans les faits une autre politique agricole. Ce mouvement, général, prouve bien qu'on ne saurait penser le monde agricole comme un monde à part.

Il ne faut pas imaginer une influence à sens unique de partis ou d'intellectuels sur des paysans « dominés culturellement » qui appliqueraient des décisions prises en dehors d'eux ou auxquelles ils participeraient peu. Ces paysans contestataires et les militants des divers groupes politiques appartiennent à une même mouvance qui entend transformer la société au profit des plus démunis en amenant plus d'égalité, de solidarité. Il y a dialogue, parfois rugueux, entre eux et les influences sont réciproques. Évoquant les relations des jeunes de l'Ouest avec le PSU, Jean Cadiot soutient que ces militants doivent être eux-mêmes. C'est-à-dire « des militants syndicalistes qui […] définissent une stratégie syndicale cohérente qui provoquera la démarche politique et l'engagement d'un certain nombre »[209]. B. Lambert travaille avec d'autres pour rédiger son livre mais ne s'en laisse pas compter. Pour nombre de ces militants, l'engagement politique est la conséquence de leur travail de syndicaliste. Certains privilégient le combat syndical, d'autres le combat politique et d'autres encore tentent de mener les deux à la fois, en se saisissant des outils qui existent à un moment donné.

Tous accordent, toutefois, dans ces années, un rôle majeur aux luttes.

---

[208] Y. DROUET et J. P. MARTIN, *art. cit.*, 2010.
[209] *CR du bureau du CRJA*, 2/3/1970, PT 44, bte 17, CHT.

Partie 3 : Des luttes paysannes majeures, novatrices mais isolées…

Les années 1970 sont le théâtre de luttes paysannes importantes, dans l'Ouest et le Midi, dont certaines ont une ampleur nationale. Celles-ci présentent des points communs : renouvellement du répertoire d'actions, remise en cause de la tradition, critiques vis-à-vis du syndicalisme majoritaire, volonté d'ouverture à d'autres milieux sociaux, dénonciation des choix des gouvernements et politisation du mouvement. Elles sont suivies avec intérêt par les partis de gauche et d'extrême-gauche, par le monde de la culture et par les mouvements régionalistes. Elles se différencient cependant par leur dimension, locale ou régionale, par leur ampleur et par le rôle qu'y joue la nouvelle gauche paysanne.

13 : Un, deux, trois… combats fonciers.

Les paysans contestataires impulsent de nombreux combats fonciers, en particulier dans l'Ouest. Raymond Girou a recensé 162 conflits de cette nature en Loire-Atlantique entre 1960 et 1983 dont 110 entre 1968 et 1978[210]. Ces luttes visent à soutenir un fermier menacé d'expulsion par le propriétaire ou à lutter contre les cumuls opérés par un grand exploitant ou un non-agriculteur au nom de la nécessité d'une meilleure répartition des terres[211]. Elles sont fréquemment menées par les contestataires, qu'ils aient rompu avec le syndicalisme majoritaire ou qu'ils en fassent encore partie. Elles ont donné lieu à des actions communes des deux sensibilités non sans tensions parfois. Pour ces syndicalistes, la terre est un outil de travail et le droit au travail prime sur celui de propriété, qu'ils n'hésitent pas, dans l'immédiat après 1968, à remettre en cause. Ils refusent une trop forte concentration des terres et préfèrent que des jeunes s'installent ou que des petits exploitants puissent s'agrandir afin de vivre correctement de leur travail. L'équipe qui dirige, à partir de 1969, la

---

[210] Raymond GIROU, *Les syndicats agricoles dans la région nantaise*, thèse de 3° cycle, sous la dir. de Jean RENARD, Université de Nantes, 1986, 366 f. cité dans R. BOURRIGAUD, « Les paysans et mai 68. L'exemple nantais », p. 237-254, dans René MOURIAUX, Annick PERCHERON, Antoine PROST, Danielle TARTAKOWSKY, *ouv. cit.*, p. 251.
[211] R. BOURRIGAUD, *art. cit.*, (1992), p. 251.

FDSEA du Finistère entend renforcer son contrôle sur « l'affectation des terres » afin d'empêcher « l'élimination massive des agriculteurs », que ce soit face à des personnes extérieures à la profession ou face à des producteurs qui maintiendraient ainsi les autres dans des exploitations non viables[212]. Cette défense de l'exploitation familiale et ces craintes vis-à-vis de la concentration font partie de l'héritage de la JAC qui entendait revisiter « certains modes traditionnels de propriété et de mise en valeur des biens »[213].

Certains paysans contestataires aimeraient aller plus loin. Pour R. Bourrigaud, la plupart des luttes foncières « démarrent sur des abus du droit de propriété, mais elles sont conduites de façon à faire découvrir au plus grand nombre que c'est le droit de propriété lui-même qu'il faut combattre »[214]. Telle est du moins l'ambition des contestataires et du courant le plus « radical ». Mais il n'est pas sûr que tous ceux qui ont soutenu tel ou tel agriculteur face à un « cumulard » extérieur parfois à la société locale aient eu une telle prise de conscience, soit qu'ils aient apporté leur appui à quelqu'un du village ou de leur canton, soit qu'ils aient été scandalisés par un abus du droit de propriété. On peut raisonnablement faire l'hypothèse que seule une minorité de non militants ont remis en cause le droit de propriété. D'une certain manière, ce courant le reconnaît en modérant les années suivantes son discours critique envers ce droit allant jusqu'à souligner que la propriété du sol peut être perçue comme un moyen de conserver son indépendance.

Certains de ces conflits sont longs, usant leurs protagonistes et ceux qui les soutiennent ; ils durent des mois parfois même des années. Pour obtenir gain de cause, les militants sont présents auprès des fermiers menacés d'expulsion, multiplient les initiatives et essaient d'impliquer le plus grand nombre d'acteurs, agriculteurs en priorité mais aussi parfois soutiens venus d'autres milieux. « Pour ce faire, il faut que le plus grand nombre de personnes s'associent [...] au conflit, d'où les innombrables rassemblements, défilés, pique-niques

---

[212] Étienne Tallec, Assemblée générale de la FDSEA du Finistère, 24 mai 1972, cité par Suzanne BERGER, *Les paysans contre la politique,* Seuil, Paris, 1975, (p. 312).
[213] Vincent FLAURAUD, *La JAC dans le Massif central méridional (Aveyron, Cantal) des années 1930 aux années 1960*, Thèse d'histoire, Université de Aix-Marseille I, 2003, p. 341-342.
[214] R. BOURRIGAUD, *art. cit.*, p. 251.

et "piquets de garde" [...] sur les lieux du conflit »[215]. À ces initiatives qui ont pour but de populariser les revendications et de dénoncer les adversaires, s'ajoutent souvent des actions judiciaires, défensives lorsque le propriétaire attaque un fermier ou qu'un militant est confronté à la justice, ou offensives quand celle-ci est convoquée par les syndicalistes. Ce qui donne lieu à des péripéties parfois longues et complexes du fait de décisions de justice contradictoires. Les paysans et leurs avocats doivent acquérir une expertise dans ce domaine. Ce dont témoigne Henri Leclerc qui défend à plusieurs reprises des fermiers et devient « compétent en matière de baux ruraux », essayant de faire « passer cette idée que le droit devait compenser l'inégalité entre propriétaires et locataires de terres ». Sa démarche vise à associer les paysans à la défense de leur dossier. C'est pourquoi, il prépare le travail avec eux.

« Dans ces réunions paysannes, j'annonçais une répartition des rôles : "Moi je suis le technicien du droit ; vous, vous êtes les techniciens de la terre et des hommes [...] Quand vous me parlez de la qualité des sols, je n'y connais rien et pour comprendre les qualités juridiques qui en découlent, il faut m'éclairer". J'avais établi que les conclusions juridiques devaient être aussi claires qu'un tract [...] et que je sois porteur d'un discours collectif. C'est ainsi que nous établissions ensemble les conclusions. Nous avons vécu de nombreux procès accompagnés de manifestations »[216].

Ces conflits restent le plus souvent locaux ou départementaux même si leur écho est plus large.

Il faut cependant rappeler que les luttes foncières ne sont pas apparues avec les paysans contestataires. En 1962, le CNJA en avait mené une qui connût un retentissement national. Le 28 juillet, au petit matin, de nombreux agriculteurs, envahissent, dans l'Orne, une propriété de plusieurs centaines d'hectares, appartenant à Jean Gabin, afin de protester contre les cumuls abusifs et d'attirer l'attention sur les difficultés que rencontrent les jeunes qui veulent s'installer. L'acteur vedette reçoit une délégation qui réclame la location de deux

---

[215] *Ibidem.*
[216] Henri LECLERC, *Un combat pour la justice. Entretiens avec Marc Heurgon*, La Découverte, Paris, 1994, (p. 127-128). Au PSU, comme B. Lambert, H. Leclerc en est très proche : « Dans ma vie politique et militante, c'est certainement l'homme dont je me suis senti le plus proche » dit-il p. 121.

de ses fermes à des jeunes. J. Gabin promet de les louer s'il ne les vend pas. Les agriculteurs se retirent, ils ont réussi leur coup, tous les médias évoquent leur action coup, et espèrent ainsi avoir atteint l'opinion publique et interpellé le gouvernement. L'acteur porte plainte puis retire celle-ci quelque temps plus tard et la deuxième loi d'orientation complémentaire est promulguée le 8 août 1962[217]. Ces jeunes ont posé alors la question de l'usage du sol. Les contestataires s'appuient sur cet héritage mais en multipliant les actions, en les variant, en les combinant et en les ouvrant à d'autres catégories sociales.

Toute une palette d'actions directes, plus ou moins énergiques, et parfois illégales est mise en œuvre. En 1969, en Vendée, à Saint-Michel-Mont-Mercure, un marchand de bestiaux veut acquérir une exploitation de 29 ha alors que des jeunes voudraient s'y installer. Un rassemblement est organisé dans le village. La FDSEA voudrait s'en tenir là. Le syndicat jeune et une majorité de manifestants se dirigent vers la ferme « avec tracteurs, charrues et herses. Des barbelés sont arrachés, un sillon est tracé : la prise de possession est symbolique »[218]. En 1970, des ventes aux enchères sont troublées par une centaine d'agriculteurs, en février, à Lesneven (Finistère) et en mai en Meurthe-et-Moselle. Dans les deux cas, des syndicalistes sont convoqués devant la justice. Comme aucun acheteur n'a osé se manifester, dans le Finistère, un représentant du CDJA, François Gourmelon, comparaît devant le tribunal de Brest pour « entrave à la liberté des enchères »[219]. Le syndicat appelle à une manifestation pour la date du procès.

Parfois, les militants n'en restent pas au niveau symbolique. En 1970, dans le Morbihan, à Saint-Dolay, de nuit, une action de commando est menée : un champ de maïs est fauché. Il appartient à un promoteur immobilier qui cumule des terres, possède une « chasse » et a expulsé trois fermiers de ses acquisitions.

« Nous étions bien deux cents,

---

[217] Elle accorde un droit de préemption aux SAFER (Sociétés d'aménagement foncier et d'établissement rural).
[218] J.M. HERRENG, *ouv. cit.*, p. 43-45. "Des clôtures sont saccagées, le vibroculteur est passé et des pancartes plantées » est-il affirmé dans *Le Bulletin pour l'action des paysans travailleurs,* n°1.
[219] *VO*, n°11, octobre 1970, CHT, Nantes.

Une nuit à Saint-Dolay,

Armés de nos faucilles,

À couper ton maïs.

Jaco et tes semblables,

Vous nous volez la terre,

Vous ne ferez rien pousser,

Qui ne sera coupé.

Préparons nos fourches et nos fusils ! ».

Tel est un extrait d'une chanson composée, à l'été 1970, par des agriculteurs proches de Paysans en lutte de la région Blain-Redon[220]. L'action illégale contre des cumulards, avec destruction de biens d'autrui est valorisée. Dans le Maine-et-Loire, des personnes extérieures au monde agricole (négociants en bestiaux, bouchers…) ont acquis des terres et sont dénoncées comme des cumulards. « Alors les agriculteurs ont manifesté "pas comme d'habitude" (clôtures détériorées, fuel dans les abreuvoirs, maïs coupé, pieds de vigne sectionnés, prairie chloratée etc) ». Bien que ces actions soient illégales et accompagnées de destructions de biens d'autrui, le CDJA se dit « solidaire des actions anti-cumuls […] visant des reprises de terre par des étrangers à la profession ou par des gros agriculteurs »[221]. Ce qui occasionne des visites des forces de l'ordre auprès de syndicalistes mis, après un temps, hors de cause.

En mars 1970, en Mayenne, une centaine d'agriculteurs parviennent à installer un couple en fermage sur une exploitation qu'avait tenté d'accaparer un marchand de vaches et réussissent à ce que celui-ci résilie son bail. Une autre tentative à la Vigne-Marou (Loire-Atlantique) ne permet pas d'obtenir gain de cause. En avril 1975, des paysans y occupent des terres inexploitées afin d'installer un jeune couple. Le propriétaire, noble, s'oppose à ce projet. Une

---

[220] J.P. LE DANTEC, *Bretagne : Re-naissance d'un peuple*, Gallimard, Paris, 1974, (p. 213-215). Avec l'aide probable du chanteur, Kirjuhel, auteur de *Chanson pour Jean Carel*. Élise ROULLAUD, *art. cit.*, (2013), p. 40-41.
[221] B. LAMBERT et H. LECLERC, *ouv. cit.*, p. 22-24.

manifestation de soutien est organisée sur place, des terres sont labourées, la remise en culture est lancée, un piquet de garde est créé et des démarches sont faites pour obtenir un bail. Les forces de l'ordre chassent les occupants et plusieurs personnes sont inculpées et condamnées par le tribunal de Saint-Nazaire. Des manifestations ont lieu et la Cour d'Appel de Rennes annule le précédent jugement mais le couple ne peut s'installer et les terres restent en friche[222]. En 1979, la FDSEA du Finistère dénonce un marchand de bestiaux qui veut louer une exploitation alors qu'il a un autre métier et que sa famille en exploite une grande. Des champs sont ensemencés, ce qui entraîne la condamnation de syndicalistes pour destruction de récolte par le tribunal de Brest. D'où une manifestation massive de soutien le 1er août.

Certaines luttes foncières très longues nécessitent un soutien constant et une grande ténacité. De 1966 à 1982, un fermier de Cheix-en-Retz (Loire-Atlantique), Armand Mouillé, soutenu par les paysans contestataires, s'oppose à son propriétaire qui veut l'obliger à cultiver des cépages de vigne prohibés. En Savoie, après sept années de lutte déterminée, à Saint-Jean-de-Chevelu, un agriculteur peut continuer à travailler des terres que d'autres visaient[223]. En Vendée, un conflit oppose un fermier à un propriétaire d'origine nobiliaire de 1974 à 1982. Finalement, celui-ci obtient gain de cause. De 1974 à 1978, B. Lambert soutient activement les Pellerin, fermiers que leur propriétaire veut expulser et cette fois la justice donne raison aux fermiers[224]. Dans ces conflits longs, les paysans alternent action syndicale classique et action en justice comme à Malabri dans l'Orne, les propriétaires faisant parfois preuve d'un grand mépris envers les fermiers.

Les luttes foncières pour faire valoir le droit au travail ont été fréquentes dans l'Ouest. Elles ont été plus massives quand les paysans

---

[222] François PREVOST, *Mutations dans le syndicalisme agricole. Le courant paysans-travailleurs*, Chronique sociale de France, Lyon, 1976, (p. 124-126).
[223] Marie-Claire GANDET, Jean REVERDY, *Les nouveaux paysans. Origine et formation de la Confédération paysanne en Savoie*, La fontaine de Siloé, Montmélian, 1999, (p. 57-58).
[224] Le film *La reprise abusive*, 46 mn, 1974-1975, du collectif Front paysan (Guy CHAPOUILLIE, Dominique BRICART, Juliette/Janine CANIOU, Nadine CHAUSSON, Hubert GUIPOUY, Yves LACHAUD, Joëlle LE MOIGNE, Bernard PELLEFIGUE), évoque les luttes des fermiers de Loire-Atlantique, en particulier celle de la famille Pellerin.

s'opposaient à des propriétaires non exploitants, extérieurs à la société locale. Elles ont débouché sur des résultats contrastés et l'âpreté de certaines fait penser qu'un vif mépris de « classe » animait certains propriétaires. Leur retentissement a toutefois été moindre que celui de la grève du lait, en 1972.

14 : La grève du lait (1972), un mai 68 dans les campagnes bretonnes[225] ?

La grève du lait dans une partie de la Bretagne, au printemps 1972, a été présentée par les paysans contestataires comme novatrice et exemplaire. En réalité, d'autres suspensions des livraisons avaient déjà été organisées auparavant. Toutefois, en 1972, les modalités en ont été singulières et le discours revendicatif a été différent.

Quelques grèves de livraison avaient eu lieu dans les années 1930[226]. À l'automne 1964, la FNSEA lance un mot d'ordre

---

[225] J. SAINCLIVIER, *art. cit.,* (2004), évoquant la grève du lait la qualifie de « "68" des agriculteurs de l'Ouest ».
Principaux ouvrages ou articles évoquant la grève du lait de 1972 :
Danièle BARRES, Pierre COULOMB, Henri NALLET, *Le conflit du lait en Bretagne, mai-septembre 1972*, (4 vol.), INRA, Paris, oct. 1973.
Yves CHAVAGNE, *Bernard Lambert, 30 ans de combat paysan,* La Digitale, Quimperlé, 1988.
René BOURRIGAUD, « La Loire-Atlantique, creuset du pluralisme syndical », p. 370-385, dans Pierre COULOMB, Hélène DELORME, Bertrand HERVIEU, Marcel JOLLIVET, Philippe LACOMBE, (sous la dir. de), *Les agriculteurs et la politique*, Presses de Sciences Po, Paris, 1990.
Bernard BRETONNIERE, François COLSON, Jean-Claude LEBOSSE, *Bernard Thareau, militant paysan*, Editions de l'Atelier, Paris, 1997.
J. P. MARTIN, *ouv. cit.*, (2005), p. 79-85
Jacqueline SAINCLIVIER, « Contestation politique et sociale autour de la 'grève du lait' (1971-1974) », p. 29-40, dans sous la dir. de Jacqueline SAINCLIVIER, Gilles RICHARD, *Les partis à l'épreuve de 68. L'émergence de nouveaux clivages, 1971-1974,* PUR, Rennes, 2012.
Edouard LYNCH, « Détruire pour exister : les grèves du lait en France (1964, 1972 et 2009) », p. 99-124, dans *Politix*, Représenter les agriculteurs, n°103, 2013.
Paul BONHOMMEAU, « De la grève du lait de 1972 à celle de 2009 », dans Laurent JALABERT et Christophe PATILLON, *Mouvements paysans face à la politique agricole commune et à la mondialisation (1957-2011),* PUR, Rennes, 2013.
Georges DAUPHIN, « La grève du lait en Bretagne. Témoignage », dans Laurent JALABERT et Christophe PATILLON, *ouv. cit.*.
J.P. MARTIN « Les contestations paysannes autour de 1968 », *Histoire des sociétés rurales*, n°41, 2014, p. 89-136.

d'interruption des livraisons de lait, produit dans de nombreuses exploitations et qui apportait, à beaucoup, un complément de revenu. Cette grève, qualifiée par Edouard Lynch, de « grève d'état-major », est impulsée par l'appareil national du syndicat, confronté à la concurrence du CNJA, qui critique son manque de combativité. Elle bénéficie de l'appui des organismes de collecte et de transformation du lait en beurre ou en poudre ce qui limite les risques de destruction et ne nuit pas à la rémunération des agriculteurs. « Le terme de grève, même s'il est employé par les acteurs du conflit, doit ainsi être relativisé car elle ne se traduit pas par une perte totale du revenu et du produit »[227]. Par ailleurs, le conflit vise plus les pouvoirs publics que les industriels. Le syndicat et ses équipes départementales ont cependant du mal à mobiliser et le mouvement ne permet pas d'obtenir gain de cause.

Les années suivantes sont marquées par une transformation significative du marché du lait. Nombre de producteurs se sont spécialisés et leur revenu est plus dépendant du prix de ce produit, certains parlant même de « salaire » du lait. Par ailleurs, les entreprises de transformation et de distribution ont connu un processus de concentration et les producteurs sont liés à celles-ci, qu'elles soient privées ou coopératives[228]. Une expérience de lutte locale contre les industriels est analysée avec attention par les contestataires. À la fin des années 1960, dans les Vosges, de nombreux agriculteurs sont producteurs de lait et quatre sociétés privées assurent plus de 50 % de la collecte. Une commission interprofessionnelle à laquelle participent des représentants syndicaux fixe mensuellement les prix du lait. Nombre de producteurs ont le sentiment que la FDSEA, qui intègre peu les jeunes, n'est pas assez offensive. En novembre 1969, le syndicat jeune organise, en secret, un blocage de camions d'une laiterie. Après cette action, une réunion rassemble plusieurs centaines de producteurs satisfaits de cette opération coup de poing. Ils discutent du prix du lait mais aussi de l'attitude à adopter vis-à-vis du syndicalisme. Une intense bataille se développe pour le contrôle de la FDSEA et, en mars 1970, des militants dynamiques, soutenus par des

---

[226] Robert O. PAXTON, *Le temps des chemises vertes, Révoltes paysannes et fascisme rural 1929-1939*, Seuil, Paris, 1996, p. 188.
[227] Edouard LYNCH, « Détruire pour exister : les grèves du lait en France (1964, 1972 et 2009) », p. 99-124, *Politix*, « Représenter les agriculteurs », n°103, 2013.
[228] Jacqueline SAINCLIVIER, *art. cit*, (2012).

centaines d'agriculteurs, la prennent en main[229]. La nouvelle équipe fait circuler l'information et consulte la base pour établir un prix à demander aux industriels. Ses responsables commencent à organiser des actions de masse et préparent « l'assèchement » des laiteries. Il s'agit d'établir un solide rapport de forces avant de négocier. Les industriels essaient de gagner du temps mais cette équipe s'appuie sur une forte mobilisation à la base et prépare des manifestations importantes. Fin juillet, les industriels cèdent et acceptent de payer le prix demandé. Beaucoup ont le sentiment que des victoires sont possibles en mobilisant largement[230]. Cette expérience est analysée, popularisée et discutée par les paysans contestataires.

Au début des années 1970, aux transformations du marché du lait s'ajoutent des changements dans le syndicalisme agricole. Sur le plan national, les tensions entre la direction du CNJA et les contestataires sont apparues au grand jour lors du congrès de Blois (1970). Par ailleurs, le syndicalisme de l'Ouest est plus divisé qu'auparavant. B. Lambert n'a pas été réélu secrétaire-général de la Fédération, en 1970, et des dirigeants de FDSEA se sont rapprochés des orientations de la direction de la direction nationale (Côtes-du-Nord, Ille-et-Vilaine), alors que d'autres y sont toujours hostiles (Finistère, Morbihan, Loire-Atlantique). D'où des tensions entre des syndicats de l'Ouest mais aussi entre syndicats « jeunes » et « ainés » d'un même département. Les syndicalistes du Finistère et du Morbihan mènent une intense campagne d'information, au début des années 1970, diffusant l'idée que le prix payé par les transformateurs doit tenir compte du prix de revient et du travail des éleveurs. À partir de 1969, la FDSEA du Finistère se bat « pour que les cultivateurs obtiennent des prix couvrant leurs frais réels et leur assurant un revenu minimum »[231]. En octobre 1970, des agriculteurs du canton de Saint-Renan (Finistère) font état de leur mécontentement et interviennent lors d'une assemblée générale de leur coopérative. En février 1972, les syndicats jeunes de l'Ouest demandent un prix du lait qui permette une rémunération du travail. Comme l'affirme, en privé, à un journaliste du *Monde,* un très haut personnage de l'État : « La source du malaise paysan, […] est qu'on a appris à compter aux

---

[229] *Bulletin pour l'action…n°2, ouv. cit.,* CHT, Nantes.
[230] *Paysans en lutte*, n° 2, octobre 1970, CHT, Nantes.
[231] Suzanne BERGER, *ouv. cit.,* p. 313.

agriculteurs »[232]. Dans ce contexte, une série d'actions marquent les esprits. En mai 1971, des paysans du Morbihan vident un camion d'une laiterie. L'un d'entre eux, Jean Carel, responsable jeune du canton de Pontivy, est arrêté et lourdement condamné par la justice, ce qui donne lieu à une manifestation à Lorient suivie de heurts avec les forces de l'ordre[233]. Cette condamnation choque car il est le seul poursuivi. Les forces de l'ordre ont interpellé un jeune alors que le barrage majoritairement constitué de paysans d'âge mûr regroupait plus de vingt personnes. En mars 1972, des camions sont interceptés pour obtenir la suppression de primes « quantité » et des résultats positifs sont obtenus[234]. La baisse saisonnière, habituelle, du prix du lait versé aux éleveurs, de 60 à 56 centimes, intervient, le 1er avril 1972, alors qu'à Bruxelles, les Six ont décidé une augmentation de 8% des cours officiels, ce que beaucoup d'éleveurs ne comprennent pas et qui est refusé par les sections laitières des syndicats du Finistère, du Morbihan et des Côtes-du-Nord. Or, la Bretagne, théâtre de luttes paysannes répétées depuis 1961, vient d'être secoué par un conflit ouvrier important, le Joint français à Saint-Brieuc (14 février-8 mai 1972), pendant lequel des agriculteurs ont soutenu les grévistes.

Le 4 puis le 6 et le 9 mai, des camions, dont ceux d'une coopérative, sont bloqués un moment en Loire-Atlantique. À partir du 10 mai, les actions s'intensifient dans le Morbihan puis le Finistère. Dans un premier temps, les camions sont interceptés et retenus de quelques minutes à quelques heures.

---

[232] *Le Monde*, 28/5/1972.
[233] Jean Carel dans B. LAMBERT, H. LECLERC, *ouv. cit.*, p. 45-51. Défendu en appel, à Rennes, par H. Leclerc, sa peine sera réduite.
Raymond Marcellin, ministre de l'intérieur, est alors maire de Vannes, député du Morbihan et président du conseil-général.
[234] R. BOURRIGAUD, *art. cit.*, (1990), p. 379.

Les syndicats exigent la rémunération du travail des éleveurs.

Tract de la FDSEA et du CDJA du Finistère, 12 mai 1972.

(Crédit CHT, Coll. ANPT)

C'est surtout à partir du 23 mai que les camions interceptés sont immobilisés et regroupés pour certains. Ces actions sont impulsées par des responsables opposés aux directions du syndicalisme agricole majoritaire. Mais ils sont surpris, sinon débordés, par l'ampleur prise par le mouvement dans le Finistère et le Morbihan[235]. Gilles Possémé, dirigeant de la FDSEA du Morbihan n'y est pas favorable au départ mais s'y rallie du fait de la détermination des paysans à la base[236]. À la suite de la baisse des cours, des comités de défense sont créés. Le 12 mai, la FDSEA et le CDJA du Finistère diffusent un tract dénonçant la baisse des prix à la production alors que ceux-ci augmentent à la consommation, demandant la rémunération du travail, une hausse du prix du lait garantissant « un salaire égal au SMIC » et une amélioration des conditions de vie. « L'agriculteur trime. Le consommateur paye. L'industriel empoche » est-il écrit. Le même jour, un blocage est organisé près de Redon et le 14 mai, des camions de ramassage sont encore interceptés. Dans la nuit du 17 au 18 mai, des paysans s'en prennent à une coopérative puissante, celle de Landerneau (Finistère). Après une discussion animée, près de 400 producteurs « enlèvent » et déposent dans la campagne, en pleine nuit, quatre de ses dirigeants. La voiture d'un de ceux-ci est badigeonnée de beurre et de lait et les machines transformant le lait en poudre sont arrêtées un moment. La coopérative porte plainte contre X et exclut sept sociétaires dont un responsable de la section laitière de la FDSEA (Jean-Paul Bizien) et un dirigeant du CDJA (Jean-Charles Jacopin). En parallèle, près de Quimper, des producteurs avaient occupé un temps l'usine Entremont, suite au refus de la direction de les recevoir. Le syndicat d'exploitants du Finistère soutient les éleveurs sanctionnés par la coopérative, demande le retrait de la plainte et appelle à la mobilisation pour obtenir une hausse du prix du lait car, à 56 centimes le litre, les producteurs perdraient de l'argent.

Les syndicalistes réclament 60 centimes, soulignant même que le prix de revient réel est supérieur à ce niveau.

---

[235] « Le fait est que le syndicat, en l'occurrence les fédérations départementales, était loin de prévoir une telle combativité. A leurs dernières réunions, ils n'avaient décidé qu'une guerre de harcèlement contre les " industriels du lait". Ils estimaient que les paysans n'étaient pas " mûrs" pour une autre forme d'action », *Le Monde*, 30/5/1972.
[236] Robert FORT et Michel DAVALO, *Gilles Possémé, une vie donnée pour la dignité humaine*, Éditions les Oiseaux de papier, Ploërmel, 2008, (p. 63-64).

Des camions sont bloqués dans le Finistère et le Morbihan où ils sont rassemblés à Guiscriff, à la limite des deux départements, le 23 mai, puis dans d'autres villages. Ce même jour, une manifestation de femmes regroupe plus de 400 agricultrices devant la coopérative de Landerneau. Par ailleurs, 1 500 agriculteurs, dont une syndicaliste active du CDJA du Finistère, Marie-Renée Morvan, pénètrent dans l'usine Entremont de Quimper. Les manifestants s'en prennent aux entreprises privées mais aussi aux coopératives accusées d'avoir perdu de vue les intérêts des éleveurs et d'avoir adopté une logique libérale. Le 24 mai, la FDSEA du Finistère décide un blocage généralisé des camions de collecte, il dure une dizaine de jours. Plusieurs centaines de camions d'entreprises différentes sont affectés par celui-ci. Un nombre important d'agriculteurs des deux départements s'impliquent, faisant des tours de garde pour les surveiller, ce qui favorise les discussions. Des meetings regroupent plusieurs centaines et quelquefois plusieurs milliers de producteurs. Ainsi, le 26 mai, ils sont plus de 1200 à voter, en fin d'après-midi, la poursuite du mouvement.

Des manifestations sont organisées, des tracts distribués, quelquefois le lait intercepté est vidé, des locaux sont occupés, des responsables des laiteries peuvent être séquestrés, d'autres sont chahutés, parfois même à leur domicile, ce qui choque des responsables syndicaux, d'autant plus que des administrateurs de coopératives, issus du monde agricole, sont visés. En Loire-Atlantique, fin mai, les dirigeants de la coopérative d'Ancenis, dont des syndicalistes comme Bernard Thareau, sont séquestrés un moment. Dans le même département, un ancien président de la FDSEA devenu président de la Coopérative laitière de la région nantaise est « interpellé en pleine nuit à son domicile par un groupe de manifestants »[237]. Des manifestations de femmes ont lieu devant les laiteries à Quimper, Landerneau mais aussi à Vitré (Ille-et-Vilaine)[238] ou à Brest, nous y reviendrons. Pendant la dizaine de jours que dure le conflit, des actions illégales sont menées, la tension est parfois forte, des pressions sont exercées contre des personnes, mais il y a une volonté d'éviter les heurts sur la voie publique avec les forces de l'ordre ainsi que les déprédations matérielles. Ainsi, ni les mairies ni les préfectures ne sont prises d'assaut. Les conséquences sont

---

[237] René BOURRIGAUD,, *Paysans de Loire-Atlantique. 15 itinéraires à travers le siècle*, CHT, Nantes, 2001, (p. 189).
[238] E. LYNCH, *art. cit.*, (2013), p. 119-120.

importantes : les entreprises sont asséchées et paralysées mais les éleveurs doivent continuer à traire. Que faire du lait ? Sous l'impulsion de femmes, les éleveurs ont ressorti les barattes pour faire du beurre plus facile à stocker ou vendent le lait autour de chez eux. « C'est pourquoi cette période de lutte ne fut pas économiquement trop douloureuse » écrit *a posteriori* Georges Dauphin (Finistère) qui ajoute qu'à « Guiscriff, c'était même la kermesse permanente, et les bars de la localité n'ont jamais aussi bien tourné »[239].

Le 29 mai, le CRJAO appelle à amplifier l'action. Il dénonce l'industrie laitière qui refuse de négocier et « ne cherche qu'à préserver ses profits ». Il critique les coopératives qui font passer la solidarité avec les entreprises privées avant la satisfaction des besoins légitimes des paysans et exige que les négociateurs soient ceux qui mènent l'action, critique implicite de la direction du syndicat national[240]. La fin du conflit est difficile, les tensions s'accroissent avec ceux qui ne participent pas au mouvement, en particulier dans le Morbihan où la section départementale de la Fédération française de l'Agriculture (FFA), traditionaliste, tente d'organiser des contre-manifestations. Des heurts avec les forces de l'ordre ont lieu le 1er juin à Ploudaniel et Saint-Renan (Finistère). Un syndicaliste, François Gourmelon, y est blessé.

Cette grève massive surprend médias et observateurs et a un retentissement national mais le gouvernement ne comprend pas le mouvement et joue, au début, la carte du pourrissement. Le Premier ministre (Jacques Chaban-Delmas) refuse, fin mai, de recevoir les dirigeants agricoles. Le 31 mai, une rencontre entre le ministre de l'Agriculture et des responsables nationaux a lieu sans aucun dirigeant de l'Ouest, ce qui choque sur place. Par ailleurs, le ministre de l'Agriculture, Michel Cointat, fait à l'Assemblée nationale une déclaration malheureuse, estimant que « le conflit actuel n'est pas justifié et, à bien des égards, il est incompréhensible pour des gens raisonnables. Ses meneurs se soucient plus de ce qui se passe à Pékin que de l'intérêt de la Bretagne »[241] sous-entendant que les paysans

---

[239] Georges DAUPHIN, ancien responsable de la FDSEA; *art. cit.*, (2013), p. 142. Voir aussi, *Le Monde* du 30/05/1972.
[240] Communiqué du CRJAO du 29 mai 1972, PT 44, bte 17, CHT, Nantes.
[241] *Le Monde*, 5/6/1972.
Suzanne BERGER, *ouv. cit.* (1975, p. 315). Allusion probable à Marie-Renée Morvan qui avait visité la Chine. Aucun syndicaliste, cependant, fut-il maoïste, ne

seraient manipulés par des maoïstes. Il n'entend pas le mécontentement des éleveurs qui vivent mal cette mise en cause. Le 2 juin, se tient, à Rennes, une réunion de concertation entre pouvoirs publics, producteurs et industriels. Celle-ci échoue mais, peu à peu, les négociations reprennent au niveau de chaque entreprise. Elles progressent : une coopérative ayant accordé une augmentation significative, les autres suivent ainsi que les entreprises privées. Les producteurs obtiennent 3 à 4 centimes d'augmentation sans vraiment parvenir tous aux 60 centimes demandés et les agriculteurs exclus de la coopérative de Landerneau sont réintégrés. Les 4 et 5 juin, le ramassage du lait reprend. Les syndicalistes ont le sentiment d'avoir obtenu en partie satisfaction et d'avoir mené une action exemplaire et novatrice. Cependant, les industriels reviennent, les mois suivants, sur les augmentations concédées, arguant des pressions subies et profitant du fait que les agriculteurs soient pris par les travaux des champs.

Quel bilan tirer de ce conflit ? En quoi est-il novateur ? Quelles en ont été les limites ? Quelles en furent les principales conséquences ?

Ce mouvement est, en partie, le fruit du travail des syndicats auprès des producteurs : construction d'une question jugée centrale (la dépendance des éleveurs), affirmation d'une revendication unifiante (un prix permettant la rémunération du travail), popularisation d'un moyen d'action (l'assèchement des laiteries) mais la combativité qui s'y affirme surprend les syndicalistes.

Cependant, l'extension géographique de ce combat est limitée. Il a touché le Finistère, le Morbihan et en partie la Loire-Atlantique mais peu les Côtes-du-Nord et l'Ille-et-Vilaine où les responsables des FDSEA sont plus favorables aux orientations des directions nationales. En Ille-et-Vilaine, le syndicat « jeune » avait été repris en main, en février. Sur un ton satisfait, le préfet de ce département, également préfet de région, affirme :

« *en Ille-et-Vilaine, l'ordre public n'a pratiquement pas été troublé du fait des producteurs laitiers depuis le 23 mai... aucun camion n'y a été arrêté ou mis en fourrière... aucun dirigeant*

---

peut, tel Yukong, à lui seul « déplacer des montagnes » et mettre en mouvement quelques 30 000 producteurs.

d'entreprise n'a été séquestré... seules 4 tentatives de rassemblement, de cent à deux cent personnes à chaque fois, ont eu lieu devant des entreprises ou des coopératives du département... ces attroupements ont été rapidement dispersés sur injonction des forces de gendarmerie départementale dont j'avais requis l'intervention immédiate »[242].

La réalité est plus nuancée, le département a vu des tentatives de mobilisation mais qui ne débouchent pas sur un mouvement général de blocage. Un comité syndical des producteurs de lait a organisé, le 26 mai, un rassemblement devant une coopérative à Saint-Méen-le-Grand. Plusieurs centaines de producteurs ont bloqué, un moment, le déchargement des camions, peint des slogans et retenu des administrateurs dont Marcel Daunay, président de la FDSEA, qui dirigeait cette coopérative. Dans l'après-midi, une contre-manifestation regroupe, sur place, des producteurs favorables à ce dernier, des discussions vives mais sans violence s'en suivent. Le 29 mai, après un débat houleux, en présence de centaines de producteurs, le conseil du syndicat départemental prend position en faveur d'une hausse du prix du lait, menace de mener des actions mais refuse de recourir au blocage et appelle à la tenue d'une conférence régionale pour sortir du conflit[243]. La direction de la FDSEA garde la main et dans ce département, les contestataires ne parviennent pas, malgré quelques tentatives, à mener des actions de masse.

Dans les Côtes-du-Nord, le CDJA est favorable à un tel mouvement mais l'action y reste limitée. Des manifestations sont organisées par la FDSEA, un meeting regroupe 1600 personnes à Saint-Brieuc, le 29 mai et le 2 juin à Montauban-de-Bretagne, 200 agriculteurs se regroupent. Certains producteurs essaient de bloquer des laiteries ou des camions, ainsi le 26 mai à Loudéac, Pontrieux, Vieux-Bourg, Saint-Brieuc, Guingamp, le 29 mai à Vieux-Bourg, le 30 mai à Trehen ou à Crehen mais le mouvement ne s'y étend pas[244].

---

[242] Télégramme du préfet de région au ministre de l'intérieur du 3/6/1972, Archives Départementales d'Ille-et-Vilaine (AD 35), 511W82. Merci à Alain Martin et Pascale Morne pour leur aide.
[243] *Ouest-France*, édition d'Ille-et-Vilaine, du 27-28 mai et Rapport des Renseignements généraux au préfet du 27/5/1972, AD 35, 511W82.
[244] *Ouest-France* 27-28 mai 1972 ; Rapport de gendarmerie, Rennes, 29/5, 10h30 ; Synthèse de gendarmerie du 31/5/72, matinée, AD 35, 511W82.

Dans ces deux départements des contre-mouvements hostiles à la grève s'affirment, des tensions apparaissent qui entrainent des risques de violences. En Ille-et Vilaine, des agriculteurs organisent des rondes pour empêcher les blocages de camions et s'équipent en conséquence et dans les Côtes-du-Nord des groupes « d'auto-défense » sont créés[245]. Dans le Morbihan, des paysans proches de la Fédération morbihannaise de l'agriculture (membre de la FFA traditionaliste) essaient en certains endroits de briser le blocage par la force. En Loire-Atlantique, la grève du lait s'est, peut-être, peu étendue, du fait de désaccords entre syndicalistes[246] ou d'une plus grande proximité entre la coopérative d'Ancenis et les responsables syndicaux. Le mouvement n'a pas entraîné tout l'Ouest et une partie des éleveurs ne s'y est pas retrouvée. Enfin, malgré des inscriptions sur des bâtiments publics dans la Manche et l'Orne et quelques actions dans la Loire, le Nord, le Pas-de-Calais…, il n'y a pas eu d'extension nationale. D'autre part, la reprise des augmentations par les industriels montre la puissance conservée par ceux-ci et témoigne de la fragilité des acquis liés à ce mouvement.

Sur le moment, un certain nombre de commentateurs ont souligné le caractère ouvriériste novateur du conflit. Qu'en est-il exactement ? Le répertoire d'action mis en œuvre (meeting, séquestrations, piquets de garde), le discours revendicatif utilisé (« dans le prix du lait notre salaire », défense de la rémunération du travail) ainsi que la caractérisation du mouvement (grève du lait) rappellent les luttes ouvrières des années 1968 qui au registre traditionnel ajoutent une insolence réelle : séquestrations de cadres ou de dirigeants d'entreprise, moqueries envers les petits chefs ou les patrons et contestation des autorités. Enfin, le sentiment que les paysans sont des travailleurs « exploités » est largement perçu. Il y a bien une inflexion ouvriériste, conjuguée à la mode « soixante-huitarde », révélée par ce conflit dont les dirigeants recherchent la

---

[245] Le dernier numéro de *Paysans en lutte* évoque « l'opposition farouche » de la majorité de la FDSEA des Côtes-du-Nord à la grève du lait, *Paysans en lutte*, n°14, juin 1974, CHT.

[246] La FDSEA de Loire-Atlantique est critiquée par certains responsables qui estiment qu'elle n'a pas assez orienté l'action « dans un sens modérateur » et par d'autres pour qui elle n'a pas su « mener l'action de façon assez dynamique », *Bilan de l'action syndicale et enseignements à en tirer*, 20 juin 1972, Joseph Chevalier, président de la FDSEA, cité dans L. JALABERT et Ch. PATILLON, *ouv. cit.*, p. 151-152.

solidarité avec les travailleurs des laiteries mais aussi avec les syndicats ouvriers. Toutefois, cette solidarité reste limitée. Par ailleurs, plus que d'une innovation radicale dans le discours et le répertoire d'action, il faut plutôt parler d'un développement de tendances présentes depuis quelque temps. Ce qui surprend et fait la nouveauté du mouvement, c'est la participation massive des agriculteurs de deux départements à la lutte et la reprise par la base de ce discours et de ces pratiques. Les décisions sont prises dans des réunions regroupant des centaines de personnes dans le but de faire participer le plus grand nombre aux choix afin d'ancrer le mouvement et d'en affirmer le caractère démocratique. Pour certains à la FDSEA du Finistère, les agriculteurs ont vaincu « leur individualisme » et fait triompher « cette solidarité […] nécessaire à la réussite de toute action syndicale »[247]. En ce sens, on peut parler d'un « mai 68 » pour les paysans du Finistère et du Morbihan ; l'esprit contestataire souffle même auprès d'agriculteurs qui ne s'étaient pas reconnus dans les événements parisiens[248]. Des interceptions de camions et parfois le vidage de leur contenu, se poursuivent les années suivantes. Cependant la tentative d'assèchement des laiteries n'est pas reprise avant longtemps et le discours ouvriériste est peu usité après. Les agriculteurs ne parviennent pas à riposter à la décision des industriels de revenir sur l'augmentation des prix. Une tentative de blocage des camions en janvier 1973 a une portée limitée. D'autre part, malgré l'ouvriérisme affirmé, et bien que les forces de l'ordre soupçonnent les chauffeurs de prendre parti pour les producteurs[249], il n'y a pas eu de jonction significative entre agriculteurs en lutte et mouvement ouvrier. Le combat des paysans est resté essentiellement professionnel et n'a pas donné lieu à de grandes manifestations de rue avec d'autres

---

[247] Pierre Salaun, *Fer de lance*, journal de la FDSEA du Finistère, n°9, juin 1972, archives personnelles.

[248] En référence à l'Italie, Jean-Pierre LE DANTEC, évoque le « mai rampant » de 1972, *Bretagne : Re-naissance d'un peuple*, Gallimard, Paris, 1974, (p. 11).

« Un vieil agriculteur, dont le chapeau de paille a été de toutes les manifestations paysannes, proclame : "Je suis Pompidiste, pas maoïste. Mais cela ne m'empêchera pas d'aller jusqu'au bout !" Plus loin, une petite femme vive, souriante, les mains abîmées, proteste : "A la radio, on dit que c'est le syndicat qui nous a entraînés là-dedans. C'est nous qui l'avons décidée, cette grève" », *Le Monde,* 30/5/1972.

[249] La gendarmerie dans une synthèse du 31/5/1972 considère que les deux tentatives de dégagement faites le 30 mai dans le Finistère ont échoué en grande partie du fait de « la complicité des chauffeurs », Synthèse de gendarmerie du 31/5/72, AD 35, 511W82.

catégories socio-professionnelles. Par ailleurs, malgré la réapparition d'un courant régionaliste, en Bretagne, ce combat n'a pas pris une dimension régionale (des départements sont peu touchés) ni régionaliste (le drapeau breton ne semble pas utilisé), au contraire de la lutte du Larzac ou de la « guerre du vin » qui virent de telles convergences s'affirmer. Ce qui n'exclut pas des prises de conscience individuelles[250].

La participation des femmes à la grève du lait en 1972 est fréquemment soulignée. Souvent, en effet, ce sont elles qui assurent la traite et la « paye du lait » leur revient. Cette participation active surprend nombre d'observateurs, habitués à leur silence. Ainsi, le film *La guerre du lait* insiste sur leur implication[251]. L'une d'entre elles, Marie-Renée Morvan, très active, prend la parole publiquement et se place en tête de manifestations. Elle a droit à l'attention du Préfet de région (Jacques Pélissier) qui, peu après le mouvement, dans un courrier au journal *Le Monde*, indique qu'elle a malmené avec d'autres un cadre d'une laiterie et dénonce son action en voulant la délégitimer tout en tentant de manier un humour aux relents mysogines :

« *L'agréable personne qui semble trouver dans cet exercice une satisfaction non dissimulée n'est autre que la dame prénommée "la Chinoise", non pas en raison de sa science de l'autogestion, [...] mais parce qu'elle a séjourné effectivement pendant six semaines en Chine avec un groupe du Mouvement de libération des femmes (M.L.F.). Je ne sais ce qu'elle y a appris, mais il ne semble pas qu'elle ait mis à profit ce "voyage d'étude" pour mieux connaître les techniques d'élevage* »[252].

---

[250] À l'été, les journalistes du *Monde* évoquent le Front de libération de la Bretagne ou la tournée du théâtre de la Carriera, occitaniste, à l'initiative du PSU de Bretagne, afin de faire percevoir les « similitudes de situation », *Le Monde*, 25/08/1972.

[251] Guy CHAPOUILLIE et Claude BAILBLE, collectif Front paysan, *La guerre du lait*, 1972, 52mn.

[252] *Le Monde*, 14/6/1972. M.R Morvan (1940-2009), obtient le bac en 1957 et est un moment institutrice. Agricultrice de 1961 à 1976, elle participe à de nombreux stages de l'IFOCAP. Elle devient ensuite infirmière en hôpital psychiatrique à Brest puis à la clinique de La Borde (Loir-et-Cher). Militante, politisée, elle s'est rendue en Chine et a, comme les dirigeants hommes, un profil différent de la base sociale qu'elle entend représenter (Renseignements transmis par Annaïck Morvan, entretien

Des femmes bloquent seules des camions transportant du lait. Certaines sont présentes dans les manifestations visant les laiteries. Odile Thareau est au nombre des manifestants à la Coopérative agricole de la Noëlle d'Ancenis (CANA), les 29 et 30 mai, alors que son mari Bernard est membre de son conseil d'administration. Certaines endossent un rôle de soutien plus traditionnel. Elles ravitaillent les hommes qui bloquent les camions, ressortent les barattes afin de faire du beurre ou vendent le lait autour d'elles ; ce qui permet de limiter les conséquences financières du conflit. Des manifestations autonomes de femmes, à l'ampleur inattendue, se déroulent dans plusieurs villes. Plusieurs centaines de femmes y participent, le 23 mai, à Landerneau devant la coopérative et à Quimper devant l'usine Entremont puis la laiterie Le Gall,. Des prises de parole interviennent[253] puis les locaux sont envahis et les dirigeants présents sont interpellés vivement, voire houspillés. À Landerneau, le bureau du directeur est envahi, son téléphone utilisé… L'insolence est aussi féminine et le recours à l'illégalisme s'accompagne parfois de vives moqueries envers leurs interlocuteurs voire de bousculades. À Landerneau, les manifestantes sont rejointes par des producteurs, en fin d'après-midi, et, à Quimper, le millier de productrices est accompagné de 200 à 300 hommes. Le 28 mai 1972, jour de la fête des mères, un meeting, suivi d'un défilé dans les rues, est organisé à Brest, à l'appel des syndicats ; il regroupe un millier de femmes et d'enfants[254]. Marie Cabon, de la section féminine de la FDSEA, souligne que les femmes sont « parties prenantes dans la vie de l'exploitation agricole » après que Madeleine Hall ait affirmé que « le lait, c'est l'affaire de la famille »[255].

Affirmations et changement de mentalités qui frappent le journaliste du *Monde* lequel reprend les déclarations de certaines :

---

téléphonique du 15/2/2016). Elle décède en décembre 2009, au Caire, alors qu'elle se rendait à Gaza avec l'Association France Palestine solidarité.
[253] Madeleine Hall (FDSEA) à Landerneau et Marie-Renée Morvan (CDJA) à Quimper.
[254] Les 14 et 15 mai 1972, des « Journées de dénonciation des crimes contre les femmes » regroupent plusieurs milliers de femmes à Paris. François PICQ, *Libération des femmes. Les années-mouvement*, Seuil, Paris, 1993, (p. 135-146). Au printemps 1972, des féministes organisent, à Paris, une manifestation, au ton moqueur, le jour de la fête des mères. Par ailleurs, la grève des vendeuses des Nouvelles galeries de Thionville connaît alors un large écho.
[255] Annexe I, R. M. LAGRAVE (sous la dir. de), *ouv. cit*.

« La secrétaire des Jeunes agricultrices de l'Ouest commente : "Si les femmes se sentent aussi concernées sur les revendications portant sur le lait, c'est qu'il s'agit, en définitive, de leur travail. La traite, c'est elles." Une robuste cultivatrice renchérit : "Je ne suis pas seulement la femme d'un agriculteur, je suis moi aussi un travailleur. À ce titre, j'ai droit à un salaire. Or, quand on baisse le prix du lait, c'est avant tout moi qu'on vole"»[256].

Comme en Languedoc, en 1967, ces actions interviennent après que la mobilisation a démarré et visent à toucher l'opinion publique par le biais des médias. Cependant, certaines femmes prennent la parole, voire acquièrent une réelle influence. Par ailleurs, les actions exclusivement féminines témoignent d'une combativité indéniable. Elles sont parfois illégales, font voler en éclats les stéréotypes de genre et ne sont plus organisées systématiquement à l'instigation des hommes. Au fil de la lutte, des femmes se sont définies comme agricultrices, productrices, travailleuses et plus seulement comme épouses ou mères d'agriculteurs, affirmant ainsi leur identité professionnelle. Elles ont présenté les tâches effectuées sur l'exploitation, rendant visible le travail invisible, et une minorité a critiqué la domination subie[257]. La grève « a permis aussi aux femmes de sortir de leur simple rôle d'exécutantes pour se faire reconnaître comme des travailleurs »[258]. Elles ont parfois « vécu [...] des transformations importantes dans les relations familiales et de voisinage », pendant celle-ci. Des maris ont pris en charge des tâches jugées féminines afin que les femmes puissent participer aux actions[259]. Ce qui a permis à certaines, et peut-être à certains, de percevoir les rapports de domination à l'œuvre dans la société. De ce fait, malgré le retour à l'ordre après la grève, des femmes considèrent ce mouvement comme leur mai 68[260]. Marie Cabon, du Finistère, parle d'une « révolte des femmes ». « Héritières d'un passé qui avait vu les femmes soumises et effacées, vivant à l'ombre de leur mari,

---

[256] *Le Monde*, 30 mai 1972.
[257] M. BERLAN, *art. cit.*
[258] Marthe Morvan, *VO*, n°30, juillet-août 1972, extrait du *Paysan morbihannais*, CHT.
[259] *VO*, n°40, 1973, cité dans M. BERLAN, *art. cit.*, p. 219.
[260] M. BERLAN, *art. cit.*, p. 222.
Pour d'autres milieux, Julie PAGIS, « Repenser la formation de générations politiques sous l'angle du genre. Le cas de Mai-Juin 68 », p. 97-118, *Clio. Histoire, Femmes et Sociétés*, n°29, 2009.

complexées par leur condition de paysannes aux mains rugueuses et déformées, les agricultrices d'aujourd'hui veulent vivre avec dignité leur condition de femme ». Dans le même numéro, un homme, Jean Le Meur, administrateur cantonal du syndicat, évoque cette exigence de dignité pour les femmes « contraintes à un vil esclavage de par la sous-rémunération des produits d'origine animale, auxquels elles consacrent leurs efforts et leur temps »[261]. Les effets biographiques de l'engagement des femmes, soulignés, au-delà du monde paysan, par Olivier Fillieule, semblent valoir aussi chez ces militantes malgré la relative brièveté de ce combat[262].

Un des éléments marquants de ce mouvement est qu'il ne vise pas en priorité les pouvoirs publics mais les industries de transformation qui feraient du profit sur le dos des agriculteurs. En mai 1972, lors d'une assemblée générale de la FDSEA du Finistère, Jean-Noël Le Du affirme : « Quels sont ceux qui détiennent la clé de notre revenu ? Depuis trop longtemps l'action syndicale consistait à se retourner seulement vers les pouvoirs publics et à les rendre seuls responsables des maux dont souffrait l'agriculture. Quand ce n'était pas PARIS, c'était BRUXELLES ». Or selon lui, les décisions d'augmentation des prix décidées par ces instances n'ont pas de répercussions sur leur revenu du fait des industriels. C'est pourquoi, il est nécessaire que l'action syndicale vise ces derniers[263]. Au cours du mouvement, les participants interpellent aussi bien des entreprises privées que des coopératives créées par des agriculteurs et dont les pratiques ne se différencieraient plus de celles des autres sociétés. L'adversaire n'est plus uniquement extérieur à la société rurale, d'où des tensions entre agriculteurs et responsables agricoles[264].

Les conséquences de la grève du lait ont été importantes. Les désaccords entre responsables bretons se sont accrus et d'une certaine manière, la Fédération de l'Ouest en meurt, même si elle y survit formellement. Elle ne réunit plus, après 1972, que les syndicats des Côtes-du-Nord, de l'Ille-et-Vilaine, du Maine-et-Loire, de la Sarthe et de la Vendée. Les dirigeants nationaux ont critiqué le mode d'action

---

[261] *Fer de lance*, n°9, juin 1972, Archives personnelles.
[262] Olivier FILLIEULE, « Travail militant, action collective et rapports de genre », *art. cit*, p. 64-65.
[263] Jean-Noël Le Du, AG de la FDSEA du Finistère, 24 mai 1972, dans S. BERGER, *ouv. cit.,* p. 313.
[264] S. BERGER, *ouv. cit.*, p. 314.

choisi, la mise en cause des coopératives, l'objectif revendicatif fixé et le prix de revient revendiqué. Michel Debatisse dénonce les insultes ainsi que les voies de fait envers des dirigeants ou des employés de coopératives[265]. En bref, le mouvement vaut rupture. La FNSEA réagit rapidement, avec habileté et une grande fermeté envers les initiateurs de celui-ci. Dès l'automne un texte signé par les présidents des syndicats des Côtes-du-Nord, de l'Ille-et-Vilaine, du Maine-et-Loire, de la Sarthe, et de la Vendée contient de violentes attaques contre les opposants, critique leur politisation (à gauche), le risque qu'ils font courir au syndicat et à la profession ainsi que leur volonté de remettre en cause l'ordre social[266]. En septembre, ces dirigeants réaffirment leur apolitisme et dénoncent, dans la presse, les militants Paysans-travailleurs comme des « révolutionnaires formés à l'étranger » qui entendent préparer un régime conforme aux « modèles qui existent dans les pays de l'Est »[267]. En parallèle, quand c'est possible, les structures syndicales sont peu à peu reprises en main. Seuls les syndicats du Finistère, de la Loire-Atlantique et du Morbihan restent animées par des équipes critiques mais pas forcément entièrement acquises à l'opposition. Dans le même temps, à l'automne, une partie des militants oppositionnels s'interrogent sur la possibilité et l'intérêt de rester à l'intérieur du syndicalisme agricole majoritaire et commencent à développer des groupes autonomes, c'est le début de l'éparpillement des paysans contestataires[268].

En 1972, les paysans contestataires ont souvent considéré que la grève du lait était le mai 1968 des producteurs bretons. Ils ont le sentiment que les luttes qui se développent ailleurs leur permettront d'être entendus.

---

[265] Lettre de Michel Debatisse du 2 juin 1972 aux présidents de FDSEA, archives du CRJA, CHT, dans L. JALABERT et Ch. PATILLON, *ouv. cit.*, p. 149-151.
[266] *Éléments de réflexion sur les divergences fondamentales qui opposent le syndicalisme agricole (FDSEA-FNSEA) à la tendance Paysans-travailleurs*, PT, CHT.
[267] *Ouest France* du 21/9/1972, dans Jean FERRETTE, *Pluralisme et sociabilité. Éléments pour la compréhension des résistances paysannes*, Maîtrise de sociologie, Caen, 1984.
[268] J. P. MARTIN, « Le syndicalisme paysan de l'Ouest dans les années 1968. Quelle région ? Quelles alliances ? Quel projet ? » dans Ch. BOUGEARD, V. PORHEL, G. RICHARD, J. SAINCLIVIER, *ouv. cit.*, (2012), p. 37-49.

15 : Des actions locales à l'initiative des Paysans-travailleurs

À partir de 1973, les éleveurs de viande bovine et porcine sont confrontés à une baisse des cours alors que les prix à la consommation ont tendance à monter. Cet effritement s'explique par des importations d'Amérique latine mais aussi car aux bêtes de réforme venant d'exploitations laitières s'ajoutent des taurillons engraissés du fait de la politique incitative des pouvoirs publics. Cette baisse des prix provoque mécontentement des éleveurs de l'Ouest. Cette année-là, *Vent d'Ouest* incite les producteurs à une « défense collective » et les groupes PT, qui commencent à se structurer, appellent, en décembre, à l'action. Ils demandent que le Crédit agricole reporte les annuités sans intérêt, que les acheteurs paient plus rapidement et que les prix fixés garantissent au moins l'équivalent du Salaire minimum interprofessionnel de croissance[269]. Les Paysans-travailleurs sont à l'initiative d'actions ponctuelles, illégales, qui regroupent quelques centaines de participants dont une proportion importante de militants. Celles-ci ont un écho indéniable mais ne sont pas issues d'un mouvement parti de la base. Elles visent un transformateur, acheteur de viande, Fleury-Michon, accusé d'être responsable de la chute des cours du porc[270], mais confrontent les Paysans-travailleurs à la justice. La première action est programmée par les groupes de Poitou-Charentes (Charente, Charente-Maritime, Deux-Sèvres, Vienne) et de Vendée. Le 7 août 1974, « trois cent agriculteurs interceptent un camion de l'entreprise Fleury-Michon » en Vendée et distribuent les produits interceptés. Le même jour, des PT des deux Charentes « investissent une propriété de la firme, occupent les locaux et demandent aux dirigeants » de venir entendre leurs revendications[271]. Fleury-Michon est dénoncée car l'entreprise recourt à des importations et reçoit des aides de l'État pour les bêtes qu'elle élève dans sa propriété en Charente. Les Paysans-travailleurs affirment qu'ils s'attaquent à leurs véritables « exploiteurs », les firmes capitalistes. Ces actions sont bien couvertes par les médias mais des militants vendéens reçoivent des visites de gendarmes.

---

[269] *VO*, n°35, janvier 1973 et n° 47 janv. 1974, CHT.
[270] *Vent d'Ouest,* n°54, septembre 1974, CHT, Nantes.
[271] Jean-Marc HERRENG, *Vingt ans de luttes paysannes en Vendée. 1968-1988 ; du CDJA à la Conf'*, CHT, Nantes, 2015, (p. 74-81).

De nouvelles actions ont lieu le 2 octobre dans tout l'Ouest. Les Paysans-travailleurs dénoncent « la mafia de la viande » et interceptent des camions. Une partie de cette viande d'importation est distribuée dans les quartiers populaires de Nantes, devant l'usine Dubigeon de cette ville, à la sortie d'une usine en Vendée, aux grévistes d'un supermarché à La Roche-sur-Yon, à des retraités en Poitou-Charentes[272]. Cette distribution est accompagnée d'un tract dénonçant les « profiteurs des agriculteurs ». Il s'agit de dénoncer les firmes et de faire pression sur elles mais aussi de populariser les revendications des éleveurs et de concrétiser la liaison ouvriers-paysans[273]. La réaction des autorités ne se fait pas attendre. Des militants accusés de vol de viande sont convoqués et interrogés par la police. Le 18 novembre, André Aubineau et Georges Rigalleau responsables en Vendée sont inculpés. Sept autres personnes le sont en décembre. En 1975, plus de cent personnes l'auront été, au total, et certaines auront été emprisonnées. Des initiatives de solidarité sont prises, elles visent à rassembler. En juin 1975, les inculpés vendéens se présentent devant le juge accompagnés d'une centaine de manifestants. Ils repartent libres après avoir été interrogés. Pour leur défense, ils affirment qu'ils n'ont pas commis de délit mais participé à une action syndicale[274]. La procédure continue, un temps, même si Fleury-Michon retire sa plainte, puis la justice met un terme au dossier. Cependant des militants sont marqués par ces événements car cette action, qui se voulait exemplaire, si elle a suscité la sympathie de certains, a déplu à d'autres. De plus, elle n'a pas entraîné de mouvement de masse et a suscité des craintes parmi les sympathisants.

Revenant sur ces actions, en 1977, les Paysans-travailleurs constatent qu'elles ont entraîné une répression démobilisatrice, ont divisé le mouvement et se sont révélées contre-productives[275]. Autant de raisons pour lesquelles ils ont infléchi leurs moyens d'action.

---

[272] J.M. HERRENG, *ouv. cit.*, p. 79.
[273] *Vent d'Ouest*, n°55, octobre 1974, CHT, Nantes.
[274] J. M. HERRENG, *ouv. cit.*, p. 80.
[275] *Projet de plate-forme Paysan-Travailleur pour les journées nationales de 1977*, p. 57, ANPT 3, CHT.

16: Un combat national en défense de producteurs isolés[276]

Les éleveurs intégrés sont des producteurs qui ont souvent des superficies réduites et ont signé des contrats avec des firmes pour développer des ateliers hors-sol de volailles, de porcs ou de veaux nourris par des aliments fournis par la firme. Les agriculteurs fournissent les bâtiments d'exploitation, l'eau, l'électricité, le travail. Les firmes leur livrent des animaux jeunes, leur alimentation, les produits vétérinaires. L'éleveur est supposé disposer d'un débouché sûr mais il perd la maîtrise de l'élevage et supporte les risques si les cours baissent. Ce type d'exploitation est mal perçu dans les rangs du syndicalisme majoritaire car ces producteurs ne sont plus indépendants, d'où les réticences à les défendre quand ils sont confrontés à des difficultés. En effet, des problèmes apparaissent assez vite : cours trop bas qui ne permettent pas de payer les aliments, les soins ou de rembourser le coût des animaux, qualité défectueuse des produits vétérinaires ou des farines fournies… Des firmes font croire aux producteurs, endettés et dispersés, que leur travail est en cause. Elles entament parfois des poursuites judiciaires à leur encontre. Dans un premier temps, les protestations sont rares. Peu à peu, des comités de défense, soutenus par les contestataires, sont créés, dans l'Isère, la Haute-Savoie, le Sud-Ouest…. En 1973, dans le Lot-et-Garonne, des éleveurs intégrés de veaux ou de cochons, sous contrat avec Sanders, s'opposent à cette entreprise, qui leur réclame de l'argent, et créent un comité de défense. Le film *Des dettes pour salaire*[277] qui évoque ce combat, est utilisé et diffusé par les paysans. Cette firme intente une action en justice. Mal lui en prend car des journaux en parlent ce qui accroît l'audience du film. Par ailleurs, les producteurs parviennent à mobiliser et à obtenir gain de cause grâce à l'appui d'avocats qui s'appuient sur une loi, peu connue, qui « permet de renverser la

---

[276] J. P. MARTIN, *ouv. cit.*, (2005), p. 142-145 et J. M. HERRENG, *ouv. cit.*, p. 104-107.
[277] Guy CHAPPOUILLIE et Claude BAILBLE, Groupe de travail « Front paysan », Département cinéma, Université de Vincennes, *Des dettes pour salaire*, 26 mn, 1973.
Bernard Péré, ancien PT, présente cette lutte et l'importance du film : « Des dettes pour salaire », p. 377-386, dans Céline PIOT (sous la dir ; de), *Figures paysannes en France : mythes, regards et sociétés, tome 2*, Éditions d'Albret, collection Terres de mémoire, n°5, Nérac, 2016.
Dans le même ouvrage, interview de Guy Chapouillé, p. 349-355.

jurisprudence jusque-là défavorable aux éleveurs »[278]. En 1975, une structure nationale, le Comité de lutte, puis de liaison, des éleveurs intégrés (CLEI), avec l'appui du mouvement Paysan-travailleur, est mise sur pied. Un travail commun avec les opposants restés dans le syndicalisme majoritaire ou dans des sections spécialisées (Fédération nationale porcine, Fédération nationale bovine) est mené. Ces structures participent ainsi au financement de certains procès.

Le Comité de lutte veut regrouper les éleveurs, les sortir de la culpabilité, analyser leurs difficultés et mener en parallèle actions de masse et actions en justice offensives contre les firmes. Il entend transformer les procès faits par les firmes aux éleveurs ou à leurs soutiens en procès des firmes intégratrices et de leurs méthodes. D'où la nécessité de solides dossiers et le développement de liens avec des avocats.

Une des actions les plus vigoureuses est celle menée contre la firme Wessafic, multinationale d'origine néerlandaise, qui commercialise un aliment de mauvaise qualité, cause de retards de croissance. Quatre-vingt éleveurs réclament, avec le soutien du Comité, des dommages et intérêts à la firme. Pour se faire entendre, en juillet 1977, près de 200 éleveurs en occupent le siège à Nantes et entament des négociations, vite rompues. Une campagne d'information se développe. Des affiches « Wessafic, grand trafic ! » dénoncent la « mauvaise farine » qui tue les veaux, intoxique les éleveurs, permet des bénéfices importants et est dommageable à la santé des consommateurs. Elles proclament « Les éleveurs s'organisent. Tu vas payer tes escroqueries !... ». Cette campagne n'a pas l'heur de plaire à la firme. Celle-ci assigne en procès pour diffamation trois Paysans-travailleurs au tribunal correctionnel de Laval (Mayenne) leur réclamant de conséquents dommages et intérêts. Jean-Claude Olivier, directeur de publication de *Vent d'Ouest*, Dominique Froger (Mayenne) et Joseph Bouvier (Haute-Savoie), militants du Comité, sont visés. Les Paysans-travailleurs et le Comité défendent énergiquement ces responsables et appellent à une manifestation le jour du procès, le 22 février 1978. Celle-ci regroupe, à Laval, près de 1500 personnes en soutien aux inculpés. Les militants sont défendus par des avocats, compétents et connus, dont Henri

---

[278] B. Péré, *art. cit.*, p. 381. Voir aussi, Y. CHAVAGNE, *ouv. cit.*, p. 237.

Leclerc et Paul Bouchet (de Lyon)[279]. En parallèle, dans une salle comble, un spectacle de marionnettes, élaboré par des militants, *Histoire de veaux qu'ont mal tourné*, est donné. Le procès tourne à l'avantage des éleveurs, la firme est déboutée, les éleveurs ont remporté une victoire mais les indemnisations par Wessafic tardent.

La pièce, *Histoire de veaux qu'ont mal tourné ou la lutte des éleveurs intégrés contre la Wessa'fric'*[280], est le résultat d'un travail d'équipe. Une trentaine de représentations sont données, entre fin 1977 et février 1978, dans la Sarthe, l'Ouest, en Rhône-Alpes ainsi qu'à Laval, le jour du procès. Elles attirent à chaque fois plusieurs dizaines de personnes, aux alentours de 200 à Vaast, commune d'où est originaire J. C. Olivier[281]. Les contestataires l'utilisent pour faire de l'agit'prop afin de tourner en dérision la firme. Louis et Simone, petits éleveurs, poussés par un technicien, qui travaille pour « Wessafric », passent contrat avec la firme. La « première tournée de veaux a bien marché » et un voisin qui vient les voir « est ébahi par la transformation de la ferme ». « Deux ans plus tard… rien ne va plus. Des veaux sont malades, crèvent. Non seulement la firme ne paie plus leur travail mais elle leur réclame de l'argent pour la farine supplémentaire et les veaux crevés ». Le technicien leur explique que tout est de leur faute : l'installation est mal faite, leur eau contient peut-être des germes… et leur dit qu'il n'y a que chez eux que ça ne marche pas. Un voisin, Paysan-travailleur les rencontre.

PT : Au début j'ai eu des ennuis avec un intégrateur, ça marchait mal.

Simone, Louis : Comme nous.

PT : Le technicien de la boîte disait que c'était de ma faute.

Simone, Louis : comme nous.

---

[279] CLEI et PT, *L'affaire Wessafic. Une firme qui ruine les éleveurs et la santé des consommateurs*, CHT.
[280] *Histoire de veaux qu'ont mal tourné ou la lutte des éleveurs intégrés contre la Wessa'fric*, LAM 2 (6), CHT.
[281] Entretien téléphonique avec Jean-Claude Olivier, le 26 août 2015.

Pour les paysans contestataires, dans sa recherche du profit, la firme capitaliste Wessafic est prête à tout.

Brochure, *L'affaire WESSAFIC. Une firme qui ruine les éleveurs et la santé des consommateurs*, (supplément au journal *Vent d'Ouest*, n°101, janvier 1979), p.1, rédigée par le CLEI (Comité de lutte des éleveurs intégrés) et Paysans-travailleurs.

Crédit : CHT, coll. Paysans- travailleurs 44.

PT : Puis j'ai vu d'autres gars [...] qu'avaient les mêmes ennuis, alors ça nous a mis la puce à l'oreille.

Simone : Tu vois, tu vois.

PT : On s'est vite aperçus que ça venait de la farine.

Simone : Tu vois, tu vois. [...]

PT : [...] Comme la boîte faisait la sourde oreille on a commencé par constituer des dossiers. [...]

PT : Tiens tiens on avait rendez-vous avec eux pour discuter. Ça a mal commencé, ces messieurs ils nous ont pris de haut. Soi-disant qu'on savait pas s'y prendre et que de toute manière c'était pas des p'tits péquenots comme nous qu'allaient apprendre leur boulot à des ingénieurs et à des vétos...

Le syndicaliste explique qu'ils ont arrêté des camions de la société et fait analyser la farine puis sont allés rediscuter à Redon, à Paris puis en Suisse au siège de la firme. Et là « tenez vous ben, on réclamait 88 millions d'indemnisations ; ils nous ont versé plus de cent millions ». La pièce se conclut sur un réquisitoire contre l'entreprise accusée d'escroquerie alors qu'elle a intenté un procès contre des Paysans-travailleurs.

Cette pièce écrite par des militants met en valeur la nécessité de dépasser le sentiment de culpabilité individuelle et l'intérêt de se regrouper pour se défendre. Elle montre le sentiment de supériorité dont sont imprégnés les techniciens et les dirigeants de la firme vis-à-vis des éleveurs. Les auteurs reprennent une expression dévalorisante, « péquenots », petits qui plus est, afin de disqualifier la morgue dont font parfois preuve certains envers les agriculteurs. Le but est de montrer que les éleveurs unis et déterminés sont capables de constituer des dossiers solides, de mener des actions énergiques, d'interpeller les dirigeants des firmes et d'obtenir satisfaction. La pièce jouée devant un public composé pour l'essentiel de paysans se veut pédagogique.

Des luttes sont menées contre d'autres firmes parmi lesquelles, Bridel dans la Vienne mais aussi Verrier en Vendée. Dans ce département, des éleveurs s'opposent à la firme, en 1976 puis 1978, et sont amenés à protester à plusieurs reprises au siège de celle-ci dans l'Orne. Dans ces combats, les contestataires dénoncent la surexploitation dont sont parfois victimes les éleveurs ; ils exigent l'arrêt des poursuites judiciaires, l'abandon des dettes réclamées par les firmes, et la rémunération du travail effectué. Ils mènent de front information et popularisation et une action en justice basée sur des dossiers solides avec l'aide d'avocats qui acquièrent une compétence sur ces questions. Pour B. Lambert, la combinaison de l'action syndicale et du recours à la justice joue un rôle clef. Les résultats sont appréciables : à plusieurs reprises, les dettes réclamées par les firmes sont effacées et parfois le travail des éleveurs est évoqué. Les PT et le CLEI ont fait la preuve de leur efficacité et les firmes hésitent de plus en plus à engager des actions contre des éleveurs soutenus par ces organisations.

Dans le Midi, indépendamment du courant oppositionnel, une lutte massive prend une dynamique contestataire.

17 : La guerre du vin (1970-1976), un combat à la dimension régionaliste ?

« M.Occitania, un petit viticulteur, vient de mourir mystérieusement. L'enquête révèle des faits troublants : il pisse rouge, il a le ventre qui enfle de toutes les productions qu'il ne peut écouler, et il parle mal le français [282]*».*

L'argument de la pièce du Théâtre de la Carriera est révélateur de ce que pensent nombre de vignerons du Midi dans les années 1970. Pour eux, la région a une vocation viticole et les vignerons, en majorité des petits exploitants, y constituent un peuple uni. Or ce Midi, périphérie mal aimée des centralisateurs parisiens et dont la culture est niée traverse une crise majeure car il ne peut plus vendre son vin concurrencé par des productions étrangères à bas prix. Qu'en est-il en réalité ? D'où viennent les difficultés de la viticulture du Midi ? En quoi peut-on dire que le combat des vignerons du

---

[282] Argument de *Mort et résurrection de M. Occitania*, dans Michel LE BRIS, *Occitanie : Volem viure !*, Gallimard, Paris, 1974, (p. 8). Dans la pièce, trois médecins appelés au chevet de M. Occitania constatent ces maux, Teatre de la Carriera, *Mort et résurrection de M. Occitania*, p. 9-13, 4 Vertas, Nîmes, 1971. Merci à Marie-Jeanne Verny pour ce document.

Languedoc-Roussillon prend une dimension régionaliste et quelles en sont les limites ?

En 1975, l'Aude et l'Hérault comptent plus de 46 000 actifs agricoles dont la majorité vit de la vigne et 57 000 autres personnes possèdent quelques arpents qui leur donnent un revenu complémentaire. Tout un peuple est lié à la vigne. Pendant les négociations du règlement européen, le président de la Confédération générale des vignerons du Midi (CGVM) qui participe aux travaux du comité consultatif viti-vinicole à Bruxelles défend la notion de vin de terroir, veut réglementer le sucrage et contrôler les plantations ; il s'inquiète également du bas coût de la main-d'œuvre en Italie. La libération des échanges avant toute harmonisation des plantations et des pratiques lui semble « un véritable coup de force ». Les dirigeants viticoles interprètent le règlement européen comme un partage des productions agricoles. L'Italie exporterait vin, fruits et légumes et la France céréales et lait. Ils ont le sentiment d'avoir été abandonnés par le gouvernement français et que la CEE s'est construite sur leur dos[283]. Sans remettre celle-ci en cause, ils s'efforcent, les années suivantes, d'obtenir une réglementation plus favorable.

La législation communautaire entre en application à partir de 1970. Différente du statut français, elle est plus libérale. Les échanges intra-communautaires sont libérés, le régime des plantations est plus libre, ce dont ont profité les producteurs italiens. La chaptalisation est autorisée dans le Nord de la Communauté alors qu'elle est interdite dans le Midi. Le blocage et l'échelonnement des sorties sont supprimés. Des importations de vin italien à haut degré se développent. Les producteurs italiens sont accusés d'avoir beaucoup planté alors que les Languedociens ont limité les plantations. De plus, ils produiraient des vins à bas prix du fait des écarts sociaux entre les deux pays. Enfin, ils fraudéraient sur la qualité et ne respecteraient pas la définition du produit. Dans ce contexte, les vignerons rencontrent une nouvelle difficulté : le lieu d'arbitrage n'est plus Paris mais Bruxelles où l'influence de la viticulture du Midi est moins forte avec un système « d'arbitrage plurinational intégrant divers produits »[284], et ce sur fond de baisse de la consommation de vin et de transformation de celle-ci. La concurrence s'accroît alors que le marché connaît un

---

[283] J. P. MARTIN, ouv. cit., (1994), p. 176-177.
[284] P. BARTOLI, D. BOULET, *ouv. cit.*, p. 302-303.

recul significatif. En effet, celui-ci connaît une translation de la demande vers des produits de « qualité » et les vins de consommation courante se vendent moins. Or, une part majeure des vins du Midi appartiennent à cette catégorie. Il est alors plus rentable de faire « pisser » la vigne que de produire des vins de qualité dont les rendements plus faibles sont insuffisamment payés.

Les syndicats viticoles sont confrontés à une situation très difficile à laquelle ils doivent réagir. La crise est structurelle, le revenu des vignerons baisse et le contexte institutionnel est moins favorable qu'auparavant. Ces organisations mettent en avant des revendications immédiates visant à maintenir le revenu. Pour elles, les importations italiennes à bas prix dont la qualité serait douteuse, seraient utilisées pour des coupages économiques par le négoce et constitueraient une forme de concurrence déloyale. Puis, des mesures d'intervention sur le marché sont réclamées : distillation exceptionnelle à un prix rémunérateur, stockage… Les organisations viticoles espèrent une révision du règlement européen permettant de garantir un « revenu français pour le vigneron méridional », des mesures d'organisation du marché, la suspension des importations, même venant d'un pays européen, en deçà d'un prix minimum, et enfin une harmonisation de la fiscalité ainsi qu'un contrôle des plantations. Pour la profession, l'amélioration de l'encépagement et de la vinification ne peuvent venir que dans un second temps. Le marché du vin qui doit être organisé, ne saurait être libéral. Et de rappeler que la vigne est une culture pérenne qui ne produit qu'après plusieurs années, rendant la reconversion difficile en cette région de monoculture.

En février 1973, Jacques Chirac, ministre de l'Agriculture, propose un plan qui entend répondre aux difficultés par la restructuration du vignoble (réencépagement), la modernisation des caves, le tournant vers la qualité et la constitution de groupements de producteurs, par lesquels transiteraient les aides, et qui seraient chargés de mettre en œuvre ces transformations. Même si le gouvernement évoque la possibilité de distillations en cas de prix trop bas ou de production trop abondante, ce plan ne remet pas en cause les orientations de la Politique agricole commune et s'écarte des solutions attendues par la viticulture qui voit des « flots » de vin italien pénétrer le marché français. Les vignerons peinent de plus en plus pour écouler leur production. Cette crise structurelle, aggravée par une récolte pléthorique en 1973, les inquiète et ils ont peur de voir leur exploitation mais aussi leur mode de vie disparaître.

Beaucoup sont déçus par la CEE et voient alors dans la création d'un office des vins à l'échelle nationale la solution à leurs difficultés. Les projets défendus par les organisations viticoles préconisent, pour la plupart, un office qui pourrait agir sur les prix en intervenant sur le marché avec un pouvoir d'action sur les importations afin de garantir le revenu des producteurs. Las, en janvier 1976, le gouvernement crée un office des vins qui ne répond pas aux vœux de la profession, sans pouvoir d'intervention sur le marché ni vis-à-vis des importations. Il s'agit d'une « instance d'arbitrage et de concertation placée sous l'autorité de l'État, en même temps que le relais d'application de mesures communautaires »[285]. La déception des vignerons est profonde, or leur combat dure depuis plusieurs années.

Dans ce combat long et âpre, le répertoire d'action est marqué par une grande variété, une fréquence impressionnante des actions, des changements significatifs et un recours à la violence. Les revendications et le discours portés par les vignerons connaissent des inflexions. Ceux-ci font le choix d'alliances sociales larges, adoptant même parfois des thématiques régionalistes.

À partir de 1971, les structures de mobilisation sont relancées. Le Comité régional d'action viticole (CRAV) impulse et coordonne l'action au plan régional et les Comités d'action viticole, émanation de la base, organisés par cantons, mènent les opérations sur le terrain. Dans l'Aude, leur patron incontesté est André Cases, secondé par toute une équipe. Peu à peu ces comités s'autonomisent vis-à-vis des organisations syndicales. De plus, des jeunes, souvent enfants de vignerons, se joignent à leurs actions à partir de 1974[286]. Au fil des ans, la mobilisation se renforce, ceux qui participent aux actions de commando sont de plus en plus nombreux, les comités d'action peuvent rassembler plusieurs centaines de personnes en quelques

---

[285] *Ibidem*, p. 313.
[286] Michelle ZANCARINI-FOURNEL, « Montredon, 4 mars 1976 : l'événement comme révélateur », IHTP, *Les années 68 : événements, cultures politiques et modes de vie*, Séance du 24 novembre 1997.

heures et des élus sont parfois présents lors des réunions[287]. Ces activistes, légitimés par la base, agissent à visage découvert, souvent de jour et ont tendance à penser que ce territoire est leur. Confrontés à une lutte qui dure, les vignerons se sentent abandonnés et méprisés par le gouvernement. En 1975, Emmanuel Maffre-Baugé a même le sentiment que la base est en « état de révolte profonde »[288].

À la différence de 1967 cependant, il n'y a pas de manifestation autonome de femmes, même si certaines sont présentes lors des rassemblements. Peut-être du fait qu'une fraction du mouvement a privilégié le recours à la violence et probablement car de nombreux hommes n'étaient pas prêts à leur reconnaître une place dans la mobilisation. Leur présence dans les manifestations est limitée et peu mentionnée par les observateurs. Pour M. Zancarini-Fournel, les barrages étaient essentiellement masculins et soudaient des hommes qui se connaissaient aussi du fait de la pratique de la chasse au sanglier ou du rugby. Selon elle, la « présence des femmes – et surtout des filles – est "autorisée" dans les manifestations de masse, urbaines, et dans des actions plus ponctuelles où elles sont présentes, tout en se tenant à l'écart, entre elles »[289].

Il est frappant de constater le nombre d'actions menées, leur fréquence, en particulier à partir de 1974, leur variété, leur combinaison, l'importance du nombre de participants à celles-ci, le caractère illégal de certaines et les tensions dont elles sont accompagnées. Autant de signes de la gravité d'une crise, mal perçue par un certain nombre de contemporains et le gouvernement, d'où l'exaspération des vignerons et le recours à une violence accrue qui débouche en 1976 sur la fusillade de Montredon[290].

Les actions de masse visant à faire nombre et prouver l'importance régionale et l'unité de la viticulture se multiplient : douze

---

[287] Bernard REVEL évoque la présence du député et président du conseil général, lors de la réunion du 4 janvier 1971 à Carcassonne, *Montredon. Les vendanges du désespoir*, Loubatières, Portet-sur-Garonne, 1996, (p. 77).
[288] *Midi-Libre*, 2/8/1975.
[289] *Communication citée*.
[290] J. P. MARTIN, « Le sang de la vigne : La violence dans les manifestations des vignerons du Midi au XXe siècle », p. 307-332, dans Frédéric CHAUVAUD, Jean-Luc MAYAUD (dir.). *Les violences rurales au quotidien,* Actes du 21e colloque de l'Association des ruralistes français, La Boutique de l'Histoire, Paris, 2005.

manifestations de rues massives, dont cinq en 1975 et une en 1976, quinze journées de barrages sur le plan régional (dont 5 importantes en 1975) et d'innombrables initiatives locales (plus de 40 en 1975-1976). Les manifestations sont fréquemment suivies de heurts avec les forces de l'ordre ou de déprédations matérielles. Les rassemblements sont puissants. Ainsi la journée région morte du 5 février 1976 voit les autres catégories socio-professionnelles se joindre aux défilés et regroupe plus de 60 000 participants à Montpellier, Carcassonne, Nîmes et Perpignan.

Les actions menées peuvent être symboliques, comme la démission de la chambre d'agriculture de l'Hérault (août 1970), par laquelle il s'agit de prouver la gravité de la situation et d'être légitimés par de nouvelles élections. Les élus peuvent en être : en février 1971, des maires occupent une salle de Montpellier puis prêtent serment de rester unis pour défendre la viticulture, victime d'une politique qui cherche à la « déshonorer » et à la « ruiner »[291]. Les journées « région morte » visent à démontrer le poids de la viticulture dans l'économie régionale. L'opération « terres perdues » (31 juillet-1er août 1975), au cours de laquelle les poteaux indicateurs de toute la région sont détruits ou peints, entend montrer à l'opinion et aux médias l'ampleur de la crise ainsi que l'assise régionale du mouvement. Le fantôme de 1907 est présent dans cette lutte : références lors des discours ou sur les pancartes à Marcellin Albert, occupation de la cathédrale de Montpellier (mars 1975) comme au début du siècle, chanson « Gloire au 17ème », quelquefois reprise, et enfin sentiment vif d'être incompris par Paris, accompagné d'une volonté d'unanimisme régional[292].

Les actions conduites peuvent avoir pour fonction de dénoncer les ennemis de la viticulture. L'occupation de la chambre de commerce de Sète (mars 1974) et le blocage de cette ville par où entrent les importations (mars et décembre 1975) ont pour objectif de signifier la responsabilité des négociants-importateurs dans la crise. Les importations italiennes sont vilipendées, en février 1975, à Montpellier où des responsables s'enferment dans le consulat d'Italie. Les vignerons tentent aussi de bloquer ces importations. En 1975-1976, les barrages s'intensifient et les camions transportant des vins

---

[291] Serment d'Assas du 2 février 1971.
[292] Les élus de droite ne sont pas suicidaires et participent souvent aux manifestations de vignerons.

importés sont vidés. Des entrepôts de négociants subissent des intrusions et sont délestés des produits étrangers, parfois même plastiqués. Des grandes surfaces sont visitées et le rayon vin étranger subit des bris de bouteilles. Le Midi fait l'union face à l'ennemi extérieur et à ses alliés locaux.

Les pouvoirs publics sont interpellés et les vignerons attendent des mesures de leur part. Les grandes manifestations donnent lieu à des délégations de professionnels auprès des préfets ou sont organisées avant une rencontre avec des membres du gouvernement. À l'Assemblée nationale, les élus régionaux défendent la viticulture. En parallèle, les heurts se multiplient en fin de manifestation, de nombreuses actions de commando visent les infrastructures de transport ou de communication mais aussi des perceptions, des gendarmeries voire la préfecture de l'Hérault (17 mars 1975). Par contre, le Crédit agricole est très rarement visé et les coopératives, présentes dans chaque village, souvent lieu de rendez-vous avant une mobilisation, n'apparaissent pas comme des adversaires.

Dans ces années, les vignerons très mobilisés hésitent parfois sur la stratégie à suivre entre tentation de la violence et volonté d'élargissement social et politique de leur combat.

La manifestation du 18 février 1971 à Béziers a été une première tentative de s'ouvrir à d'autres. Parmi les dizaines de milliers de manifestants, on compte environ 2000 commerçants, à l'appel de la Confédération intersyndicale de défense et d'union nationale des travailleurs indépendants (CID-UNATI), et de nombreux jeunes[293]. Les années suivantes, le discours et la stratégie du mouvement évoluent sans que la tentation de la violence soit oubliée. La durée de la mobilisation, l'attachement à la région, à leur mode de vie mais aussi ce que certains ressentent comme du mépris de Paris rapprochent les vignerons des courants régionalistes, culturels et politiques[294]. Le Théâtre de la Carriera qui évoque, en occitan et en français, leur combat attire un public significatif et des représentations sont suivies

---

[293] *Le Monde* parle de 40 à 50 000 manifestants, 20/02/1971.
[294] Philippe MARTEL, « Mort et résurrection de monsieur occitanisme », p. 8-23, *Amiras*, n° 20, octobre 1989.

d'un débat[295]. Claude Marti, chanteur occitaniste, a des liens avec certains leaders et entreprend avec d'autres une tournée parrainée par les comités d'action dans les villages audois. Le journal *L'Écho des Corbières* animé par un vigneron devient la tribune des CAV et prend une dimension plus régionaliste. Certains militants se reconnaissent dans des organisations régionalistes, tel Jean Huillet proche de Lutte occitane. Le Mouvement d'intervention de la viticulture occitane (MIVOC) qu'il crée, avec d'autres, dans l'Hérault, en 1975, dénonce le « pillage de la région » et refuse qu'elle devienne la « cour de récréation de l'Europe »[296]. D'autres le disent plus crument, et refusent que la région devienne « le bronze-cul de l'Europe », critiquant le tourisme de masse. Ils se sentent solidaires des paysans du Larzac et refusent l'exode des jeunes vers Paris. Une rencontre avec l'organisation Volem viure al païs (VVAP) a lieu, le 11 mars 1975, à Couffoulens (Aude), le village de Claude Marti[297]. Peu à peu des étendards occitans sont présents dans les manifestations, le mot d'ordre « Vivre et travailler au pays » est popularisé et se décline en occitan. Défendre la vigne, c'est défendre la région et l'ensemble de l'économie régionale. Ce projet se déploie sur fond de déceptions envers la CEE, de critiques du capitalisme et de politisation à gauche. Pour les vignerons, la région a été sacrifiée par l'Europe, de grandes sociétés capitalistes sont à l'origine de la crise et les gouvernements de droite, favorables aux trusts et dominés par des technocrates, se soucient peu du sort du Midi. Les organisations viticoles qui, en 1967, tenaient à affirmer leur apolitisme, sont de plus en plus critiques vis-à-vis de la droite et soupçonnent les élus de ce courant d'accepter à Paris ce qu'ils disent refuser en Languedoc-Roussillon. Les élus de gauche ainsi que les courants d'extrême-gauche soutiennent les vignerons et reprennent à leur tour le slogan « Vivre et travailler au pays ». Pendant ce conflit, les rencontres entre personnes venant d'univers sociaux, culturels et politiques différents sont nombreuses. Michel Le Bris, venant de la Gauche prolétarienne, à la recherche des périphéries contestataires, co-écrit avec les CAV de l'Aude *La Révolte*

---

[295] Teatre de la carriera, pièce citée et *La guerre du vin*, qui « témoigne des événements viticoles des années 1967-1972 », p. 5, 4 Vertats, Nîmes, 1973, Archives de Marie-Jeanne Verny.
[296] MIVOC, septembre 1975, archives personnelles.
[297] Jaume BARDISSA, *Cent ans de guerre du vin*, Téma éditions, Paris, 1976.
CAV et Michel LE BRIS, *La révolte du Midi*, Les Presses d'aujourd'hui, Paris, 1976.
Emmanuel MAFFRE-BAUGE, *Vendanges amères*, J.P. Ramsay, Paris, 1976.

du Midi. E. Maffre-Baugé évoque les intellectuels occitanistes qui viennent le voir ainsi que le rapprochement progressif qui s'opère avec eux. Ces rencontres sont parfois moquées par les acteurs, dans leurs témoignages *a posteriori,* mais on peut aussi penser qu'elles les légitimaient, que ces responsables n'étaient pas forcément des « innocents » découvrant les courants occitanistes ou gauchistes post-1968.

Dans ce combat, une partie des vignerons pense qu'il faut s'allier avec tous les salariés de la région mais aussi avec les commerçants, les artisans et les étudiants. Cette évolution est nette à partir de 1975 et débouche sur l'organisation d'une manifestation régionale le 5 février 1976 avec les syndicats d'ouvriers, d'employés et de commerçants. Des dizaines de milliers de personnes manifestent, à l'appel du CRAV, de la CGT, de la CFDT, de la FEN et du CID-UNATI, dans les rues des quatre principales villes de la région. De nombreux élus sont présents. Drapeaux français et occitans flottent. Cette manifestation unitaire, interclassiste afin de défendre l'économie de la région, est teintée d'une tonalité régionaliste même si l'Occitanie des vignerons semble se limiter au Languedoc-Roussillon viticole et si c'est plus un métier et un mode de vie qu'un pays que ces producteurs entendent défendre[298]. E. Maffre-Baugé, dans son discours à Montpellier, affirme qu'une fraternité de combat est née et que la violence devient inutile. Les faits lui donnent tort quelques semaines plus tard.

Les vignerons n'entendent pas renoncer à leurs actions et la violence de certains les isole. Pour comprendre la fusillade de Montredon, il est nécessaire de l'insérer dans un temps plus long, celui des luttes viticoles et celui des années 1968[299]. Un livre, *La Révolte des Corbières*, écrit sous le pseudonyme de Louis Meyniel, qui circule surtout dans l'Aude, montre cette tentation de la

---

[298] Ph. MARTEL, *art. cit.,* p. 17.
[299] Alain GUILLEMIN, « La révolte du Midi », p. 535-538, dans P. COULOMB, H. DELORME, B. HERVIEU, M. JOLLIVET, Ph. LACOMBE, *Les agriculteurs et la politique*, FNSP, Paris, 1990, 602 p.
B. REVEL, *ouv. cit.,* (1996).
J .P. MARTIN, « Le syndicalisme viticole sous la Ve République », p. 44-48, *Économie rurale*, n° 237, janv.-fév. 1997.
M. ZANCARINI-FOURNEL, *communication citée,* (1997).
J. P. MARTIN, *art. cit.,* (2005).

violence[300]. Dans cet ouvrage, un groupe de vignerons et d'étudiants prend le maquis, ce qui débouche sur un affrontement meurtrier. Pourquoi une telle tentation de la violence ? Les luttes sociales des années 1970 ont parfois intégré et légitimé le recours à celle-ci. Des événements de mai-juin 1968 à la lutte des sidérurgistes de Longwy (1979) en passant par la fusillade d'Aléria en Corse (22 août 1975), les affrontements avec les forces de l'ordre sont relativement fréquents. Par ailleurs, le recours à la violence, que les dirigeants activistes pensent pouvoir contrôler, n'est pas irrationnel et obéit à des logiques. Il s'agit d'abord de mettre en scène la colère et la détermination des vignerons. Par ailleurs, les animateurs des CAV légitiment ces actions par la violence économique subie. Enfin, ils soulignent qu'elles ont souvent permis d'obtenir des mesures lors des négociations. Les actions de commando permettent aussi d'affirmer l'emprise des vignerons sur le territoire et de canaliser la colère de la base. D'autres raisons jouent. La longueur et l'âpreté de la lutte exaspèrent les vignerons qui ont le sentiment que le gouvernement leur a fait des promesses qu'il ne tient pas pour se conformer à la réglementation européenne. Les violences inutilement infligées par les forces de l'ordre à deux occasions envers des jeunes ou des femmes de vignerons (en mars 1975, dans l'Aude) ont soulevé l'indignation d'activistes audois qui ont sorti les fusils sans les utiliser alors. Enfin, ces militants entendent ne jamais laisser l'un des leurs entre les mains de la justice. Il y a là une question d'honneur en jeu pour les hommes des CAV. En mars 1971 déjà, à Lézignan (Aude), lors d'affrontements violents, des boules de pétanque percées et bourrées d'explosifs avaient été utilisées et un vigneron avait tiré des coups de feu blessant un officier. Identifié rapidement, il est libéré sous la pression des manifestants[301]. Les comités d'action de l'Aude recourent plus fréquemment et de manière plus forte à la violence que ceux de l'Hérault. Qu'est-ce qui peut expliquer cette différence ? Dans l'Aude, où domine la tradition socialiste, les vignerons constituent une part plus importante des actifs, les comités d'action sont plus présents, plus monolithiques, plus tournés vers l'action et certains activistes sont plus rétifs aux tentatives d'ouverture du combat. Dans l'Hérault, l'influence de responsables aux références diverses (socialistes,

---

[300] B. REVEL, *ouv. cit.*, p. 88 et Louis MEYNIEL, *La révolte des Corbières*, archives personnelles.
[301] B. REVEL, *ouv. cit.*, p. 90-91.

communistes, régionalistes, marqués par l'Action catholique rurale) a peut-être davantage alimenté le débat sur la stratégie, sur la nécessité d'alliances et favorisé une certaine limitation du recours à la violence. Quoi qu'il en soit, à partir de 1975, les actions de commando deviennent très fréquentes, les dégâts matériels plus importants et l'utilisation d'explosifs est à plusieurs reprises signalée. Les risques de dérapage sont réels, d'autant plus que des activistes prennent leur fusil de chasse dans la voiture ce dont s'effraient certains leaders[302]. Fin 1975, certains parlent, si rien n'est fait, de rentrer dans la clandestinité. En décembre 1975, pour la première fois des activistes de l'Aude organisent une action en dehors de la région et vident des cuves d'une société importatrice à Toulouse. Le premier ministre condamne les exactions mais personne n'est inculpé. En février 1976, une action est envisagée puis reportée contre un négociant dans la région parisienne. Le 1er mars 1976, une centaine de membres des CAV de l'Aude détruisent 80 000 hl de vin italien appartenant à l'entreprise Ramel, à Meximieux dans l'Ain, fort loin du Languedoc. Cette entreprise est accusée d'être responsable d'une grande partie des importations et d'avoir des liens avec le pouvoir en place. Cette fois le gouvernement, en particulier, le ministre de l'Intérieur, Michel Poniatowski, joue la fermeté n'acceptant pas que les troubles s'étendent au-delà du Languedoc-Roussillon.

Le 3 mars, deux vignerons sont arrêtés et inculpés, alors que promesse avait été faite qu'ils ne le seraient pas. Les comités d'action appellent à la mobilisation générale. Rapidement, environ deux mille vignerons se regroupent à Narbonne dans une ambiance lourde ; certains sont armés. Les dirigeants demandent la libération des militants et essaient de contacter la préfecture et le gouvernement sans obtenir de réponse. Dans le même temps, plusieurs ministres se réunissent autour du président de la République. La libération des vignerons est refusée. Leur maintien en détention débouche sur une nuit d'émeute. De nombreux bâtiments publics sautent ou sont mis à sac : gares de Narbonne et de Lézignan, perceptions dans l'Aude et le

---

[302]Presse régionale et *Le Monde* du 8/1/1976. Un télégramme des CAV de l'Aude à Michel Romain avant la rencontre du 30/12/1975 à Paris, témoigne de l'échauffement des esprits et de la crainte d'un dérapage. *PM*, 01/01/1976. Lors du journal télévisé du 4 mars 1976 de 20h sur Antenne 2, le présentateur affirme que cette explosion de violence meurtrière était prévisible et que dès juillet 1975, des préfets de la région auraient évoqué le « climat pré-insurrectionnel » qui régnait.

Biterrois, péage de l'autoroute et relais hertzien à proximité de Narbonne... Des barrages sont dressés dans toute la région. Le 4 mars, vers 13h30, des vignerons s'apprêtent à barrer la RN113 et la voie ferrée, à Montredon, près de Narbonne. Un convoi de CRS qui se dirige vers cette ville et un hélicoptère de la gendarmerie essuient des coups de feu. Après leur passage, le barrage se met en place. Des forces de l'ordre s'y rendent[303]. « L'ordre a été donné par le ministre de l'Intérieur, Michel Poniatowski, à deux unités de CRS de "dégager le pont de Montredon par une action brève et violente". L'ordre est répercuté par le préfet de région, car le préfet de l'Aude, jugé trop indulgent avec les viticulteurs, est tenu à l'écart de l'opération »[304]. Les CRS arrivent vers 14h45 et, après un temps, se dirigent vers les manifestants. Des fusées anti-grêle sont lancées dans leur direction puis ils essuient un tir de barrage nourri. Des coups de feu sont partis des rangs des manifestants ; les CRS répliquent. La fusillade commence vers 15h et dure une vingtaine de minutes. Au départ une trentaine de vignerons font feu puis ils sont plus nombreux à le faire. Le commandant Joël Le Goff est blessé à deux reprises puis une autre balle entraînera sa mort. Le commandant Toussaint Siméoni, blessé lui aussi, donne l'ordre de répliquer avec des pistolets-mitrailleurs mais n'autorise pas l'emploi des fusils-mitrailleurs. Vers 15h25, la fusillade cesse, le bilan est lourd : deux morts, le commandant Le Goff et un vigneron, Émile Pouytes, qui était à 400 m des faits ; et des dizaines de blessés. Le CRAV appelle à la démobilisation, la région est frappée de stupeur, les vignerons sont désemparés[305]. Des milliers d'entre eux assistent à l'enterrement d'Émile Pouytes à Arquettes-en-Val (Aude), le 6 mars.

Pour nombre d'observateurs, l'explosion était prévisible[306]. Certains se demandent si la prise du pont de Montredon était une nécessité absolue. Le mouvement viticole désorienté s'interroge, la mobilisation décroît et nombre d'activistes ont le sentiment que les choses sont allées trop loin. Les jours suivants, un vigneron, Albert Teisseyre, est arrêté et emprisonné. Cent mille personnes manifestent à Montpellier, le 29 avril, pour réaffirmer le droit de vivre et travailler au pays et pour demander sa libération, effective en juin. Le

---

[303] B. REVEL, *ouv. cit*., p. 245-253.
[304] M. ZANCARINI-FOURNEL, *communication citée*, p. 3.
[305] J. P. MARTIN, *art. cit*.,(2005).
[306] *Midi-Libre*, Alain Rollat, 5 mars 1976.

gouvernement cherche à ramener le calme, sous l'impulsion, semble-t-il, du premier ministre J. Chirac. Une partie des dirigeants viticoles privilégient la recherche d'un cadre de négociations avec l'État et des mesures sont prises, à Bruxelles, au lendemain du drame. En effet, une réforme du règlement communautaire prévoit une distillation préventive en début de campagne à un prix bas ainsi que la garantie de bonne fin pour les vignerons ayant souscrit des contrats de stockage à long terme à un prix assez proche du prix d'orientation pour une partie des vins, répondant ainsi à une partie des demandes de la viticulture. La CEE agit sur le marché afin que les cours soient plus soutenus.

La fusillade de Montredon constitue un tournant majeur pour la viticulture du Languedoc-Roussillon et la dynamique de mobilisation régionale qui commençait à s'affirmer est stoppée. En Languedoc-Roussillon, les vignerons ont su, un temps, attirer la sympathie d'une grande partie de la population et ont commencé à tisser des liens avec les confédérations ouvrières. Cependant, celles-ci ont toujours été réticentes vis-à-vis de l'utilisation de la violence et étaient favorables à des manifestations amples mais pacifiques. Le drame de Montredon met fin au processus de mobilisation populaire, même si les vignerons reçoivent l'appui des partis de gauche, d'extrême-gauche et des mouvements régionalistes. Ceux-ci critiquent l'attitude du gouvernement accusé d'avoir poussé à bout les vignerons et d'avoir joué la carte de la provocation. François Mitterrand rencontre les dirigeants des CAV à la mairie de Carcassonne, le 25 mars. Il condamne la violence directe mais aussi « la violence indirecte » subie par les vignerons[307]. Les vignerons et une grande partie des salariés de la région placent leurs espoirs dans les élections législatives de 1978 dont beaucoup pensent qu'elles peuvent être remportées par la gauche. Si les vignerons ont bénéficié de l'appui ou de l'indulgence d'une grande partie des médias régionaux et de la population du Midi, ils n'ont pas réussi à convaincre sur le plan national. Une grande partie des médias nationaux présentent les violences comme irrationnelles, critiquent les vignerons et leurs responsables accusés de jouer avec le feu, oubliant qu'ils ne présentent ce combat que suite à des violences. Par ailleurs, la cause des vignerons est déconsidérée, leurs difficultés économiques sont oubliées sinon niées et ils sont présentés comme des producteurs de

---

[307] B. REVEL, *ouv. cit.*, p. 269 et 279-280.

vins médiocres. Humiliation amplifiée par les propos de Christian Bonnet, ministre de l'Agriculture, qui, le 24 décembre 1976, sur Sud Radio, affirme qu'il n'entend pas soutenir la production « d'affreuses bibines ». L'expression blessante reste dans les mémoires. Isolés au-delà de leur région, les vignerons restent à l'écart des autres paysans car leurs problèmes sont spécifiques et car leurs organisations se veulent indépendantes. Le gouvernement joue sa partition avec habileté. Il envoie sept escadrons de gendarmes mobiles équipés de véhicules blindés dans le Midi mais n'enclenche pas de tout répressif. Cette modération empêche toute reprise de la mobilisation contre une répression qui aurait pu être jugée excessive.

Si le gouvernement essaie d'éviter la création d'un abcès de contestation, c'est aussi parce qu'il est confronté à d'autres mouvements sociaux. L'un d'entre eux voit de nombreux soutiens s'agréger autour d'une poignée de paysans obstinés

18 : Le Larzac, « au carrefour des contestations »[308] (1971-1981)

Comment le Larzac, plateau jugé par certains désert et peuplé de paysans conservateurs, est-il devenu ce que Gaël Franquemagne appelle « une expérience singulière d'insubordination »[309] ? Qu'est-ce qui fait la singularité de ce combat long et victorieux ?

Au début des années 1970, ce plateau vit en grande partie de l'élevage de brebis Lacaune dont le lait est utilisé pour la fabrication du fromage de roquefort au rôle essentiel dans l'économie locale. À partir de 1970, des rumeurs circulent concernant l'extension du camp militaire qui y est situé. En octobre 1971, le ministre de la Défense nationale, Michel Debré, confirme la décision d'agrandissement ce qui suppose des expropriations de producteurs. Cette annonce sans concertation est « ressentie comme brutale »[310]. Fin 1970, des paysans, tel Guy Tarlier, ainsi qu'un industriel de Roquefort, Pierre Laur, ont commencé à se regrouper et l'association de sauvegarde du Larzac et de son environnement est créée en janvier 1971.

---

[308] J. P. MARTIN, *ouv. cit.*, (2005), p. 270. *Le Monde* du 28/8/1973 parle de « vitrine de la contestation ».
Sur cette lutte :
Michel LE BRIS, *Les fous du Larzac*, Presses d'aujourd'hui, Paris, 1975, 392 p.
Didier MARTIN, *Le Larzac. Utopies et réalités*, L'Harmattan, Paris, 1987, 226 p.
Alexander ALLAND JR, *Le Larzac et après. L'étude d'un mouvement social novateur*, L'Harmattan, Paris, 1995, 274 p.
Olivier POTTIER, « Les années Larzac », p. 69-99, *Cahiers d'histoire immédiate*, n°20, aut. 2001.
François ROUX avec la collaboration de Jacky VILACEQUE, *En état de légitime révolte*, Editons l'Indigène, Montpellier, 2002, 130 p.
J. P. MARTIN, *ouv. cit.*, (2005), p. 85-92.
Pauline VUARIN, *Larzac, 1971-1981 : la dynamique des acteurs d'une lutte originale et créatrice*, maîtrise d'histoire, sous la dir. d'Annie FOURCAUT et Frank GEORGI, Université Paris-I, oct. 2005.
Gaël FRANQUEMAGNE, « La mobilisation socioterritoriale du Larzac et la fabrique de l'authenticité », p. 117-133, *Espaces et sociétés*, 2010/3, n° 143.
Pierre-Marie TERRAL, *Larzac. De la lutte paysanne à l'altermondialisme*, Privat, Toulouse, 2011.
Solveig LETORT, *Le Larzac s'affiche*, Seuil, Paris, 2011.
Edouard LYNCH, « Le "premier Larzac" ou l'émergence d'un mouvement social atypique », p. 55-70, dans G. RICHARD et J. SAINCLIVIER, *Les partis à l'épreuve de 68. L'émergence de nouveaux clivages, 1971-1974*, PUR, Rennes, 2012,
J. P. MARTIN, *art. cit.*, (2014), p. 122-129.
[309] G. FRANQUEMAGNE, *art. cit.*, p. 117.
[310] P. M. TERRAL, *ouv. cit.*, p. 17.

En mai 1971, plusieurs centaines de militants occitanistes, syndicalistes, de gauche et d'extrême-gauche défilent à l'appel du Mouvement pour le désarmement la paix et la liberté (MDPL) ; mais, parmi les paysans, seul Guy Tarlier y assiste[311]. Les premières actions de ces éleveurs sont organisées sur le plan local : brochures d'information montrant le renouveau à l'œuvre sur le causse, dépôt de pierres et de fumier devant la mairie de La Cavalerie (septembre 1971). D'autres forces permettent, après cette date, de populariser ce combat. Des militants et des réseaux issus du catholicisme social participent activement à la défense des producteurs du causse. En septembre, des aumôniers du CMR et des « prêtres de paroisses rurales apportent […] leur soutien aux paysans menacés d'expropriation »[312]. Le 6 novembre, une manifestation regroupe 6000 personnes, à l'appel de la FDSEA dirigée par Raymond Lacombe, à Millau avec le soutien des syndicats ouvriers. Élément important dans cette région de tradition catholique, un communiqué est lu aux paroissiens par les prêtres du Millavois le 21 novembre. Le mois suivant, le conseil général demande le report du projet. L'affaire prend une ampleur départementale et voit d'autres professions soutenir les paysans. Au début de l'année 1972 apparaissent des initiatives solidaires plus larges. Lanza del Vasto, de la communauté de l'Arche, adepte de la non-violence, jeûne, à partir du 19 mars, en soutien aux éleveurs. Il est rejoint pour une journée par les évêques de Rodez et Montpellier. Cette initiative interpelle les paysans qui se réfèrent à partir de ce moment à l'action non-violente. Le 28 mars de cette année, 103 des 107 paysans concernés par le projet d'extension font le serment de ne pas quitter leurs terres et tentent de populariser leur combat. Début avril, une opération « fermes ouvertes » est organisée et le 14 juillet, une manifestation départementale regroupe 20 000 personnes à Rodez. En octobre, des brebis lâchées au pied de la tour Eiffel attirent l'attention des médias. Malgré le décret d'utilité publique signé en décembre, les paysans ne se découragent pas et poursuivent leur combat qui prend, en 1973, une ampleur nationale.

Plusieurs initiatives y contribuent. Certaines sont prises par ces éleveurs et une l'est par les paysans contestataires. Le 7 janvier 1973, 26 tracteurs quittent Millau pour Paris où doit se tenir une

---

[311] *Ibidem.*
[312] Denis PELLETIER, *La crise catholique. Religion, société, politique en France (1965-1978)*, Payot, Paris, 2002, p. 247-248.

manifestation de soutien. Le gouvernement fait bloquer les tracteurs à Orléans, la FDSEA soutient la marche jusqu'à cette ville ; quant à la FNSEA, elle « refuse d'outrepasser l'interdiction ». B. Lambert, présent, comprend l'importance de ce combat et mobilise ses réseaux. C'est le début d'un « rapprochement tactique »[313]. Le lendemain, une partie des Larzaciens peut repartir sur des tracteurs prêtés ; l'action se poursuit. Le 13 janvier, un meeting rassemble plusieurs milliers de personnes à Paris alors que la manifestation a été interdite. Les caussenards ont réussi à mobiliser dans la capitale. Les mois suivants, les paysans décident de renvoyer leur livret militaire, appellent à refuser 3% de l'impôt et posent symboliquement la première pierre d'une bergerie à La Blaquière, dans le périmètre d'extension. Le choix de l'action non-violente est confirmé, ce qui n'exclut pas le franchissement des bornes de la légalité au nom de la légitimité de la cause défendue, ni la détermination, voire la confrontation. La volonté de donner une ampleur nationale, d'autre part, est assumée et la recherche d'alliances larges esquissée.

Le rapprochement avec les paysans oppositionnels permet à ces éleveurs, déçus par l'attitude du syndicalisme majoritaire, de disposer d'un relais national auprès des paysans. Les contestataires espèrent, eux, se faire connaître. B. Lambert a saisi l'écho potentiel de cette lutte, il veut démontrer que les opposants défendent les paysans. Il espère que son courant en recueillera des bénéfices politiques.

---

[313] P. .M. TERRAL, *ouv. cit.,* p. 62-64.

Les paysans contestataires appellent, en 1973, à une marche sur le Larzac qui a le soutien des paysans du plateau.

L'antimilitarisme décliné ici avec humour contribue largement à son succès.

Vent d'Ouest, journal des Paysans-travailleurs, n° 39, mai 1973, CHT.

Cependant, les paysans du causse conservent des liens avec la FDSEA de l'Aveyron et, son principal dirigeant, R. Lacombe, bien plus ouvert à leur égard que M. Debatisse. Cette lutte bénéficie d'un contexte favorable. Au printemps 1973, des centaines de milliers de lycéens ont manifesté contre la loi Debré mettant fin aux sursis dont bénéficiaient certains étudiants avant d'effectuer leur service militaire. Ce mouvement, à la dynamique antiautoritaire, accroît la sensibilité antimilitariste alors vive et suscite de la sympathie envers ces éleveurs pacifiques mais déterminés[314]. L'année 1973 est aussi celle d'un conflit social majeur : celui des Lip. Combat contre les licenciements à l'ampleur nationale, à la dynamique autogestionnaire, animé en grande partie par la CFDT, il subit la répression policière avec l'intervention des forces de l'ordre en août. Une délégation importante d'ouvrières et d'ouvriers de de cette usine participe au rassemblement de 1973 et offre aux paysans une pendule en forme de brebis. Dans les deux cas, des producteurs sont confrontés à des choix pris en dehors d'eux. Le gouvernement leur apparaît comme un adversaire. Des soutiens multiformes s'affirment et une grande partie des forces dites contestataires sont à leurs côtés. D'autre part, à Lip comme sur le Larzac, les acteurs utilisent un répertoire d'actions innovant et entendent diriger eux-mêmes leur lutte de manière collective et démocratique.

L'appui des réseaux catholiques joue, selon D. Pelletier, un triple rôle. Il permet de faire circuler l'information et « sert de support à la mobilisation ». Il légitime le combat mené tant auprès des caussenards qu'auprès d'autres, paysans ou non. Enfin, il contribue, à l'élargissement de la cause défendue « au-delà de son contenu initial de protestation paysanne ». Ce dont témoignent l'engagement en faveur des pays du Sud qui s'affirme dès 1974 avec l'organisation d'une « moisson pour le Sahel » ainsi que le choix stratégique de la non-violence[315].

---

[314] Le passage du discours d'Antoine Richard qui, lors du rassemblement, met en cause, le gouvernement « qui a brisé le mouvement lycéen du printemps » est très applaudi. Disque *Vent d'Ouest*, 1973.
[315] D. PELLETIER, *ouv. cit.*, p. 248.

Les soutiens politiques viennent essentiellement des partis de gauche et d'extrême-gauche même si le Parti communiste est plus réservé. Deux partis ont un rôle relativement important. Des militants issus de la GOP fournissent, au départ, un nombre relativement important de bras et de relais politiques. Plusieurs dizaines sont présents pour la préparation du premier rassemblement en 1973. Certains continuent, une fois cette organisation disparue, à soutenir activement le Larzac, participant à l'animation de comités de soutien et tissant des liens étroits avec certains protagonistes du plateau. Le Parti socialiste est lui aussi aux côtés des paysans du plateau. D'abord sur le plan départemental puis sur le plan national. F. Mitterrand s'y rend lors du rassemblement de l'été 1974. Il est alors chahuté par des militants d'un petit groupe maoïste mais est protégé par les paysans.

Les caussenards disposent aussi de l'appui des courants régionalistes, en particulier occitanistes. Le premier numéro du journal *Lutte occitane*, en mai 1972, a pour titre principal « Larzac : nous ne sommes pas à vendre ». Dans le n° 3, de juillet - août 1972, relatant la manifestation de Rodez, le slogan « Gardarem lo Larzac » (Nous garderons le Larzac) occupe toute la manchette. Le numéro de décembre 1972 - janvier 1973 lie lutte régionaliste, combat antimilitariste et défense du Larzac : « Contra l'armada e l'estat colonial. Gardarem lo Larzac » (Contre l'armée et l'État colonial. Nous garderons le Larzac)[316]. Lors du premier rassemblement, le chanteur occitan Claude Marti interprète *Un païs que vol viure* (Un pays qui veut vivre) et Kirjuhel, en écho de la « grève du lait », *Chanson pour Jean Carel*[317]. Cependant alors que pour les occitanistes, le pays à défendre s'étend bien au-delà de l'Aveyron, pour les paysans, c'est d'abord le petit pays, le causse, leur métier et leur mode de vie qu'ils entendent protéger. Il n'en demeure pas moins que dans la lutte des éleveurs en défense du particulier, beaucoup de contestataires perçoivent une dimension universelle en faveur des individus et de leurs droits. Le Larzac apparaît comme le lieu de jonction des combats de la France contestataire.

Au printemps 1973, B. Lambert lance l'idée d'une marche sur le Larzac et arrive à convaincre les siens ainsi que les caussenards. Ce rassemblement est une initiative des Paysans-travailleurs soutenue par

---

[316] *Lutte occitane*, archives Marie-Jeanne Verny.
[317] Disque *Vent d'Ouest*, 1973.

les paysans du Larzac. *Vent d'Ouest* dénonce la complicité du syndicalisme majoritaire avec le pouvoir et affirme que tous les paysans sont concernés par ce combat. Cette initiative a pour vocation de soutenir ces paysans mais aussi de permettre la confrontation des expériences et des luttes. Elle a pour but de favoriser l'unité des paysans et de tous les travailleurs contre le capitalisme, de dénoncer le rôle de l'armée, « moyen de répression contre le peuple », et de souligner le « matraquage économique et culturel imposé par le système capitaliste centralisé » dans les régions périphériques[318]. Les 103 apportent leur soutien à ce projet qui se révèle être un succès. Un des slogans de l'affiche des PT qui appelle à la marche est : « Paysans, ouvriers, unissons nos luttes contre le capitalisme qui exploite notre travail ». La banderole de tête lors de la marche est : « Paysans travailleurs, non à l'armée au service du capital ». Anticapitalisme et antimilitarisme sont liés et mis au service de la lutte. Le rassemblement des 25 et 26 août rencontre un grand succès avec environ 80 000 personnes venant de toute la France, issues de milieux divers, même si les jeunes y dominent. Les participants affirment leur solidarité avec ceux du Larzac mais aussi avec les ouvrières et les ouvriers de Lip.

Le journaliste du *Monde* en est impressionné : « *Vaste forum protestataire dans la discipline et la non-violence, immense foule venue d'horizons politiques et sociaux différents : durant deux jours, cette fête de la contestation, remarquablement organisée, l'intendance elle-même a suivi, n'a pas souffert du moindre contretemps ni de la moindre anicroche* »[319].

Plusieurs militants interviennent. Antoine Richard dénonce l'armée, évoque les luttes des paysans, souligne la convergence des combats, le refus de la société de consommation et insiste sur les problèmes environnementaux, la « dégradation des biens alimentaires » et le « gaspillage des ressources naturelles ».

Pour B. Lambert, la marche est « le mariage des ouvriers et des paysans, le mariage de Lip et du Larzac ». Prophétique il annonce : « *Un événement capital se passe dans ce pays, il y a quelque chose qui vient de disparaître de l'histoire, jamais plus, jamais plus... les*

---

[318] *Vent d'Ouest*, n°39, mai 1973, CHT, Nantes.
[319] *Le Monde,* 28/8/1973.

paysans ne seront des Versaillais[320]… jamais plus, ils ne s'opposeront à ceux qui veulent changer cette société… Ce qui vient de naître par contre c'est que des paysans sont capables de s'organiser pour rejoindre le combat des ouvriers, des étudiants contre le capitalisme ». Pour lui, cette lutte paysanne n'est pas seulement corporatiste, des alliances s'y nouent et elle a, de ce fait, des dimensions politiques. Marie-Rose Guiraud, paysanne à La Blaquière, demande « combien ça vaut une famille du Larzac », affirme « ce que nous défendons c'est la vie… la dignité des hommes et la paix » et conclut en disant que le Larzac sera gardé.

Le combat devenu national, il a fallu les années suivantes maintenir la mobilisation à l'échelle locale et nationale, retenir l'attention des médias, s'opposer aux initiatives du gouvernement, de l'armée et durer. Pour y parvenir, les Larzaciens infléchissent les thèmes mis en avant. L'anticapitalisme est moins prégnant, l'antimilitarisme moins agressif, plus tourné vers la défense de la vie, les thèmes écologistes s'imposent et la défense de la région est développée. L'humour est utilisé pour moquer l'adversaire. Après le succès du premier rassemblement, les paysans affirment leur autonomie vis-à-vis des Paysans-travailleurs et des forces qui les soutiennent, mais veillent à conserver l'appui de soutiens multiples, différents, donnant ainsi naissance à une alliance multiforme.

D'autres actions d'ampleur nationale sont menées les années suivantes, appuyées par un réseau dense de comités qui fleurissent et se coordonnent. Les 17 et 18 août 1974, plusieurs dizaines de milliers de personnes participent à la « Moisson Tiers-monde » qui affirme la centralité agricole du combat ainsi que la solidarité avec les pays du Sud en présence de délégués de mouvements de libération et d'associations de travailleurs immigrés. « Le blé fait vivre, les armes font mourir », c'est pourquoi il est décidé que le fruit de la moisson irait à des paysans du Sahel. 50 000 participants sont encore présents au rassemblement des 13 et 14 août 1977 autour du slogan « Vivre et travailler au pays ». Ils sont précédés par une centaine de tracteurs et

---

[320] Allusion à la terrible répression de la Commune, en mai 1871, par les troupes du gouvernement de Thiers installé à Versailles. Gouvernement qui avait l'appui d'une partie notable des paysans.

par des soldats appelés aux visages masqués[321]. Les manifestants occupent symboliquement, de manière pacifique, des bâtiments inclus dans le périmètre du camp[322]. Le journal écologiste *La Gueule ouverte* lie ce combat avec les rassemblements qui contestent le projet de surgénérateur nucléaire à Creys-Malville (Isère) ou le barrage prévu à Naussac (Lozère). Moqueur, le titre de la Une : « Malville, Naussac, Larzac : le tourisme social marque des points », défend la nécessité de la convergence des luttes et symbolise l'implication des courants de l'écologie politique aux côtés des paysans du causse[323]. Des liens s'établissent, l'année suivante, avec des habitants de Plogoff (Finistère) en lutte contre l'installation d'une centrale nucléaire sur la pointe du Raz. Le 28 octobre 1978, une journée nationale Larzac rencontre un certain succès. Au cours de celle-ci des personnalités qui jeûnent à Paris reçoivent la visite de F. Mitterrand mais aussi de Michel Rocard[324]. Quelques jours plus tard, 200 marcheurs quittent le plateau pour se rendre à Paris. La marche dure du 8 novembre au 2 décembre, permettant une couverture médiatique importante, et se conclut par un défilé, interdit, de plusieurs dizaines de milliers de personnes. Des heurts s'ensuivent, certains sont attribués, par une partie de la presse, à des provocations policières et une délégation est reçue par le ministère de la Défense le lendemain.

Au-delà de ces rassemblements, il faut aussi étoffer le réseau de solidarité, faire vivre les comités et organiser les relations entre les paysans et les diverses forces qui les soutiennent. Un journal *Gardarem lo Larzac* est créé, en juin 1975, et l'Association pour la promotion de l'agriculture sur le Larzac (APAL) gère les dons et les fonds liés au refus de 3% de l'impôt en faveur d'actions pour la mise en valeur du causse[325]. Sur le terrain, les paysans sont confrontés à la

---

[321] Des comités de soldats dont le slogan est « Soldat, sous l'uniforme tu restes un travailleur ! », sont créés au mitan des années 1970. Michel AUVRAY, « Antimilitarisme, le temps du renouveau », p. 346-366, dans (sous la dir. de) Geneviève DREYFUS-ARMAND, *Les années 68. Un monde en mouvement. Nouveaux regards sur une histoire plurielle*, Syllepse-BDIC, Paris, 2008.
[322] Le choix de la non-violence perdure alors qu'une manifestation violemment réprimée a vu la mort d'un manifestant à Creys-Malville le 31 juillet 1977.
[323] *La Gueule ouverte, Combat non-violent, hebdomadaire d'écologie politique et de désobéissance civile*, n°171, 18 août 1977, Coll. BDIC, dans (sous la dir. de) Geneviève DREYFUS-ARMAND, *ouv. cit.,* (p. 436).
[324] P.M., TERRAL, *ouv. cit.*, p. 140.
[325]*Ibidem.*, p. 84.

présence de l'armée, aux initiatives du gouvernement et à des tentatives de division. Afin d'empêcher le grignotage des terres par l'armée, des Groupements fonciers agricoles (GFA) sont constitués qui achètent des terres « en des lieux stratégiques sur lesquels lorgne l'armée » à des propriétaires qui veulent vendre[326]. Leur financement est assuré par la solidarité. La construction de la bergerie de La Blaquière en bordure du camp se poursuit, les paysans y bénéficient du soutien de nombreux volontaires venus y travailler. Un certain nombre de militants de la solidarité font le choix de s'installer sur le plateau, parfois dans des conditions précaires. Les plus connus, José Bové et sa compagne Alice Monier, le font, en 1976, dans le hameau de Montredon, à l'intérieur du périmètre d'extension. Les paysans sont parfois confrontés à des manoeuvres d'intimidation voire à des violences. Dans la nuit du 9 au 10 mars 1975, la maison des Guiraud, dans le hameau de La Blaquière, est plastiquée. Il n'y a pas de victimes mais il s'en faut de peu. Peur et colère se mêlent, les manifestations de soutien sont nombreuses, et le rassemblement à Millau donne lieu à de vifs affrontements. Bien qu'ils soient allés très loin, les auteurs de cet attentat n'ont pas réussi à casser l'élan de solidarité ni à briser l'unité du groupe. Celle-ci est réaffirmée dans le journal *Gardarem lo Larzac*, le 26 novembre 1975, 102 paysans y reprennent le serment de 1972[327]. Parfois, ceux-ci mènent des actions spectaculaires. Ils pénètrent à l'intérieur du camp, le 28 juin 1976, dérobent des documents, prouvant que l'armée poursuit son projet d'extension, et certains sont condamnés. Ce qui n'empêche pas de nouvelles installations dont celles de François Giacobbi et de Christian Roqueirol. Au quotidien, la résistance est opiniâtre mais usante : blocage à de nombreuses reprises des mouvements de véhicules militaires, du juge des expropriations, conditions de vie très difficiles pour les « établis », occupation de fermes par l'armée, pression des partisans du camp, procès à l'encontre de ceux qui ont renvoyé leur livret militaire ou pour construction sans permis mais aussi chantiers illégaux d'adduction d'eau, d'installation du téléphone… La lassitude gagne parfois et le plateau bruisse, à la fin des années 1970, de rumeurs concernant des projets de mini-extension du camp. Des manoeuvres visant à diviser les paysans sont à l'œuvre sur fond de négociations avec les pouvoirs publics. Craignant des

---

[326] *Ibidem.*, p. 85.
[327] *Ibidem*, p. 114.

expropriations, des paysans campent, fin novembre 1980, sur le Champ de Mars, à Paris. Ils sont expulsés au bout de quelques jours mais la mairie de Conflans-Sainte-Honorine, dirigée par M. Rocard, leur prête une péniche où ils sont rejoints par des habitants de Plogoff. Les mois suivants, alors que les pouvoirs publics aimeraient parvenir à leurs fins, une consultation des paysans est décidée sous la pression des plus opposés au projet de mini-extension. Le refus y est nettement majoritaire. Le débouché de la lutte passe aux yeux de beaucoup par les échéances électorales[328].

Qu'est-ce qui a permis à ces paysans de tenir longtemps dans un combat si difficile ? L'ampleur et la variété des soutiens ont incontestablement joué, permettant aux agriculteurs de bénéficier d'une aura de sympathie auprès d'une part importante de l'opinion publique. Le caractère non-violent de la lutte a mené nombre de médias à présenter une version favorable aux paysans et critique envers l'armée et la raison d'État. Entre les organisations qui soutenaient cette lutte et les Larzaciens se sont instauré des échanges, non exempts de tensions parfois mais où chacun trouvait son compte. Lanza del Vasto et la communauté de l'Arche ont été à l'origine du choix de la non-violence, les Paysans-travailleurs ont permis aux caussenards de s'adresser à nombre de paysans. Les éleveurs ont pris soin de ne pas heurter la FDSEA de l'Aveyron afin de conserver son appui. Sur le plan local, à Millau, ces agriculteurs ont trouvé un soutien constant auprès d'une partie de la population et de nombreux jeunes. Sur le plan national, dans les comités Larzac, des militants s'impliquent activement, font de cette lutte leur cause et lui accordent une place centrale dans leur engagement durant de longues années.

Le combat a été aussi mené devant la justice avec constance, humour et non sans ruse. Louis Joinet[329], cofondateur du Syndicat de la magistrature en 1968, avec des juges, et des avocats, solidaires des paysans, participe à la réflexion sur les actions à mener. François Roux, avocat de la cause du causse, parle de « guérilla judiciaire ».

« Des petites annonces proposaient [...] "Un mètre carré de terre du Larzac avec vue imprenable sur camp militaire". Des amis achetèrent ainsi des confettis de causse et nous les préférions [...]

---

[328] *Ibidem*, p. 170-172.
[329] « Louis Joinet, le Hessel de la justice », Sonya Faure, *Libération*, le 18/12/201.

aussi éloignés que possible [...] Il fallait exproprier dans les règles [...] Et [...] lorsqu'ils finissaient par être joints, [ils] déclaraient avoir vendu leur arpent de cailloux à un autre. Il fallait tout recommencer. Les avocats de l'armée s'y perdirent [...] Le Conseil d'État, de guerre lasse ou d'effarement devant ces montagnes de papier, finit par annuler la procédure. C'était en 1978 et nous pensions triompher. Mais l'armée [...] relança aussitôt la procédure juridique. Et nous la vente rocher par rocher. Quand la gauche arriva au pouvoir en 1981, la déclaration d'utilité publique n'était pas bouclée »[330].

Le soutien provient aussi d'intellectuels et d'artistes. Des musiciens comme Claude Marti, Jean Ferrat, Graeme Allwright ou des comédiens comme Ariane Mnouchkine sont solidaires des caussenards. Michel Le Bris n'est pas le seul clerc de gauche ou d'extrême gauche à visiter le sud-Aveyron, pour certains surpris par cette lutte. Larzac-université, créée en mai 1975, légitime cette cause avec la présence d'universitaires[331]. Cette initiative permet de lever des fonds qui favorisent la revitalisation d'un hameau et a aussi pour vocation de susciter débats, séminaires et réflexions[332]. Kristin Ross souligne la difficulté des relations entre les différents acteurs : intellectuels parisiens, historiens de la région, paysans et militants ont parfois du mal à communiquer et à débattre[333]. Il n'empêche, même si les difficultés et les tensions furent réelles, il est fort rare que des paysans aient des contacts, fussent-ils limités et accompagnés d'incompréhensions, avec des universitaires, des artistes, des hommes de droit, des intellectuels, voire des « hippies » et des « gauchistes » pour reprendre ici les expressions visant à délégitimer ce combat… et que tous s'écoutent plus ou moins voire tiennent compte du point de vue des autres. Cette lutte permit nombre de ces « "rencontres improbables" entre acteurs sociaux habituellement séparés dans leurs espaces de vie et de travail » caractéristiques selon X. Vigna et M. Zancarini-Fournel des années 1968[334]. Les paysans du Larzac décident

---

[330] F. ROUX et J. VILACEQUE, *ouv. cit.*, p. 35-36.
[331] Jean Chesneaux, Michel Fontaine de l'École nationale vétérinaire de Lyon, Jeannette Colombel, proche de Jean-Paul Sartre ou le géographe, Raymond Guglielmo…
[332] P. M. TERRAL, *ouv. cit.*, p. 94-101.
[333] Kristin ROSS, *Mai 68 et ses vies ultérieures*, Éditions Complexe et Le Monde diplomatique, Bruxelles, 2005, (p. 122-125).
[334] X. VIGNA et M. ZANCARINI-FOURNEL, *art. cit.*, p. 163.

aussi de tisser des liens au-delà des frontières, avec des Amérindiens, des paysans japonais, des fermiers des États-Unis, des indépendantistes kanaks et bénéficient du soutien de groupes actifs Outre-Rhin...

Surtout, il a fallu que les paysans, ou du moins une partie d'entre eux, se mobilisent, soient très actifs sans que pour autant ils se séparent des producteurs moins impliqués. Le leader incontesté, Guy Tarlier, ancien militaire, a vécu en Afrique, est installé depuis 1965 sur le plateau, a investi et modernisé l'exploitation qu'il travaille. À l'instar des dirigeants du syndicalisme agricole étudiés par Sylvain Maresca[335], il possède des qualités qui le différencient de la base qu'il entend défendre, ce qui n'empêche pas une grande détermination et un travail afin de maintenir l'unité du groupe qui se constitue. En effet, une communauté est née, en 1972[336], qui parvient à perdurer malgré le temps, l'usure et les moments de découragement. Ce groupe doit à la fois maintenir son unité par-delà les tensions et les tentatives de division et donner une image de soi favorable. Cette image présente des facettes multiples. Les Larzaciens entendent montrer que le plateau n'est pas un désert et qu'ils ne sont pas des archaïques, tout en prouvant qu'ils sont bien d'authentiques paysans et que ce sont eux qui dirigent la lutte. En témoignent la volonté de « contrôle paysan » sur les images diffusées par les médias et la « relégation au second plan » des soutiens lors de la marche de 1978[337]. Ces paysans, d'autre part, ont changé, vivant au cours de la lutte leur « mai 68 ». Ils ont moins peur, osent mener des actions inédites, perdent le sentiment d'infériorité vis-à-vis des décideurs et des autorités et s'ouvrent à d'autres. Ce que Léon Maillé dans le film *Tous au Larzac* résume ainsi : « Avant... je votais à droite et j'allais à la messe... », c'est cette lutte qui l'amène à changer de façon de penser. P. M. Terral le souligne : « Pour les "purs porcs" comme pour les pionniers, la participation à la lutte change le cours d'existences pour lesquelles se sont ouverts de nouveaux horizons »[338]. Sur le plateau, ceux nés sur place, ceux qui s'y sont installés dans les années 1960 et les « néo-ruraux » venus du fait de la lutte, fort différents, de par leur culture et

---

[335] Sylvain MARESCA, *Les dirigeants paysans*, Éditions de Minuit, Paris, 1983.
[336] P. M. TERRAL, *ouv. cit.*, p. 57.
[337] *Ibidem*, p. 142-143.
[338] *Ibidem*, p. 316. Dans le sud-Aveyron, l'expression « purs porcs » désigne les natifs.

leur rapport à la religion, apprennent à vivre, à lutter ensemble et un certain respect s'établit entre les uns et les autres. Les « néos » favorisent avec le temps la diffusion de nouvelles pratiques agricoles et une ouverture d'esprit s'affirme chez nombre de « purs porcs ».

Cette longue lutte a-t-elle permis une mobilisation qualitativement supérieure des femmes ? La place de celles-ci est, au départ, peu visible puisqu'elles n'ont pas de statut d'exploitantes. La lutte est lancée par 103 paysans chefs d'exploitation ; parmi ceux-ci, une seule femme. « Les épouses n'ont nullement été conviées à prêter ce serment qui engage leur avenir »[339]. Plusieurs femmes, souvent catholiques pratiquantes, qui veulent rester sur le plateau mais doutent de la possibilité d'y parvenir sont convaincues par l'implication de Lanza Del Vasto qui légitime la lutte, leur donne confiance et propose comme moyen d'action, la non-violence. Fréquemment toutefois, une séparation des tâches militantes apparaît, comme le souligne Alice Monier. « *Au Larzac, tout ce qui était secrétariat, c'était les femmes, à part le père Burguière [...] On a retrouvé beaucoup de femmes au journal [...] S'il y avait une action, pour le pique-nique [...] c'étaient les femmes qui s'en préoccupaient. Elles n'ont pas été sur le devant de la scène [...] Mais par contre, elles ont été beaucoup dans le service* », pour les repas, répondre au téléphone[340]... Les hommes « montent » à Paris, interviennent dans les meetings, reçoivent alliés, militants et journalistes et les femmes assurent l'intendance, produisant un travail militant invisible. La division sexuelle du travail militant est nette, l'action publique est du ressort des hommes. Cependant, peu à peu, certaines femmes ont participé aux côtés des hommes à des actions. Christiane Burguière se joint pendant une journée au jeûne initié par Lanza Del Vasto, au printemps 1972. En octobre 1972, elle fait partie

---

[339] Ce passage s'appuie sur Danielle TUCAT, « Les femmes du Larzac, la face cachée d'un mouvement social », communication du 23 mars 1998, *Les années 68 : événements, cultures politiques et modes de vie*, séminaire de l'Institut d'histoire du temps présent.
[340] S. CORDELLIER, *art. cit.*, (2008), *Pour*, p. 271.
Ce qui n'est pas sans évoquer l'affirmation de Charles PAYNE « Les hommes dirigeaient mais les femmes organisaient », reprise par Caroline ROLLAND-DIAMOND, « "I am a man !" L'engagement des femmes noires américaines dans le combat pour l'égalité et la justice dans les longues années 19660 », p. 18, dans (sous la dir. de), Ludivine BANTIGNY, Fanny BUGNON, Fanny GALLOT, « *Prolétaires de tous les pays, qui lave vos chaussettes ?* » *Le genre de l'engagement dans les années 1968*, PUR, Rennes, 2017.

de ceux qui font paître des brebis sur le Champ-de-Mars. Marie-Rose Guiraud, prononce, en août 1973, lors du rassemblement, un discours dont la conclusion est restée dans nombre de mémoires : « L'argent, l'argent, ils n'ont que ce mot à la bouche ». Jeanne Jonquet prend aussi publiquement la parole. Le 28 juin 1976, Marisette Tarlier fait partie des 22 militants qui pénètrent dans le camp militaire et s'emparent de documents, ce qui lui vaut quinze jours de prison ferme et la perte de ses droits civiques… Des actions autonomes de femmes sont aussi organisées. Le 21 février 1975, afin de s'opposer à l'enquête parcellaire, elles entrent dans les onze mairies concernées et détruisent les matrices cadastrales. En mai 1978, elles bloquent des camions militaires. Ces actions ont pour but de toucher médias et opinion publique et « l'initiative ne vient pas spécifiquement d'une instance féminine »[341]. Malgré ses limites, cette implication laisse des traces, ouvre des voies, d'autant plus, que les soutiens ou les couples installés dans les lieux convoités par l'armée ont des modes de vie différents et ont été influencés par le féminisme. Paysans et paysannes constatent que des femmes peuvent être agricultrices et que la répartition traditionnelle des rôles dans le foyer n'est pas immuable.

Les paysans et les paysannes, se rapprochent de la gauche au fil de la lutte, du fait de la présence d'élus socialistes de la région, du soutien de figures nationales et de l'appui de nombreux militants. Ce rapprochement est favorisé par la volonté des gouvernements de droite de ne pas renoncer à l'extension du camp. Les paysans placent alors leurs espoirs dans les échéances électorales. La défaite de la gauche aux élections législatives de 1978, les oblige à poursuivre le combat dans des conditions difficiles. La victoire est acquise avec l'élection de F. Mitterrand aux élections présidentielles de 1981. L'extension du camp est bloquée, décision d'autant plus facile à prendre qu'elle est essentiellement symbolique et ne concerne qu'une poignée d'agriculteurs. Par ailleurs, F. Mitterrand se souvient de la protection que lui ont accordée les paysans lors de sa visite chahutée de 1974 et, de plus, cette cause est populaire à gauche.

19 : Paysannes, contestataires et féministes ?

Dans ces luttes, des femmes sont intervenues même si elles étaient parfois sous l'influence des hommes qui dirigeaient le

---

[341] D. TUCAT, *communication citée*.

combat. Or, comme l'affirme O. Fillieule, « la seule participation [à ces mouvements] peut être productrice d'affranchissement »[342]. En effet, leur insertion dans les luttes, les amènent souvent à transgresser les rôles traditionnels, à se « dépasser » et parfois à remettre en cause les habitudes et la domination subie. Il y a bien une dynamique féministe, même si elle est différente de celle des mouvements féministes urbains de la « deuxième vague », mais ne pourrait-on pas en dire autant des combats menées par des ouvrières[343] ?

L'émergence des revendications féministes dans le courant contestataire

Interrogée par Serge Cordellier pour savoir s'il y avait une différence entre les courants syndicaux vis-à-vis de l'engagement des femmes et du partage des rôles, Alice Monier a une réponse nette : « Moi, j'ai une idée très précise là-dessus. Je crois profondément qu'il n'y a pas de différence. Je crois que c'est beaucoup plus profond que cela. C'est une différence culturelle masculin/féminin »[344]. Qu'en est-il précisément ? C'est ce que nous allons essayer de repérer, étant entendu qu'il y a peu de travaux sur l'engagement des femmes dans le syndicalisme agricole[345].

La lecture des premiers documents de cette sensibilité est assez édifiante et nous rappelle que c'est surtout après 1968 que les luttes des femmes se sont développées et que les féministes de la « deuxième vague » ont imposé, non sans difficultés, le débat sur la place des femmes dans la société mais aussi sur leur engagement dans les syndicats, les gauches et les extrêmes-gauches[346]. Le rapport du CRJAO long de 52 pages évoque, en 1968, en trois lignes, les jeunes

---

[342] O. FILLIEULE, *art. cit.,* p. 65.
[343] Sur le féminisme à la CGT, Fanny GALLOT, « Les vies posthumes de Georgette Vacher dans les années 1980 : entre histoire, mémoire et fiction », p. 317-336 et Jocelyne GEORGE, « Le féminisme à la CGT : entre absence d'histoire et mémoire faussée », p. 337- 353, dans Vincent FLAURAUD et Nathalie PONSARD, *Histoire et mémoire des mouvements syndicaux au XXe siècle. Enjeux et héritages*, Éditions Arbre bleu, Nancy, 2013.
[344] S. CORDELLIER, *art.. cit.*, (mars 2008), p. 272.
[345] Jean-Marc HERRENG consacre un chapitre à cette question, *ouv. cit.*
[346] Voir Florence JOSHUA, pour le courant incarné par la JCR-LC-LCR, *Anticapitalistes. Une sociologie historique de l'engagement*, p. 177-209, La Découverte, Paris, 2015.

filles qui fuient les campagnes du fait d'un « habitat médiocre »[347]. De timides avancées apparaissent : en 1970, B. Lambert dénonce l'absence de reconnaissance du travail des femmes dans les exploitations, le fait qu'elles assurent les tâches ménagères ainsi que l'éducation des enfants et plaide pour un changement de mentalités afin qu'elles ne subissent plus de discriminations. Pour lui, l'homme ne doit pas être « le seul maître à bord »[348] dans les familles mais l'action des femmes dans les syndicats n'est pas évoquée. C'est l'entrée en lutte de celles-ci qui amène le mouvement à aborder la question de leur place dans l'exploitation, leur foyer ainsi que celle de leur engagement. Le numéro deux du *Bulletin pour l'action des Paysans Travailleurs* souligne la participation des femmes « au travail d'information et aux diverses manifestations organisées afin d'obtenir l'annulation des condamnations » pendant la lutte de soutien aux militants inculpés en novembre 1969 suite à l'interpellation du ministre Olivier Guichard. Les rédacteurs approuvent « cette prise de conscience » car les femmes sont « trop souvent en dehors de nos organisations professionnelles. Les charges d'un foyer en sont pour une part responsables. Il est souhaitable cependant qu'elles prennent leur part directe dans la lutte »[349]. Ces militants apprécient l'implication des femmes mais ne se posent pas encore la question de la répartition des tâches domestiques ou plutôt paraissent considérer comme évidente leur prise en charge par les femmes.

Le débat est posé dans le projet de plate-forme pour les journées de 1972 sous la forme d'une invitation à « vivre dans son foyer les idées qu'on défend dans sa lutte, en particulier briser l'isolement des couples qui se traduit trop souvent par la femme bloquée à la maison »[350]. Invitation adressée aux syndicalistes hommes ? Ces journées regroupent environ 400 participants. Sur 240 qui ont répondu à un questionnaire, un quart environ étaient des femmes et, sur 202 agriculteurs 44 étaient des femmes. Elles sont en minorité mais leur part n'est pas négligeable[351]. Lors de ces journées,

---

[347] Rapport du CRJAO pour l'AG du 27 septembre 1968, *Des choix difficiles qui exigent une action syndicale combative*.
[348] B. LAMBERT, *ouv. cit.*, p. 32-37.
[349] *Bulletin pour l'action des Paysans Travailleurs*, n°2, 1970, CHT, p. 5.
[350] *Un syndicalisme de Paysans Travailleurs. Pourquoi ? Comment ?*, Projet de plate-forme, janvier 1972, (p. 21). Il s'agit d'un document préparatoire.
[351] *VO*, n° 30, juillet-août 1972.

certains débats émergent. L'atelier sur le « cadre de vie » attire, « le conflit entre homme et femme » est souligné et la place inférieure des femmes est évoquée. En effet, « la référence est toujours faite au mari ». La famille est critiquée car elle reproduit l'idéologie dominante et pour certains les « expériences communautaires » pourraient permettre de nouvelles relations humaines[352]. Nombre de paysans contestataires voudraient changer la vie... Un an après la grève du lait, un article de *Vent d'Ouest* interpelle les militants hommes et souligne qu'il faut que change « les rapports entre hommes et femmes au niveau des différentes tâches (ménagères, familiales, éducatives, professionnelles) » et que les révolutionnaires doivent l'être aussi dans leur vie quotidienne. Est affirmée la nécessité que les femmes prennent elles-mêmes en charge les problèmes qu'elles rencontrent. Y sont dénoncées les « aliénations qu'elles subissent en tant que femmes » : ménagères, épouses, mère de famille, paysannes mais s'il est écrit qu'il faut imposer ces questions, il ne saurait être question de constituer un « mouvement parallèle ». La création de groupes femmes indépendants n'est pas encore envisagée.

En octobre 1974, les animateurs de cette sensibilité se réunissent à Rennes. Un texte qui prépare ces journées souligne que les conditions de vie des femmes se dégradent du fait d'un « supplément de travail non rémunéré » et qu'il faut lutter pour que leur soit reconnu « un statut de travailleur à part entière »[353]. Un amendement voté affirme qu'elles sont exploitées en tant que travailleuses et en tant que femmes. Un autre est proposé où il est écrit que « les militants hommes ne peuvent se considérer comme militants révolutionnaires que s'ils ne laissent pas aux femmes tout ce qui est maison - enfant - école »[354]. L'oppression spécifique subie par les femmes est remise en cause. Cependant, cet amendement heurte des militants : d'une « façon générale, les hommes se sont sentis agressés,

---

[352] Synthèse du groupe « Cadre de vie » aux journées d'Orléans, PT 44, bte 113, CHT.
[353] *Paysans-Travailleurs. S'unifier et s'organiser*, projets de plate-forme pour les journées des 19 et 20 octobre 1974, de juillet 1974 puis du 27 septembre 1974 (p. 21), CHT.
[354] *VO*, novembre 1974, cité par Martine BERLAN, « Un théâtre de l'ambiguïté les manifestations », p. 227, dans Christiane ALBERT, Martine BERLAN, Juliette CANIOU, Martyne PERROT, (sous la dir. de) Rose-Marie LAGRAVE, *ouv. cit.*

certains n'étant pas du tout d'accord, d'autres l'étant mais voulant éviter de se poser le problème dans leur situation personnelle »[355].

En 1977, pour leurs journées nationales, ceux qui ont quitté la FNSEA abordent ces débats dans un paragraphe intitulé « Des bases de réflexion sur le problème des femmes dans l'agriculture ». Ce passage commence par une longue citation d'Engels, tirée de *L'Origine de la famille, de la propriété privée et de l'État* qui a pour fonction de légitimer ce débat, auprès de militants imprégnés de marxisme. Plusieurs pages y sont consacrées et une « commission femmes » est organisée. Les débats portent sur la situation des femmes en agriculture. Alors qu'elles alternent les travaux professionnels, ménagers, familiaux et ont de longues journées, leur travail n'est pas reconnu par la société, par leur conjoint ou même par elles. Ces militantes posent la question de « l'idéologie de l'homme ».

« Considère-t-il que la femme a son mot à dire dans son travail et que celui-ci doit être rémunéré ? Considère-t-il qu'en tant qu'homme, il est supérieur à elle ? ». Elles critiquent les mentalités traditionnelles qui affectent aussi des membres du mouvement. Le mouvement est interpellé sur ses pratiques[356]. Le journal est appelé à consacrer une page régulière à cette question et des commissions femmes sont créées pour débattre et élaborer des revendications. Celles-ci portent sur un partage équitable du travail, la reconnaissance du travail des femmes, l'obtention de droits sociaux, l'aménagement de crèches prises en charge par la collectivité. Enfin, des militantes proposent au vote un amendement qui fait grincer certains : « Ne peut se proclamer Paysan-Travailleur, un gars qui se livre à une détente passive (journal, télévision…) pendant que sa femme s'échine aux tâches du ménage ». Proposé par la région Rhône-Alpes, il est refusé[357]. Les luttes féministes bousculent les paysans contestataires. Les pratiques évoluent mais lentement, signe de résistances masculines et d'acceptation par les femmes des rôles traditionnels.

---

[355] Interview d'un groupe de femmes du Finistère, *VO*, n°56, nov. 1974, CHT.
[356] *Projet de plate-forme Paysan-Travailleur, pour les journées nationales de Fontenay*, des 17 et 18 novembre 1977, p. 86 et suivantes et *Vent d'Ouest* de novembre 1977.
[357] *Ibidem*.

Quelle place pour les femmes parmi les paysans contestataires ?

Les comptes rendus de réunions des Paysans-travailleurs permettent de percevoir l'importance de la participation des femmes, le type de travail qu'elles effectuent et nous aident à comprendre qui sont les femmes qui tentent une carrière militante.

Lorsqu'en juin 1968 le conseil d'administration de la FDSEA de Loire-Atlantique se réunit, 33 administrateurs sont présents : tous des hommes. Les quatre animateurs qui y assistent sont de sexe masculin. Parmi les quatre membres du CDJA présents, il y a deux femmes, ce sont les seules dans cette réunion (2 sur 41 présents)[358] ! Quelques mois après la grève du lait, les animateurs du courant contestataire de l'Ouest se réunissent à plusieurs reprises pour en tirer le bilan et réfléchir aux perspectives de leur sensibilité. Le bureau du CRJAO du 21 septembre 1972 regroupe vingt-deux personnes parmi lesquelles quatre femmes dont trois animatrices. Le bureau de ce syndicat élu le 31 octobre 1972 comporte deux femmes sur dix membres mais aucune ne fait partie des cinq délégués à la Fédération de l'Ouest. Celui de la FDSEA du Finistère en 1972-1973, dirigé par Georges Dauphin, n'en compte aucune[359]. Moindre présence dans les instances régionales qui s'accompagne d'une prise de parole différente. La réunion, importante, du syndicalisme régional jeune, du 21 septembre 1972 autour du débat « Comment se trouve posée à l'Ouest l'organisation des PT ? » est éclairante. L'introduction est faite par un homme puis quatre militants interviennent. Trois carrefours sont ensuite organisés. Après un compte-rendu de ceux-ci, le débat reprend. Dans cette partie de la réunion, sur 55 prises de parole, 49 sont faites par des hommes, certains intervenant à plusieurs reprises, et 4 seulement par des militantes (deux auteurs ne sont pas identifiés). Une animatrice fait le compte-rendu de son atelier, une paysanne du Morbihan intervient de manière brève sur la grève du lait et le rôle de *Paysans en lutte* et l'animatrice de ce département sur le collectif PT qui se crée[360]. Les femmes interviennent peu, brièvement, souvent sur des questions moins « politiques ».

---

[358] CA de la FDSEA, 6 juin 1968, FDSEA 44, bte 12, CHT.
[359] *Fer de lance*, journal de la FDSEA du Finistère, n°9, juin 1972.
[360] Compte-rendu CRJAO, 21/9/1972, PT 44, bte 17, CHT.

Ce sont essentiellement des hommes qui prennent en charge les échéances nationales. Lors d'une réunion de préparation du congrès du CNJA, en 1970, tous ceux qui sont désignés pour les interventions jugées prioritaires sont des hommes[361]. La préparation des journées d'Orléans de 1972 est aussi prise en main pour l'essentiel par des militants. Des militantes cependant parviennent à prendre des responsabilités. Les journées de 1972 ont vu des femmes troubler l'ordonnancement prévu et imposer des thèmes relevant du domaine privé. Certaines sont actives sur le plan départemental ou régional. Au moment de la grève du lait, Marie-Renée Morvan, Madeleine Hall, Marie Cabon jouent un rôle significatif dans le Finistère. Par ailleurs, elles sont plus présentes dans la prise en charge de tâches moins valorisantes : participation à l'animation du journal ou à une session de formation[362].

Certaines d'entre elles parviennent toutefois à jouer un rôle sur le plan national. En 1975, dans l'Association nationale des paysans-Travailleurs, le « collectif restreint » qui anime le mouvement, est composé de deux hommes, Joseph Gaborit (Charente-Maritime) et Michel Terrail (Drôme) et d'une femme, Régine Teulier (Lot-et-Garonne). Celle-ci a un profil singulier. Née en 1948, ses parents n'étaient pas agriculteurs ; elle a rejoint la JEC, suivi une formation d'ingénieur agricole à Purpan (Toulouse) et milité au PSU puis à la LCR entre 1970 et 1980 environ. Relative extériorité vis-à-vis des mentalités du milieu paysan, capital scolaire élevé et expérience politique contribuent à expliquer ce parcours particulier[363]. Marie-Paule Lambert, née en 1934, est une des rares militantes de sa génération, issue du milieu agricole, à avoir eu des responsabilités nationales. Elle participe toutefois non à la direction du mouvement mais à l'animation du journal. Elle avait été membre du secrétariat national de la JACF mais après son mariage, son implication doit tenir compte de deux contraintes majeures : la naissance des enfants et le militantisme de B. Lambert. Elle entre au bureau du CDJA en 1964. De la fin des années 1960 au début des années 1970, « elle se sent

---

[361] CR réunion interrégionale du 30/6/1970, PT 44, bte 113, CHT.
[362] 4 femmes présentes sur 12 personnes (dont 11 identifiées). CR de la commission formation du CRJAO du 28/11/1972, PT 44, bte 17, CHT.
[363] Membre de ce collectif jusqu'en février 1976, elle rompt avec ce courant puis quitte l'agriculture. Entretien avec Régine Teulier, du 18/6/2001, à Montpellier. Voir les analyses de R. M. LAGRAVE, *art. cit.*, p. 174.

obligée d'arrêter de militer » du fait des contraintes de l'exploitation et des activités de son mari. Elle reprend le militantisme, à partir de décembre 1975, quand B. Lambert est moins actif. Elle devient alors rédactrice à *Vent d'Ouest*, jusqu'en 1979, poste qui l'occupe à Paris du lundi au vendredi. B. Lambert reste sur l'exploitation et prend en charge maison et enfants. R. Bourrigaud évoque, à propos de M. P. Lambert et de son mari, un couple « militant en alternance » fait rare, tant à la campagne qu'à la ville[364].

La prééminence des hommes dans le mouvement Paysan-travailleur est contestée par des militantes qui imposent des débats sur la place des femmes en agriculture ainsi que dans le syndicat. Cette domination est source de tensions dans les couples, des femmes acceptent mal la séparation traditionnelle des rôles et considèrent que le privé est politique. Même si les femmes, de ce mouvement, y ont longtemps eu une place limitée, même si celles qui ont joué un rôle significatif avaient des compétences différentes de la plupart des militantes et *a fortiori* de la masse des agricultrices, cette transgression des rôles traditionnels en a préparé d'autres et une « logique intégratrice se substitue à la logique d'exclusion des femmes du politique »[365]. Sur le plan national, une commission nationale femmes existe à partir de janvier 1978 dans le mouvement PT ainsi que des groupes femmes non mixtes dans certains départements. En Vendée, plusieurs groupes sont créés qui ouvrent des débats sur la rémunération du travail et la formation technique des femmes, sur leur place dans l'exploitation ainsi que dans le mouvement. En 1979, une note manuscrite du groupe femmes de Vendée affirme : « On n'est pas forcément à l'aise dans PAYSANS-TRAVAILLEURS mais on n'est pas non plus à l'aise sur l'exploitation : autrement dit ça ne nous suffit pas de participer à P-T en tant que femme de paysan. On veut exister par nous-mêmes [...] mais ça veut dire aussi militer syndicalement pour nous, pour le travail qu'on fait, pas pour défendre la situation du mari ou de l'exploitation »[366]. Ces militantes veulent que leur travail soit reconnu, refusent de faire seulement nombre. Elles entendent poser leurs revendications et dénoncent l'oppression des femmes qui ne se cantonne pas au travail. Par ailleurs, la commission nationale

---

[364] Yves CHAVAGNE, *ouv. cit.*
René BOURRIGAUD, *ouv. cit*, p. 274-279.
[365] R.M. LAGRAVE, *ouv. cit.*, p. 180.
[366] J. M. HERRENG, *ouv. cit.*, p. 183-207.

femmes lance l'idée d'un montage audiovisuel avec le groupe Front paysan[367]. Réalisé en 1979-1980, le titre d'un article du bulletin intérieur des Paysans-Travailleurs de Vendée y est cité : « Pas de travail sur l'exploitation sans partage des tâches ménagères ». Quelques réunions autour de ce montage sont organisées. Cependant, la dynamique féministe s'étiole : une réunion femmes de la région Ouest, en août 1980, ne regroupe que huit femmes et, en 1981, le groupe femmes de Vendée « semble […] être le seul subsistant »[368].

Dans les années 1968, les luttes paysannes ont été nombreuses, massives, déterminées, parfois innovantes, mais malgré les liens que certaines ont tissé, elles n'ont pas débouché sur une contestation organisée sur le plan national et sont restées, le plus souvent, limitées à une région. Par ailleurs, elles n'ont pas toujours été suivies de résultats probants. L'augmentation des prix obtenue lors de la grève du lait a été rapidement remise en cause. La lutte des vignerons qui débouche sur la fusillade de Montredon donne certes des résultats partiels mais le modèle défendu tant sur le plan de l'action que des revendications n'apparaît plus viable. Les innombrables luttes foncières ou celles en défense d'éleveurs intégrés demeurent localisées et isolées. Seule la lutte du Larzac s'est soldée, grâce à une échéance électorale et à un soutien massif, par un succès. Elles constituent, cependant, des moments importants pour leurs acteurs qui ont été amenés à dépasser le corporatisme, à développer des relations avec d'autres, à agir autrement. Elles ont, d'autre part, permis l'émergence, plus ou moins importante et durable, de courants paysans contestataires dans les régions où elles se sont développées. Reste-t-il quelque chose de ces luttes en ce début de XXIe siècle ? Quelles mémoires de ces combats ont été transmises et par qui ? Quels héritages perdurent dans les pratiques des mouvements paysans qui s'en réclament ?

---

[367]Intitulé *Femmes agricultrices* et présenté ainsi : *Les 4 femmes du groupe "Front Paysan" : Dominique Bricard, Juliette/Janine Caniou, Nadine Charesson, Joëlle Le Moigne, ont réalisé en 1978 et 1979, [...] un montage audiovisuel pour présenter la condition des femmes agricultrices [...] avec des agricultrices du Mouvement "Paysans-Travailleurs" et du Centre National des Jeunes Agriculteurs...*
[368]J.-M. HERRENG, *ouv. cit.*, p. 196. Dans les années 1980, existe à la CNSTP une commission femmes non mixte avec des militantes de Vendée et de Loire-Atlantique.

Partie 4 : Mémoires et héritages des contestations paysannes des années 1968.

Que reste-t-il des contestations et des combats paysans des années 1968 ? La vague libérale des années 1980 en aurait-elle emporté jusqu'au souvenir et le sens de ces combats aurait-il été oublié ou dénaturé ? Nous voudrions ici nous interroger sur les mémoires des principales luttes, sur la façon dont celles qui ont eu un retentissement national ont été présentées par les paysans contestataires et sur l'écho de ces mobilisations[369]. Il nous paraît intéressant, par ailleurs, de rechercher les héritages de ces combats dans les discours et les pratiques d'une frange du syndicalisme agricole, la Confédération paysanne, afin de mieux comprendre ce qui en fait la singularité.

20 : Des luttes en partie oubliées ?

Grève du lait, de l'usage militant au rebond

La grève du lait a été le « mai 68 » d'une partie des paysans bretons. Jean-Pierre Le Dantec l'insère dans ce qu'il appelle le « mai rampant » breton de 1972 qui a vu les ouvriers grévistes du Joint français, à Saint-Brieuc, tenter de séquestrer des dirigeants ou encore des commerçants et artisans s'opposer aux forces de l'ordre dans un bourg du Finistère. Pour lui, la « Bretagne colonisée » s'oppose alors au « capitalisme français »[370], la lutte des classes prend une dimension régionaliste, les paysans en sont partie prenante et un peuple renaît. Bien qu'il n'oublie pas que cette grève a été limitée sur le plan géographique, il semble considérer que les luttes à venir vont permettre de les dépasser. C'est le temps de l'optimisme et du volontarisme de l'extrême gauche dont une partie se penche avec intérêt sur les périphéries.

---

[369] « Il existe bien des mémoires collectives qui ne sont pas sans, conséquences sur le déroulement de l'histoire en train de se faire, dans la mesure où elles influencent les comportements individuels et collectifs » souligne Philippe Joutard. Philippe JOUTARD, *Histoire et mémoires, conflits et alliances*, La Découverte, Paris, 2013, réédition en 2015.
[370] J. P. LE DANTEC, *ouv. cit.*, p. 20.

Des militants « prochinois » ont mené au lendemain de la grève du lait un travail militant à la dimension culturelle, essayant de diffuser ce qu'ils pensaient en être les acquis[371]. Une pièce de théâtre, *Faut que ça bosse !*, écrite par un groupe de militants rennais proches ou membres de l'Humanité rouge, est jouée, pendant l'été 1972, durant trois semaines, autour de Pontivy et dans l'Ouest[372]. Un couple d'agriculteurs, François et Gaby, a été poussé par leur coopérative, dont la logique apparaît identique à celle des firmes privées, à moderniser leur exploitation[373]. Ils ne s'y retrouvent pas et François s'exclame : « C'était donc ça être petit patron ! On m'avait dit de passer de l'agriculture artisanale à l'agriculture moderne : entre les deux je ne vois pas la différence » alors que le directeur « engraisse » sur leur dos[374]. Lors d'une grève d'ouvriers de la coopérative, les dirigeants essaient de tourner les paysans contre ceux-ci sans y parvenir et la lutte est un succès. La suite de la pièce évoque la répression et les tentatives d'isolement menées par les gendarmes, le Crédit agricole, le propriétaire de l'exploitation, le directeur de la coopérative et la justice, accusée de « défendre l'ordre établi ». Le chant final appelle à l'unité des paysans et ouvriers bretons afin de briser l'empire des patrons conformément à une grille de lecture maoïsante. Une pièce pédagogique, dans une langue orale, qui a pour but de s'adresser aux ouvriers, aux paysans, aux jeunes et veut montrer « ce que vivent quotidiennement les gens qui travaillent »[375]. Il s'agit de délivrer un message politique clair, « juste » disaient les maoïstes. Cependant lors de la tournée : « L'ambiance était à la fête : on chante avant la pièce, la veillée se terminait généralement par un fest-noz, mais au détriment de la discussion », ce que semblent regretter les militants[376].

Le collectif Front paysan, groupe de cinéastes d'une dizaine de personnes de l'Université de Vincennes, inspirés par une variante du maoïsme, se rend aussi en Bretagne. Il mène, après la grève, un travail d'enquête afin de réaliser un film dont l'objectif est de donner la

---

[371] Yannick DROUET et Jean-Philippe MARTIN, « Les maoïstes et les Paysans-Travailleurs (fin des années 1960-années 1970) », *Dissidences*, art. cit., n° 8, 2010.
[372] *Faut que ça bosse !*, Théâtre populaire, Groupe d'action culturelle de Rennes, 1972-1973. La pièce a été jouée à l'été. Archives de Michel Deltour.
[373] Maoïsme oblige, les tracteurs proposés par le marchand sont « russes », p. 26.
[374] *Ibidem*, p. 35-36.
[375] *Ibidem*, p. 1.
[376] *Ibidem*, p. 2.

parole à ceux qui ne l'ont jamais et de « rétablir les faits, [...] organiser en images et en texte la vérité des producteurs »[377]. Le film *La guerre du lait* est vu par 10 000 personnes environ[378]. Celui-ci présente « un agriculteur victime de l'évolution capitaliste » mais « contestataire, manifestant, s'attaquant même à l'ordre établi »[379]. Il alterne des images tournées pendant le mouvement, des entretiens réalisés après, de courtes scènes didactiques avec des membres du groupe, des pancartes ou des dessins. Il s'agit d'expliquer la situation des producteurs, de présenter la lutte, le rôle actif qu'y ont joué les femmes et d'évoquer la répression subie. Les auteurs entendent aussi faire œuvre théorique reprenant les idées de B. Lambert sur les différentes catégories d'agriculteurs, présentant la dureté de la condition paysanne ou dénonçant la FNSEA, le rôle du Crédit agricole, des firmes privées, de la coopération, le rapport Vedel, le plan Mansholt[380]... Ils affirment que « la guerre du lait n'est qu'un aspect de la lutte que les paysans français mènent contre le pouvoir capitaliste ». La grève du lait sert de support à une réflexion anticapitaliste globale. Le discours est proche de celui des Paysans-travailleurs, avec une volonté démonstrative appuyée, un net irrespect vis-à-vis des pouvoirs établis, une dénonciation de l'exploitation subie et la valorisation de la dimension politique de la lutte revendicative. L'intérêt du film est à rechercher du côté des images du conflit, des nombreux entretiens évoquant le quotidien dans les fermes et de l'attention portée aux agricultrices. Il est à noter, que si celles-ci sont interrogées le plus souvent à l'intérieur des maisons, les hommes le sont plutôt à l'extérieur[381]. Reflet de la norme intériorisée par tous ?

Quel bilan ont tiré, quant à eux, les paysans contestataires de ce combat ? Sur le moment, ils ont le sentiment d'avoir mené un combat

---

[377] *Cinéma d'aujourd'hui*, n° 5-6, mars-avril 1976, « Cinéma militant. Histoire, structures, méthode, idéologie et esthétique ».
[378] *Ibidem*. Claude BAILBLE et Guy CHAPOUILLE, *La guerre du lait*, 1972, 52 mn.
[379] Ronald HUBSCHER, « Regards sur le monde agricole : les archives filmiques», *Économie rurale*, p. 215-219, n°184-186, 1988.
[380] Revenant sur ce film, Front paysan considère que cette volonté de parler de tous les aspects de la condition paysanne était une erreur : « nous avons sombré dans "l'horizontalisme" ». *Cinéma d'aujourd'hui, art . cit.*
[381] Entretien de Guy Chapouillié avec Céline Piot et Philippe Stellati, « "Le cinéma : saisir pour transmettre". *Entretien avec le cinéaste Guy Chapouillié*, "un paysan venu de la ville" », p. 321-376, dans Céline PIOT (sous la dir. de), *Figures paysannes en France : mythes, regards, sociétés, Tome 2*, Éditions d'Albret, 2016.

novateur par ses formes, par ses thèmes, par l'implication massive des agriculteurs, par le rôle des femmes ainsi que du fait que les producteurs s'en seraient pris à leurs véritables ennemis et non aux pouvoirs publics[382]. Combat jugé aussi fondateur, car ils pensent qu'une frange importante des producteurs s'est démarquée des directions du syndicalisme agricole et qu'une prise de conscience a eu lieu. Ils espèrent que celle-ci va permettre une clarification et un renforcement de leur sensibilité. Cependant, les années suivantes, ils n'appellent plus à recourir à cette forme d'action et en 1977, le bilan devient plus nuancé ; les PT soulignent que les accords ont été remis en cause sans réactions des producteurs et que la « démobilisation » a été « générale ». La prise de conscience s'est révélée fragile, « les énormes capacités de récupération » du syndicalisme majoritaire sont déplorées et les paysans non conformistes n'ont pas bénéficié du renforcement espéré[383]. Dix ans plus tard, en 1982, France 3 Bretagne consacre deux sujets à la grève du lait les 6 et 7 juillet. Les journalistes soulignent qu'il s'agissait là d'un « mouvement de masse », « parti de la base », au référent ouvrier. Interrogé, Jean-Charles Jacopin, dirigeant jeune du Finistère en 1972[384], affirme que cette lutte portait sur la rémunération du travail paysan et la présente comme une étape vers la revendication du quantum, développée alors par le courant auquel il appartient. Façon de placer celui-ci comme l'héritier de ce combat.

Au lendemain de la grève du lait, la direction de la FNSEA et les équipes syndicales qui lui sont favorables dans l'Ouest, réagissent et reprennent en main des syndicats tenus par les contestataires ou essaient de le faire : dans la Sarthe, les Côtes-du-Nord, en Vendée[385]... Les partisans du syndicalisme majoritaire développent une contre-offensive d'autant plus vigoureuse que les opposants ont été, pendant cette lutte, à l'initiative et que certaines de leurs propositions ont été reprises massivement. À l'automne 1972, un texte signé par les dirigeants de plusieurs syndicats départementaux de

---

[382] *Fer de lance*, juin 1972 pour la FDSEA du Finistère ou *Vent d'Ouest*, n°29, juin 1972, pour les PT.
[383] *Projet de plate-forme Paysan-Travailleur* pour les journées nationales de novembre 1977, CHT.
[384] Membre du courant PT et en 1982 de la CNSTP (Confédération nationale des syndicats de travailleurs paysans).
[385] En Ille-et-Vilaine, cela avait été fait avant.

l'Ouest, intitulé *Éléments de réflexion sur les divergences fondamentales qui opposent le syndicalisme agricole (FNSEA-CNJA) à la tendance Paysan-Travailleur*, est publié. Le but est de déconsidérer les militants qui ont joué un rôle actif dans la grève. Ceux-ci sont présentés comme des révolutionnaires, influencés par des idéologies extérieures au monde paysan, qui voudraient utiliser le syndicat dans un but politique et dont le projet serait de déstabiliser les bases de la société. Ils auraient tenté d'imposer la lutte des classes dans les campagnes, de discréditer le syndicalisme et auraient eu recours à des exactions envers des responsables professionnels. Face à cela, les contestataires commencent à se regrouper de manière autonome.

La mémoire de la grève du lait a été portée essentiellement par des groupes militants animés par des paysans contestataires, en particulier par les Paysans-travailleurs (devenus Travailleurs-paysans) et par les responsables qui ont animé les FDSEA critiques. Néanmoins, les années suivantes, lors des mobilisations, ceux-ci recourent à des actions plus traditionnelles. En 1978, contre la taxe de coresponsabilité laitière (taxe imposée par la CEE et payée par les producteurs en réponse aux excédents), afin de défendre le revenu, ce sont des manifestations qui sont organisées à Vannes (janvier) et Pontivy (novembre) par plusieurs syndicats de l'Ouest[386]. Au début des années 1980, l'instauration des quotas laitiers est critiquée mais nulle interruption de la livraison n'est envisagée et les revendications portent surtout sur leur répartition.

Au début du XXIe siècle, ce mode d'action est à nouveau envisagé. Le démantèlement des quotas laitiers amorcé par la réforme de la Politique agricole commune de 2003 entraîne des tensions entre producteurs et transformateurs et débouche sur un effondrement du marché, à partir de l'automne 2008, alors que la FNSEA n'a plus le monopole de la représentation des éleveurs du fait de l'émergence de la Confédération paysanne (CP) puis de la Coordination rurale (CR)[387]. La CP demande une revalorisation du prix du lait mais ne

---

[386] J. P. MARTIN, *ouv. cit.,* (2005), p. 133.
[387] Paul BONHOMMEAU, « De la grève du lait de 1972 à celle de 2009 », p. 125-140, dans Laurent JALABERT et Christophe PATILLON, *Mouvements paysans face à la politique agricole commune et à la mondialisation (1957-2011),* PUR, Rennes, 2013, 252 p.

centre pas ses revendications sur cette seule question et n'est pas favorable, sur le plan national, au recours à une « grève » même si dans ses publications celle de 1972 est jugée fondatrice[388]. Au printemps 2008, des dizaines de milliers de producteurs allemands ont interrompu leurs livraisons de lait plusieurs jours et obtenu une hausse de prix de la grande distribution. Cet exemple, connu de producteurs français, interpelle ceux-ci. Un petit groupe d'éleveurs, souvent jeunes, dynamiques, issus de régions extérieures à la Bretagne, décide de créer l'Association des producteurs laitiers indépendants (APLI), indépendante des syndicats. Comme en 1972, leur revendication est centrée sur la question du prix et ils entendent regrouper tous les producteurs[389]. Dans son étude centrée sur la Basse-Normandie (Calvados, Manche, Orne), Mathieu Repplinger souligne que ce sont des éleveurs modernisés qui confrontés à une baisse de prix du lait participent, dans un premier temps, aux actions de la FNSEA et de sa section laitière puis se soulèvent contre celles-ci car elles ont accepté un prix jugé trop bas lors des négociations avec les industriels, le 3 juin 2009. Ce qui débouche sur un « soulèvement contre l'autorité syndicale ». Ces éleveurs qui ont suivi les préconisations des représentants professionnels se sentent trahis, ce que cet auteur interprète en termes de « rupture morale » avec le syndicat majoritaire[390]. Ils rejoignent l'APLI qui leur semble être « une alternative au système traditionnel de la représentation professionnelle », considèrent la grève du lait comme un « nouveau moyen d'action » différent du répertoire d'actions de la FNSEA[391]. Ils s'opposent aux industries de transformation tant privées que coopératives, comme en 1972. L'APLI appelle à une interruption de la livraison de lait, en septembre 2009. Pour Paul Bonhommeau,

---

Roger LE GUEN, « Éclatement syndical et segmentation professionnelle. L'exemple du monde laitier français contemporain », Communication, Journée d'études *Mouvements paysans. Politique agricole commune et mondialisation dans les régions de l'arc atlantique,* 4/12, 2009, Nantes.
[388] J. P. MARTIN, *ouv. cit.*, (2011), p. 46-55.
[389] En 1972, les PT appelaient l'ensemble des producteurs à agir même s'ils soulignaient la détermination des petits.
[390] « La grève du lait de 2009. Une révolte de l'éleveur modernisé contre les pouvoirs professionnels », p. 111-139, *Histoire et Sociétés rurales*, n° 44, 2° semestre 2015.
[391] *Ibidem*, p. 127.

l'expression « grève » est utilisée par les initiateurs du mouvement du fait de la dépendance des éleveurs vis-à-vis des laiteries[392].

Des différences sont perceptibles par rapport à 1972. Sur le plan régional, tout d'abord, une première tentative de grève du lait a eu lieu les 10 et 11 novembre 2008, dans le Tarn et l'Aveyron. L'APLI, créée, fin 2008, regroupe d'abord des éleveurs de Midi-Pyrénées, d'Aquitaine puis du Pays basque et son dirigeant est installé en Aveyron[393]. Elle se développe en Normandie et ailleurs, après juin 2009, mais les départements bretons ne sont pas à la pointe du mouvement[394]. Par ailleurs, l'action est menée différemment, les camions ne sont pas bloqués et rassemblés dans un village, la destruction du produit est mise en scène et placée au centre d'une stratégie communicationnelle qui vise à produire des images pour les médias afin de choquer et de toucher l'opinion publique. Moins nombreux, les éleveurs ont recours à des actions spectaculaires qui visent à scandaliser et à montrer la détresse des producteurs avec un épandage massif de lait devant le Mont Saint-Michel sous l'objectif de nombreuses caméras[395]. Enfin, ceux qui impulsent la « grève » essaient, sans toutefois y parvenir, de placer leur mouvement dans une dynamique européenne. Cette action est critiquée, comme en 1972, par la FNSEA mais reçoit le soutien de la section laitière de la Coordination rurale et de manière nuancée de la Confédération paysanne. Des militants ou des sections départementales de ce syndicat y participent mais celui-ci, tout en se disant solidaire des grévistes, n'y appelle pas, craignant des conséquences dramatiques pour nombre de producteurs. P. Bonhommeau estime que durant la huitaine de jours que la grève a duré, environ 30 % des producteurs

---

[392] P. BONHOMMEAU, *art. cit.,* (2013), p. 138.

[393] Pascal Massol qui démissionne de la direction de l'APLI, en 2011. Depuis 2009, comme les responsables présentés par M. Repplinger, il a fait évoluer son exploitation dans le sens d'une plus grande autonomie et d'un passage vers le « bio » (*Web-agri.fr*, 5/2/2016).

[394] Xabier ICAINA, « Les mobilisations paysannes à l'épreuve du changement social. Le cas de la grève du lait au Pays basque », p. 167-193, dans Laurent JALABERT et Christophe PATILLON, *ouv. cit.*.
Mathieu REPPLINGER, *art. cit.*

[395] Élise ROULLAUD, « La grève "européenne" du lait de 2009 : réorganisation des forces syndicales sur fond de forte dérégulation du secteur », p. 111-116, *Savoir/Agir*, 2010/2, n° 12.
Édouard LYNCH, « Détruire pour exister : les grèves du lait en France (1964, 1972 et 2009) », p. 99-124, *Politix*, « Représenter les agriculteurs », n°103, 2013.

ont fait, à un moment ou un autre, le choix de ne pas livrer leur lait, proportion d'autant plus importante que certains n'ont pas pu ou pas osé s'y associer[396]. La grève est suspendue le 24 septembre après l'annonce de l'organisation d'une table ronde et d'une réunion des ministres européens de l'agriculture. Une aide est accordée aux producteurs qui, si elle ne résout pas les problèmes de fond, offre une porte de sortie. Mais le mécontentement persiste, il donne lieu à des heurts lors du salon de l'élevage, en septembre 2010.

Dans ce combat, le neuf côtoie l'ancien comme en Languedoc au seuil des années 2000.

Oublier Montredon ?

Évoquer la mémoire des luttes viticoles en Languedoc-Roussillon suppose de rappeler brièvement les mutations de cette région depuis les années 1970. Longtemps région répulsive qui voyait une partie de ses jeunes la quitter, celle-ci devient attractive et le poids des néo-Languedociens extérieurs à la société viticole augmente nettement. La viticulture emploie de moins en moins de personnes au fil des ans. Dans l'Aude où ils représentaient encore plus de 20 % des actifs en 1975, les vignerons ne constituent plus que 10 % de ceux-ci en 1990 (5 % dans l'Hérault). Le peuple vigneron s'éteint peu à peu. Par ailleurs, l'unité de la profession s'est érodée. Au triptyque Midi-vin-viticulture a succédé celui des terroirs-des vins-des vignerons. Une nouvelle image du producteur est diffusée par la profession, au « viticulteur » coopérateur, routinier, producteur de « gros rouge » se serait substitué le « vigneron » indépendant, dynamique dont les vins enchanteraient les palais. La marche à la qualité permettrait enfin de vivre de son métier-passion. Du côté des élus, des changements sont aussi intervenus : les socialistes des vignes cèdent peu à peu la place aux socialistes des villes qui pour certains se font les chantres de la modernité urbaine et technopolitaine. Par ailleurs, l'arrivée au pouvoir de F. Mitterrand, en 1981, est source de désillusions.

La fusillade de Montredon marque un tournant majeur pour le syndicalisme viticole confronté à plusieurs défis. Il doit rapidement interrompre le cycle des violences, encadrer plus étroitement le mouvement et reprendre en main les comités d'action. Le CRAV est

---

[396] P. BONHOMMEAU, *art. cit.*, p. 139.

contraint de s'effacer et perd son autonomie, certains de ses membres cèdent la place et les syndicats traditionnels (CGVM et coopération) reprennent la main[397]. Ainsi la Fédération des caves coopératives de l'Hérault demande à ses membres de ne suivre que les consignes de son président[398]. Un appel au calme et à la suspension des actions est lancé. Priorité est donnée à la négociation avec les pouvoirs publics. Le compromis décidé à Bruxelles et qui reprend certaines des revendications des vignerons (interdiction des plantations pour deux ans, distillation exceptionnelle…) facilite ces choix. Des syndicalistes favorables à des « actions constructives » prennent la direction du mouvement et optent pour une réorientation de celui-ci[399]. Les dirigeants confirment le choix de participer à l'office mis en place par le gouvernement même s'il n'est pas conforme aux demandes de la profession. Après une rencontre avec le négoce qui a vu celui-ci accepter une augmentation du prix d'achat du vin, une interprofession est créée, en juillet 1976, à laquelle participent des dirigeants viticoles, afin de discuter du niveau des prix. Il s'agit d'essayer d'agir sur ceux-ci, en l'absence d'office ayant un véritable pouvoir.

Les vignerons honorent la mémoire des morts de Montredon. Lors des obsèques d'Émile Pouytes à Arquettes-en-Val (Aude), entre 20 et 25 000 vignerons lui rendent un dernier hommage, en présence de la majeure partie des dirigeants professionnels et de nombreux élus. Le même jour, « une gerbe signée "les vignerons" est déposée à l'endroit où est mort le commandant de CRS présenté comme un Breton qui a dû quitter sa région pour travailler au service de la République »[400]. Les deux morts sont associées pour prouver l'attachement des vignerons à la France et à la République mais aussi pour signifier la gravité d'événements dont les vignerons rejettent la responsabilité sur le gouvernement. « Un an après Montredon, lors

---

[397] M. ZANCARINI-FOURNEL, *communication citée* : « Michel Romain, qui était le porte-parole des Comités d'action viticoles et qui a promu l'idée de faire une opération en dehors de la région, a été de ce fait, par la suite, marginalisé car tenu indirectement pour responsable ».

[398] Fédération des caves coopératives de l'Hérault (FCCH,) circulaire du 12/3/1976.

[399] Georges Hérail (CGVM) prend le pas sur Jean Baptiste Bénet, plus intransigeant, et se hisse à la direction de la FNPVTP (Fédération nationales des producteurs de vins de table) qui participe aux négociations), AG du syndicat des vignerons de Narbonne 18/3/1976. Antoine Verdale (coopération de l'Aude) et Marcellin Courret (FCCH) jouent un rôle important.

[400] M. ZANCARINI-FOURNEL, *communication citée*.

d'une cérémonie commémorative le 4 mars 1977, le même discours sur la mort de deux républicains – le viticulteur et le commandant de CRS – est tenu et un hommage est rendu "aux deux martyrs d'un pays meurtri" »[401]. Chaque année depuis, des vignerons se réunissent le premier dimanche après la date anniversaire de la fusillade et déposent, après une messe dite en l'honneur d'Émile Pouytes, une gerbe au pied de la stèle érigée en son honneur sur laquelle est indiqué « À Émile Pouytes, 1916-1976. Tombé le 4 mars. Vigneron souviens-toi ». Puis ils vont honorer la mémoire du commandant Le Goff de l'autre côté du pont où une autre stèle a été dressée. Des anciens CRS rendent eux aussi hommage aux deux victimes de la fusillade à une autre date.

Que reste-t-il en ce début de XXIème siècle de cet événement ? Au-delà du monde vigneron, probablement peu de choses. En effet, la région a changé, l'importance économique de la viticulture a nettement décru et les emplois liés à cette activité sont aujourd'hui plus limités. Par ailleurs, de nombreux habitants, nés en dehors du Languedoc, ignorent cet épisode marquant. Les vignerons, eux, en conservent le souvenir et ont toujours voulu éviter que de tels événements se reproduisent. D'où la vivacité des réactions de plusieurs leaders au lendemain de l'incendie d'un supermarché Leclerc à Carcassonne, après une initiative d'activistes en 1984. Cependant, ils ne tiennent pas forcément à évoquer publiquement cet événement : honte, pudeur, volonté de tourner la page se conjuguent. Pour commémorer les vingt ans de l'événement, certains voulaient que la fête du livre de Lagrasse (Aude), dans les Corbières, porte sur ce thème[402]. Cela n'a pas pu se faire. L'événement est encore douloureux, d'autant plus que beaucoup semblent penser que le gouvernement a gagné la bataille des idées et que leur combat est resté incompris. Les vignerons ont le sentiment d'avoir été perçus comme responsables de ces deux morts. Reste la fidélité aux combats menés, plusieurs centaines de personnes se rassemblent, à Montredon, drapeaux occitans au vent, lors du 40° anniversaire de la fusillade, le dimanche 6 mars 2016 et des prises de parole sont organisées. Un « ancien » évoque le désespoir des vignerons d'alors mais tient à rappeler qu'il y a des limites à ne pas franchir dans une lutte. Un plus jeune évoque le combat encore d'actualité pour vivre et travailler au

---

[401] *Ibidem.*
[402] J. P. MARTIN, « Le sang de la vigne… », *art. cit.,* (2005).

pays[403]. De manière plus intime, une gerbe est déposée dans le village où vivait le vigneron tué lors de cet affrontement meurtrier. En parallèle, un film, *Le Midi viticole,* dont la deuxième partie, sortie à l'hiver 2016, retrace l'histoire de la viticulture languedocienne, depuis la Première guerre mondiale, est diffusé dans le Narbonnais ce week-end-là[404].

Lors des obsèques d'E. Pouytes, la « famille viticole » était rassemblée. Il lui fallait malgré les tensions qui la traversaient assurer aussi la sécurité de ses membres et ne pas laisser l'un des siens subir seul le poids de la répression.

Or, début avril 1976, un vigneron audois, Albert Teisseyre, est interpellé puis inculpé d'homicide volontaire. Il est emprisonné à Marseille. Il aurait été, selon M. Zancarini-Fournel, « reconnu et donné par un chasseur »[405]. Des manifestations qui regroupent plusieurs milliers de personnes ont lieu le 3 avril pour réclamer sa libération à Carcassonne, Béziers et Nîmes et se déroulent dans le calme. Le 29 avril, une mobilisation régionale « pour vivre et travailler au pays » fait de sa libération une demande majeure. Il est mis en liberté provisoire le 11 juin et l'affaire est peu à peu vidée de son contenu. « L'État a choisi l'apaisement judiciaire et politique et abandonné de fait les poursuites »[406]. Cependant, en 1976, nombre de vignerons ont le sentiment que le gouvernement et certains de ces soutiens en veulent au principal responsable des CAV de l'Aude, André Cases. Son arrestation, envisagée, aurait été repoussée du fait d'une mobilisation rapide et puissante tant des vignerons que des élus. Ce militant apparaît comme un leader déterminé, dévoué, volontaire et est très populaire. Son arrestation serait apparue comme une volonté de revanche du gouvernement et une provocation qui risquait de relancer la mobilisation. Il reçoit, toutefois, des appels téléphoniques anonymes menaçants envers lui et sa famille et plusieurs incidents sérieux ont lieu. Ces menaces et ces tentatives sont attribuées par certains aux membres du Service d'action civique, partisans musclés de la droite dont les liens avec le banditisme ont plusieurs fois été

---

[403] Presse quotidienne régionale.
[404] Yannick SEGUIER, *Le Midi viticole, 2,* 2016.
[405] M. ZANCARINI-FOURNEL, *com. cit.*
[406] *Ibidem.*

évoqués. Des vignerons assurent alors sa protection pendant plusieurs semaines[407].

À partir de 1976, le mouvement viticole connaît des mutations importantes[408]. Certains plaident pour un changement de discours et de pratiques, valorisant l'action économique, d'autres tentent de maintenir l'unité régionale esquissée en février 1976. Cependant, la tentation de la violence resurgit parfois.

Des vignerons refusent de recourir à l'action violente mais entendent perpétuer l'esprit du 5 février 1976, manifestation pacifique d'unité régionale, pour « vivre et travailler au pays ». Ils considèrent que le Languedoc-Roussillon a une vocation viticole à conserver alors que s'affirme le projet d'élargissement de l'Europe à de nouveaux pays méditerranéens (Espagne, Grèce, Portugal). Ce mouvement est porté par une partie des comités d'action de l'Aude, de l'Hérault, le Mouvement d'intervention de la viticulture occitane (MIVOC), les occitanistes, les socialistes et les communistes qui, en Languedoc, entament un tournant régionaliste[409]. Les considérations électorales ne sont pas absentes de cette démarche et beaucoup espèrent une victoire de la gauche aux élections législatives de 1978 et présidentielles de 1981 : qui permettrait au gouvernement de donner satisfaction aux revendications viticoles. Le manifeste « Mon païs escorjat » (« Mon pays écorché ») lancé, à l'automne 1978, par E. Maffre-Baugé (leader vigneron qui se rapproche du PCF), Robert Laffont (universitaire et occitaniste) et Jean-Pierre Chabrol (écrivain), permet de percevoir les thèmes portés par cette sensibilité. Les signataires refusent l'élargissement de la CEE aux pays méditerranéens qui «porterait un coup mortel à l'économie des régions méridionales». La communauté européenne est vue comme « l'Europe du mark et du dollar [...] l'Europe du capital», favorable aux « multinationales » ; contre laquelle il faut lutter pour imposer « l'Europe des peuples » et davantage de démocratie. Anticapitalisme et régionalisme vont de pair. Cette région condamnée, par les instances européennes « à devenir un vide ensoleillé que hanteront à saisonnée les Européens en vacances et que ne garderont plus que quelques indigènes

---

[407] CAV et Michel LE BRIS, *ouv. cit.*
C. MARTI et J. P. CHABROL, *Caminarem, ouv. cit.*
[408] *Pôle Sud*, « La "grande transformation" du Midi rouge ?», n° 9, nov. 1998.
[409] Ph. MARTEL, *Amiras, art. cit.*

pensionnés » est « l'Occitanie, dont la culture renaît » et non « un lieu quelconque qu'on aménage et déménage ». Cette opposition à « l'étatisme centralisateur » s'accompagne de réticences envers le tourisme qui dénaturerait le pays[410]. Aux élections européennes de 1979, Le PCF, qui se prononce contre l'élargissement de la CEE, E. Maffre-Baugé est en cinquième position sur cette liste, devient le premier parti dans l'Hérault et le second dans l'Aude derrière le PS. En 1981, F. Mitterrand obtient plus de 60 % des voix dans l'Aude et plus de 54 % dans l'Ouest de l'Hérault, plus marqué par la viticulture que le reste du département. Las, les espoirs des vignerons sont déçus. Certains, moins nombreux que dans les années 1970, relancent la mobilisation dans les rues fin 1983, en 1984 et 1985... Malgré ce, l'élargissement se fait, les mobilisations de rue, exclusivement professionnelles, ne semblent plus avoir d'utilité. En parallèle, le mouvement d'unité régionale se délite et quand les vignerons défilent dans les villes de la région, ce n'est plus le cœur de la société languedocienne qui bat. Les combats des années 1970 semblent avoir été oubliés. Les partisans de l'action économique, plus présents, sont davantage entendus.

Avant 1976, ceux-ci étaient fort minoritaires. À partir de cette date, ils sont plus nombreux et leur discours devient dominant, dans les années 1980. Pour la première fois, ce n'est pas l'extérieur qui est présenté comme responsable de tous les maux : les vignerons ont une part de responsabilité dans la crise, ils peuvent et doivent agir. Le regroupement de l'offre, le virage vers la qualité et la conquête des marchés, tels sont les éléments du discours qui s'impose. Producteurs individuels et coopératives sont invités à planter des cépages améliorateurs, à ne pas rechercher les gros rendements, à élaborer un produit fini, à travailler la vinification afin de construire une image, « un système ... de notoriété », et de s'adapter à la demande[411]. Le dirigeant de la coopération de l'Hérault présente la politique de qualité comme la « seule issue » et appelle les coopérateurs à ne pas se cantonner à une « production de masse servant de matière première aux courants internationaux »[412]. Ce virage s'amplifie du fait de l'élargissement de la CEE à l'Espagne et de la politique suivie par le

---

[410] J. P. MARTIN, *ouv. cit.*, (1994).
[411] *PM*, 3/9/1980, Article des Côteaux du Languedoc, probablement rédigé par Jean Clavel.
[412] Marcellin Courret, FCCH, AG du 7/12/1978, *PM,* 28/12/1978.

gouvernement de F. Mitterrand. Des résultats sont perceptibles : en 1979, l'appellation Faugères (Hérault) obtient son passage en Appellation d'origine contrôlée (AOC) et les Coteaux du Languedoc en 1984. Le vigneron languedocien nouveau est arrivé : producteur de vins médiocres, insuffisamment dynamique mais prompt à manifester, le « viticulteur » serait devenu un « vigneron », professionnel, fier de la qualité de ses vins et commercial avisé. Par ailleurs, un certain nombre de dirigeants s'investissent dans les outils économiques, tels les Groupements de producteurs (GP), qui entendent regrouper l'offre en vue de favoriser la commercialisation[413]. Ces structures se développent commercialisant des dizaines de millions de bouteilles. Elles obéissent à une logique commerciale, se concurrencent et sont accusées par certains de casser les prix, d'être insuffisamment au service des producteurs voire d'importer ou de frauder sur la qualité, sans que pour autant leur utilité soit remise en cause. Dans un tract distribué en 1987, la Confédération paysanne l'affirme : la « grande solidarité de la famille viticole » a cédé la place à l'individualisme et certains anciens des Comités d'action « devenus administrateurs de leur groupement » se comportent comme des négociants[414]. Les pratiques économiques et œnologiques changent mais tous n'en recueillent pas les fruits et la tentation de la violence resurgit y compris contre les outils forgés par des vignerons, fussent-ils d'anciens activistes.

Le recours aux actions « coup de poing » avait repris dès les années 1980 avec la volonté de ne pas reproduire les erreurs antérieures. À l'été 1981, une crise de mévente amène les vignerons à interpeller le gouvernement et à appeler à la mobilisation. Les moyens d'action utilisés renvoient à la tradition activiste : attentats à l'explosif contre des chais de négociants (nuit du 7 au 8 juillet), vidage de camions de leur cargaison de vin importé. Le 10 août, un navire italien, l'*Ampelos* est occupé à Sète par une cinquantaine de vignerons de l'Hérault menés par Jean Huillet rejoint bientôt par plusieurs centaines de producteurs. Les militants estiment que le vin est un

---

[413] Yves Barsalou, de la CGVM, fut dirigeant du Crédit agricole et a participé à la naissance du Val d'Orbieu. Roger Guitard, ancien des CAV de l'Aude a assuré la présidence de l'UCCOAR (Union des caves coopératives de l'ouest audois et du Razès). Ces deux GP fusionnent en 2012.
[414] Tract de la CP pour le rassemblement du 19 novembre 1987 à Montpellier (Archives de la CP de l'Hérault, Pézenas).

coupage de blanc et de rosé interdit. Les négociations avec le gouvernement qui durent une partie de la journée ne débouchent pas, des wagons de vin d'Algérie sont vidés et la cargaison de plus de 8000 hl est détruite. Cette action menée en plein jour, à visage découvert (comme il était alors de tradition), surprend une partie des responsables viticoles et des élus mais a un grand retentissement. Raoul Bayou, député socialiste, considère que les importations sont de trop et E. Maffre-Baugé, alors député européen, affirme que les CAV ont été contraints de détruire la marchandise à cause de la mauvaise volonté du négoce. Le gouvernement décide de bloquer les importations mais l'Italie proteste et, en 1982, la Cour européenne de justice condamne la position française. Les années suivantes, le mouvement viticole recourt aux mobilisations de rue : manifestations des 29 janvier et 31 mars 1982, pour un office qui garantisse les revenus, rassemblements des 20 avril, 13 juin, 13 décembre 1983 et 15 février 1984 contre le projet d'élargissement de la CEE. Ces mobilisations, qui regroupent rarement plus de 10 000 participants, sont lancées à l'appel des comités d'action de l'Aude et de l'Hérault. Le 2 février 1984, deux audois sont appréhendés, après un vidage de camions, signe que le gouvernement, socialiste, considère que le respect de la loi doit maintenant s'imposer, y compris en terres viticoles. Pour protester contre leur condamnation, en date du 29 février, des activistes mènent, le 20 avril, une action qui s'avère contre-productive. Un hypermarché Leclerc, qui achetait pourtant du vin de l'Aude, est incendié à Carcassonne. Cette initiative est condamnée par les responsables professionnels, même s'ils affirment leur solidarité avec les inculpés. En effet, elle ravive les craintes de dérapage, met au chômage technique des employés et donne une mauvaise image des vignerons. Les comités d'action sont mis en sommeil et, face aux difficultés, la profession a recours aux rassemblements : le 18 février 1986 près de Montpellier, le 19 novembre 1987 dans celle-ci[415].

Ce n'est qu'au début des années 1990 que résonne à nouveau le son des explosifs et que la violence est à nouveau utilisée. Les activistes des années 1970 ont passé la main, les dirigeants des comités d'action ont été renouvelés. De jeunes vignerons, dont nombre ont fait le pari de la qualité et connaissent des difficultés

---

[415] J. P. MARTIN, *ouv. cit.*, (1994).

financières, participent aux actions : manifestations du 3 juillet 1991, à Béziers derrière le mot d'ordre « Nous voulons rester vignerons », et du 14 novembre 1991, à Montpellier à l'appel d'une structure intersyndicale ; commandos nocturnes contre des bâtiments publics : les Directions départementales de l'agriculture à Carcassonne et Montpellier sont touchées par des explosifs le 10 avril 1991, des perceptions et une antenne du conseil général de l'Hérault, dans la nuit des 17 au 18 mai, des bâtiments publics, dans la nuit du 10 octobre et du 24 octobre. C'est encore le cas à plusieurs reprises en 1992 : nuits du 28 au 29 mai, du 4 au 5 juin, du 7 au 8 juillet. Des actions contre le négoce importateur sont menées : commandos les 22 et 23 octobre 1991 dans la région, vidage d'une cuve - fait rare, hors de la région - à Brest le 25 novembre 1991. Pour la première fois, une filiale d'un groupement de producteurs, créée par la profession, est visée : une cuve de l'UCCOAR est vidée, à Sète le 10 octobre 1991. Moins nombreux, les vignerons sont aussi divisés. L'action violente n'a pas disparu même si elle est moins massive. L'héritage des CAV perdure[416]. Ainsi, en 2002, la commémoration des événements de Montredon regroupe un millier de vignerons, en soutien à l'un d'entre eux, condamné à de la prison ferme pour le saccage de locaux. Cette manifestation en ce lieu est une mise en garde lancée aux pouvoirs publics.

Antoine Roger a recensé 39 journées d'action revendiquées par le CRAV, souvent accompagnées d'actes de violence, entre le 6 décembre 1998 et le 23 juillet 2010, dont 10 en 2009, essentiellement dans l'Aude et dans l'Hérault[417]. Lors de ces journées, plusieurs actions peuvent être menées et des cibles différentes visées. Celles-ci peuvent être des infrastructures de transports (équipements de la SNCF), des bâtiments publics (DDA, perceptions, locaux de la MSA, de l'office des vins), des radars routiers : l'inaction de l'État est alors dénoncée. Les négociants, touchés à 20 reprises, restent des cibles privilégiées et voient leurs cuves vidées, leurs locaux subir des destructions, y compris les Groupements de producteurs de la région ou leurs filiales : leur rôle dans les importations est alors vilipendé. Les grandes surfaces, accusées d'imposer une baisse des cours, subissent les assauts des activistes. Parfois, pour se faire entendre, des agences bancaires voire un fournisseur d'accès à internet sont visés.

---

[416] *Ibidem.*
[417] A. ROGER, *art. cit.*

Ces actions donnent lieu à des destructions de matériel avec l'utilisation d'explosifs ou à des vidages de cuves par des activistes qui, quand ils agissent en plein jour sont dorénavant cagoulés. Pour A. Roger, ces « nouveaux actes de violence [...] tendent à contester aux responsables des groupements le droit de parler au nom des viticulteurs » car, avec le soutien du négoce et du conseil régional, ceux-ci relaieraient les orientations européennes préconisant de reproduire les méthodes des producteurs du « Nouveau monde » (vins de cépages, qualité constante, superficies importantes), afin de les concurrencer sur les marchés internationaux et ce alors que nombre de producteurs font face à des difficultés importantes. Le recours à la violence et l'interpellation de l'État apparaissent comme une solution pour se faire entendre et montrer aux responsables des GP, qui dirigent la coopération et sont reconnus par l'Union européenne, qu'ils ne représentent pas toute la profession. À la différence des années 1960 -1970, où l'action violente des comités visait, entre autres, à ce que l'État reconnaisse l'organisation régionale spécialisée que se donnait la profession.

La comparaison avec le cycle antérieur de mobilisations permet de saisir points communs et différences. Comme l'a mis en évidence Erik Neveu, les vignerons piochent dans « une palette préexistante de formes protestataires plus ou moins codifiées »[418] quitte à les infléchir ou à en modifier le sens. Ainsi, l'utilisation de l'explosif lors d'actions de commando vise, depuis les années 1990, des Groupements de producteurs créés par des membres de la profession. Ces actions, par ailleurs, voient les vignerons porter des cagoules, signe d'une moindre tolérance des autorités envers ces violences. Les activistes essaient cependant d'éviter les violences aux personnes et les affrontements avec les forces de l'ordre. Par ailleurs, ces actions ne sont plus insérées dans une mobilisation unanimiste à la dimension régionale, voire régionaliste, et les vignerons sont devenus une catégorie professionnelle parmi d'autres. Cette profession est d'ailleurs divisée et l'objectif des actions est d'interpeller les pouvoirs publics mais aussi les responsables des outils économiques (GP) dont la logique est critiquée par nombre de vignerons. Les mobilisations des vignerons se font toujours toutefois en dehors du cadre syndical national.

---

[418] Érik NEVEU, *Sociologie des mouvements sociaux*, La Découverte, Paris, 1996, (p. 21).

Bernard Lambert, leader paysan atypique.

Un exemplaire du journal, *Le travailleur paysan,* à la main, lors d'une réunion avec des militants (très probablement de la CNSTP).

Sans date précise, (début des années 1980).

Crédit : CHT, coll. CNSTP.

21 : Perpétuer la mémoire de Bernard Lambert

B. Lambert meurt dans un accident de voiture, en juin 1984.

« Avec sa casquette de marin-pêcheur canaille... "l'ancien" avait une place à part dans ce mouvement sans chef... Il manquera [...] à l'agriculture française qui, dans la tourmente qu'elle traverse, a plus besoin d'imagination que d'agitation »[419].

Incontestablement, l'homme a marqué le monde agricole et ceux qui s'y sont intéressés. Bien après sa mort, lors du rassemblement contre l'Organisation mondiale du commerce, en

---

[419] Jacques Grall, *Le Monde*, 27/6/1984.

2003, sur le Larzac, ou lors des initiatives de soutien à José Bové en 1999 et 2000, la personnalité de Bernard Lambert est évoquée comme une référence centrale tant par la CP que par son leader médiatique. Pourquoi cette volonté de perpétuer sa mémoire ? Quels aspects de ses combats sont valorisés et pourquoi ? En quoi la CP et J. Bové en sont-ils les héritiers ?

Peu de temps après sa mort, les amis de B. Lambert et ceux qui ont milité avec lui ont entrepris de perpétuer la mémoire de sa vie et de ses engagements. Une association Bernard Lambert est créée dès 1984. Elle édite, en septembre 1985, une brochure, *Bernard Lambert. Recueil de textes choisis (1955-1984).* La sélection est faite par une commission de cette association à laquelle participe activement René Bourrigaud, ancien animateur des Paysans-travailleurs de Loire-Atlantique, à l'origine de la création du Centre d'histoire du travail[420] de Nantes. Le choix est fait de ne pas reprendre d'extraits de son livre *Les Paysans dans la lutte des classes* car il « est sans doute le mieux connu ». Pour R. Bourrigaud, l'intérêt de ce recueil n'est pas seulement sentimental. Il s'agit de retrouver « la mémoire des trente dernières années ». Il doit être un outil pour la recherche et permettre de « comprendre l'histoire de l'émergence d'un mouvement paysan progressiste »[421]. L'association organise, en septembre 1985, un colloque : *De quelle modernité les travailleurs et les paysans du monde ont-ils besoin ?* Il regroupe plus de 400 participants et donne lieu à publication[422]. Le débat aborde la politique agricole de la France, de l'Europe mais aussi les problèmes de l'agriculture d'autres régions du monde. Y participent des paysans des diverses sensibilités de la nouvelle gauche paysanne mais aussi des économistes, avocats, agronomes, militants, ayant participé à des combats menés par B.

---

[420] Alors Centre de documentation du mouvement ouvrier et du travail (CDMOT).
[421] ASSOCIATION BERNARD LAMBERT, *Bernard Lambert. Recueil de textes choisis (1955-1984),* sept. 1985, p.7.
[422] ASSOCIATION BERNARD LAMBERT, *Quelle modernité pour les travailleurs et les paysans du monde ?,* Presse de l'estuaire, Nantes, s.d..
Outre des militants paysans ou des animateurs syndicaux sont présents : Claude Julien (du *Monde diplomatique*), René Dumont, Gilbert Declercq (CFDT), Jacques Berthelot (économiste), Amédée Mollard (INRA), François Colson (INRA), Michel Fontaine (école vétérinaire de Lyon), Henri Leclerc, Jean Danet et Yves Lachaud (avocats), Jacques Grall (du *Monde*), Françoise Bourquelot, Serge Cordellier (ancien permanent de la Fédération nationale porcine puis responsable de l'AFIP)…

Lambert. Les uns et les autres continuent les années suivantes à présenter le rôle et les apports de B. Lambert et à évoquer sa mémoire.

Plusieurs membres de cette association participent à la rédaction d'une biographie de B. Lambert, rédigée par Yves Chavagne, et publiée en 1988[423]. Il s'agit d'insérer B. Lambert dans les évolutions du monde agricole, dans les grands combats paysans, des années 1950 au milieu des années 1980, et de montrer l'importance de son rôle. La préface de B. Thareau, paysan, influencé par B. Lambert mais proche du PS, et qui a appartenu à l'autre sensibilité de la nouvelle gauche paysanne, n'a-t-elle pas pour fonction, outre l'attachement personnel de ce militant à B. Lambert, de signifier que le temps est au rapprochement[424] ? B. Thareau évoque le rôle précurseur de ce dernier, son charisme, ses dons oratoires mais aussi, à mots feutrés, son relatif isolement à certains moments. Surtout il y affirme que ce leader « s'était fixé pour objectif [...] de renouer des liens permettant le rapprochement des syndicats minoritaires »[425]. L'ouvrage évoque le poids des autorités traditionnelles dans cette région et la volonté d'émancipation des paysans, symbolisée par son parcours. Lui, dont le père métayer saluait son propriétaire d'un « Bonjour, monsieur not' maître ». Les années 1960 sont présentées comme un « âge d'or syndical » avec des mobilisations massives impulsées par la Fédération de l'Ouest. Cette biographie revient sur *Les Paysans dans la lutte des classes*, sur sa réception et sur les réactions qu'il suscita. Elle souligne sa mise à l'écart du syndicalisme majoritaire, son choix de rejoindre les Paysans-travailleurs sans être pour autant à l'initiative de la rupture. L'ouvrage insiste sur l'affaire du veau aux hormones et le tournant pris à partir de celle-ci, mettant en évidence le rôle de B. Lambert dans la critique du productivisme qui s'amorce. Critique de la manière de produire et réflexion sur les finalités de l'agriculture qui l'amènent à envisager des alliances avec les mouvements de consommateurs. Enfin, son rôle dans la construction d'une alternative syndicale à la FNSEA est rappelé. Il a été favorable au choix de se constituer en syndicat, en 1981, puis a

---

[423] Yves CHAVAGNE, *ouv. cit.* Ont aussi participé à la rédaction : Paul Bonhommeau, Joseph Bourgeais, René Bourrigaud, Jean Cadiot, Joseph Chevalier, Nicole Croix, Marie-Paule Lambert, Médard Lebot et René Philippot.
[424] Sur B. Thareau, Bernard BRETONNIERE, François COLSON, Jean-Claude LEBOSSE, *Bernard Thareau. Militant paysan*, Éditions de l'Atelier, Paris, 1997.
[425] Y. CHAVAGNE, *ouv. cit.*, p. 11.

essayé de rapprocher les militants des différentes sensibilités de la nouvelle gauche paysanne, qui s'étaient parfois vivement opposés. Son charisme et sa combativité sont soulignés mais aussi ses doutes et ses contradictions. Dans cet ouvrage, B. Lambert est présenté comme un dirigeant qui anticipe, a du flair politique quitte à imposer son point de vue. Ainsi en est-il de l'appel à la marche sur le Larzac : B. Lambert veut en faire une lutte nationale alors que d'autres y sont rétifs. En 1980, quand il critique l'utilisation d'hormones dans l'alimentation des veaux, des membres de ce courant y sont défavorables, craignant les réactions des agriculteurs qui y ont recours. La personnalité de B. Lambert a pu heurter et sa façon d'imposer ses idées n'a pas forcément plu à tous, y compris dans la sensibilité à laquelle il participait. Reste que sa façon de poser les questions agricoles comme des questions de société ont permis de toucher un large public et d'impulser des débats majeurs.

En 1997, la biographie consacrée à Bernard Thareau présente ce dernier, plus jeune de cinq ans, comme un « compagnon de route » de B. Lambert. Sans oublier les désaccords sur la coopération ou les pratiques syndicales, l'ouvrage met en valeur les combats communs et les capacités d'analyse de B. Lambert ainsi que sa volonté d'aller vers un rapprochement des diverses sensibilités de la gauche paysanne.[426]

C'est cependant J. Bové qui permet à un public plus large de découvrir ce leader. En août 1999, il s'inspire de sa démarche, quand après une manifestation d'éleveurs de brebis, qui a donné lieu à des déprédations matérielles, dans un Mac Donald's de Millau, il lie ce combat à celui contre la malbouffe afin de toucher l'opinion publique[427]. Le caussenard évoque fréquemment B. Lambert. Denis Pingaud affirme même que, selon Alice Monier, ce dernier aurait été un peu un modèle pour lui[428]. L'ouvrage cosigné, en 2000, avec

---

[426] B. BRETONNIERE, et alii, *ouv. cit.,* p. 46.
[427] J.P. MARTIN, « La Confédération Paysanne et José Bové, des actions médiatiques au service d'un projet ? », p. 151-180, *Ruralia*, juin 2000, n°6, Lyon.
J.P. MARTIN, « La Confédération paysanne et José Bové à l'heure de la contestation de la "mondialisation libérale" », p. 101-121, *Cahiers d'histoire immédiate*, n° 20, automne 2001.
J.P. MARTIN, « José Bové, un activiste sans projet ? », p. 307-321, *Modern and contemporary France*, vol 11, n°3, 2003.
[428] Denis PINGAUD, *La longue marche de José Bové. Biographie*, Seuil, Paris, 2002, (p. 126).

François Dufour et Gilles Luneau commence par un extrait du discours de ce leader lors du rassemblement de 1973 : « *Quelque chose de capital vient de changer dans notre histoire : jamais plus les paysans ne seront des Versaillais, jamais plus ils ne s'opposeront à ceux qui veulent changer cette société* ». Extrait qui présente l'avantage de lier l'histoire de la Confédération paysanne à celle de la lutte du Larzac ; histoires dont F. Dufour et J. Bové s'affirment les héritiers. C'est le militant qui dénonce le veau aux hormones, critique la FNSEA et soutient le Larzac qui est valorisé[429].

La mémoire de B. Lambert est aussi entretenue par d'autres. Henri Leclerc, avocat membre, jusqu'en 1972, du PSU, lui consacre plusieurs pages[430]. Il souligne sa proximité politique et militante avec lui, sa volonté de transformation de la société ainsi que sa « remarquable connaissance du milieu paysan». Il « alliait […] la générosité du militant, marqué par ses origines chrétiennes, à la chaleur de l'orateur populaire. Et aussi à une excellente capacité d'analyse - imprégnée de marxisme »[431]. Ce responsable a souvent fortement impressionné ceux qui, issus d'autres milieux, l'ont rencontré. Un cinéaste passé, dans sa jeunesse, par le PSU, lui consacre un film. *Paysan et rebelle, un portrait de Bernard Lambert*, de Christian Rouaud est diffusé par France 3 Ouest, le 22 juin 2002, et attire 15,7% des téléspectateurs. Il donne lieu à des rediffusions les 23 et 29 novembre de la même année sur France 2 (à des heures tardives). Par ailleurs, sont organisées 56 projections (dans 25 départements) en présence du réalisateur[432].

Le film alterne entretiens et images d'archives. M. P. Lambert et plusieurs militants paysans sont interrogés ainsi qu'Henri Leclerc,

---

J.P. MARTIN, « De Bernard Lambert à José Bové, les combats de la nouvelle gauche paysanne », p. 157-180, dans Céline PIOT (sous la dir. de), *ouv. cit.*
[429] J. BOVE et François DUFOUR (avec Gilles LUNEAU), *Le monde n'est pas une marchandise. Des paysans contre la malbouffe*, La Découverte, Paris, 2000.
[430] H. LECLERC, *ouv. cit.*, en particulier p. 120 -136. H. Leclerc et B. Lambert, on s'en souvient, ont été co-responsables de la publication de *Répression des luttes : des paysans parlent*, Maspéro, Paris, 1972.
[431] H. LECLERC, *ouv. cit.*, p. 121.
[432] Renseignements aimablement fournis par Christian Rouaud, courriers électroniques des 14, 15 et 17 novembre 2015. Ce cinéaste, a été militant du PSU, proche de la tendance GOP. Sensibilisé aux combats menés par B. Lambert qu'il n'a pas connu personnellement mais entendu lors de meetings. « C'était un orateur incroyable, qui vous arrachait des larmes » (courrier électronique du 17/11/2015).

ému, qui insiste sur la façon dont B. Lambert, avec son aide, a su utiliser le droit pour défendre les paysans. Michel Rocard affirme que ce responsable n'était pas seulement une relation politique mais un ami, un « très grand bonhomme » sans cacher les désaccords qu'il eut avec lui[433] : « Il a cru plus naïvement que moi à ce que mai 68 était une annonce de révolution dans la société française ». Le film évoque le milieu d'où est issu ce leader, sa formation, ses qualités : Jean-Claude Olivier (ancien Paysan-travailleur) rencontre B. Lambert alors qu'il n'a que 12 ou 13 ans et ce dernier « se met à exprimer tout ce qu'il ressent ». Ses qualités d'analyse et de réflexion ainsi que son art oratoire sont soulignés, ses combats sont présentés mais le documentaire ne verse pas dans l'hagiographie. Michel Rocard pense que si ce dirigeant n'était pas un démagogue, il avait un certain goût pour le pouvoir. Paul Bonhommeau précise que ce qui lui plaisait était plutôt d'être le leader d'une manifestation. Enfin, tous sont d'accord pour dire que convaincu d'avoir raison, il a parfois imposé ses vues. Le film revient aussi sur son œuvre théorique. Michel Rocard rappelle que la gauche était « à côté de la plaque » en ce qui concerne le monde paysan et que B. Lambert a eu, avec son livre, un « rôle de dévoileur ». Pour René Bourrigaud, il a affirmé qu'une fraction des paysans devenaient des exploités et ainsi « cassé le mythe de l'unité paysanne »[434].

En 2003, le livre de B. Lambert *Les Paysans dans la lutte des classes* est réédité par le Centre d'histoire du travail de Nantes avec un avant-propos de José Bové[435]. Il est tiré à 1 000 exemplaires et est aujourd'hui épuisé[436]. J. Bové affirme que l'ouvrage reste « une référence pour celles et ceux qui veulent changer le monde » car il met en évidence le fait que « l'agriculture n'échappe pas à la logique du capitalisme » et annonce la rupture vis-à-vis de ceux qui se considèrent comme des entrepreneurs. Pour lui, la réflexion de B. Lambert « s'imprègne de la pensée marxiste alors dominante » mais sa pensée « est toujours liée au vécu, donc évolutive. Elle est un

---

[433] « Il semblait exister une relation privilégiée entre les deux hommes, un grand respect et une reconnaissance réciproque », Yannick DROUET et Jean-Philippe MARTIN, *art. cit*. (2009) p. 294 (entretien avec Dominique Froger réalisé par Yannick Drouet), p. 291-304, dans Tudi KERNALEGUENN et alii, *ouv. cit.*
[434] Christian ROUAUD, *Bernard Lambert, paysan et rebelle*, 2002, 84 mn.
[435] Bernard LAMBERT, *Les paysans dans la lutte des classes*, réédition commentée, CHT, Nantes, 2003.
[436] Renseignement fourni par Christophe Patillon, CHT de Nantes.

cheminement vers une compréhension plus profonde de l'aliénation subie par les paysans ». Le caussenard met surtout en valeur le soutien aux paysans du Larzac et la remise en cause du productivisme. B. Lambert annoncerait les orientations de la CP qui « ne se contente pas seulement de revendiquer des droits économiques et sociaux, mais s'interroge sur la fonction sociale de son métier ». Il aurait « pressenti que la remise en cause du productivisme en agriculture n'était pas seulement un problème paysan mais que c'était toute l'architecture de la société qui se trouvait attaquée »[437]. Une série d'articles soulignent les apports de la pensée de B. Lambert. Sans négliger ses erreurs, ainsi de la thèse de la prolétarisation qui n'a pas reçu confirmation. Cependant, selon R. Bourrigaud, ces réflexions ont été fécondes posant la question du « revenu et de la reconnaissance du travail paysan » et contribuant à la rupture avec la FNSEA, « clarificatrice des débats et des enjeux »[438].

La mémoire de B. Lambert est portée par la Confédération paysanne qui en fait un de ses précurseurs car il a joué un rôle significatif dans la rupture avec le syndicalisme majoritaire même si, en 1972, ce sont les jeunes qui animent les journées d'Orléans. Au-delà du fait qu'il symbolise le choix de construire un syndicat alternatif, trois axes de son parcours sont valorisés. Il est celui qui fut à l'origine de l'appel pour la première marche sur le Larzac et a accompagné les caussenards tout au long de leur lutte. Il a affirmé dans son livre que le monde paysan n'était pas uni. Ce que le CNJA avait dit mais différemment. Enfin, il a joué un rôle clef dans l'émergence de la critique du productivisme. Ce qui est retenu est qu'il a essayé de lier question agricole et question de société, défense professionnelle et recherche de solidarités. Si la mémoire de B. Lambert est essentiellement portée par des militants, celle du plateau qu'il défendit est plus largement connue.

22 : Mythifiée, revisitée et revitalisée : la lutte du Larzac

La lutte du Larzac, les interprétations qui en sont diffusées puis les combats de José Bové et de la Confédération paysanne entre 1999 et 2003 ont fait de ce plateau un lieu de mémoire et ont contribué à faire de ce combat un mythe auquel nombre de médias sont sensibles.

---

[437] José BOVE, « Avant-propos » dans B. LAMBERT, (rééd. 2003), p. 3-10.
[438] René BOURRIGAUD, « Paysans et prolétaires », p. 183-192, *ouv. cit.*

Entre 1987 et le début du printemps 2016, le journal *Le Monde* a publié 756 articles mentionnant le mot « Larzac », dont 61 dans le titre, soit une moyenne de 25 par an environ[439].

Pendant la lutte déjà, les paysans ont mené un travail de présentation de soi et de leur combat vis-à-vis des médias et de l'opinion publique. Ils ont voulu prouver qu'ils étaient des gens du pays et ont choisi des orateurs ayant l'accent du Midi (Robert Gastal, le 14 juillet 1972, Marie-Rose Guiraud, en août 1973). Ils ont tenu à montrer qu'ils étaient d'authentiques agriculteurs, reléguant ceux qui n'en avaient pas le « look » à l'arrière lors d'une marche sur Paris. Ils ont insisté sur le fait que l'agriculture du plateau n'était pas archaïque et ont présenté les innovations entreprises. Ils ont affiché le caractère collectif de leur lutte (signant « les paysans du Larzac ») ainsi que leur souci de diriger celle-ci en toute indépendance, même s'ils ont à plusieurs reprises tenu à témoigner de leur volonté d'ouverture. Ils ont, d'autre part, souligné que leur détermination était non-violente.

L'arrivée au pouvoir de F. Mitterrand, en 1981, et son choix de renoncer à l'extension du camp signe leur victoire, une des rares de la fin des années 1970. Elle permet la stabilisation d'hommes et de femmes venus sur le causse du fait de la lutte : néo-ruraux tels José Bové, Alice Monier ou Christian Roqueirol, ainsi que d'autres, les années suivantes. Afin de gérer les terres libérées par l'armée, l'État accorde, en 1985, un bail emphytéotique à une Société civile des terres du Larzac (SCTL) qui loue les terres à des exploitants, permettant l'installation de paysans. La victoire s'est aussi matérialisée dans la pierre : la bergerie de La Blaquière est restée, un écomusée, à la Jasse, est un lieu de mémoire qui revient sur la lutte. Enfin, une plaque en l'honneur de Lanza del Vasto est scellée sur un rocher, symboliquement, près du hameau de La Blaquière[440]. Au-delà de l'Aveyron, il était possible, il y a quelques années, de voir au premier étage de la tour Eiffel une photographie de brebis caussenardes paissant au pied de celle-ci agrémentée d'un texte. Le groupe des paysans diffuse, après 1981, ce que P. M. Terral appelle un « récit fédérateur ». Un des principaux vecteurs de celui-ci est *Gardarem lo Larzac* dont la publication se poursuit même si la revue

---

[439] P. M. TERRAL, en compte 527 entre 1987 et le printemps 2010, *ouv. cit.*, p. 363. Nous en avons compté plus de 630.
[440] *Ibidem.*, p. 303-310.

subit une érosion de sa diffusion. Dans les articles, parfois empreints de nostalgie, l'unité du groupe est mise en valeur, les grands moments de la lutte sont évoqués et la victoire finale rappelée. Par contre, les doutes, les désaccords, les tensions et les moments difficiles sont souvent oubliés. « Sur le plateau, l'orthodoxie contraint l'expression publique »[441]. Le mythe de l'unité doit perdurer. L'ouverture des paysans est symbolisée par les liens tissés par-delà les frontières. L'été 1981 est marqué par des « Journées mondiales pour la paix », en mars 1982, une délégation se rend à Narita (Japon) où des paysans s'opposent à l'extension d'un aéroport, en août 1983 un rassemblement « Pour le gel nucléaire » est organisé. Des relations étroites sont nouées avec des mouvements kanaks qui luttent contre une situation jugée coloniale : l'USTKE (Union syndicale des travailleurs kanaks et des exploités) et le FLNKS (Front de libération kanak et socialiste) de Jean-Marie Tjibaou. Ce dernier se rend à plusieurs reprises sur ce plateau. Dans les années 1990, des Larzaciens protestent contre les essais nucléaires français en Polynésie où certains vont.

Des ouvrages savants, à la diffusion restreinte, reviennent sur cette lutte et en donnent une vision moins enchantée, en 1987 et 1995, suscitant parfois des réactions critiques des Larzaciens[442]. Le livre d'Alexander Alland Jr qui évoque les « conflits internes du groupe » a « offusqué le groupe militant, habitué à vivre sous le regard public, mais avec une certaine bienveillance »[443]. Dans les campagnes, les liens d'interconnaissance exigent parfois d'oublier les désaccords.

Le souvenir de ces dix ans de lutte a été réactivé par de nouveaux combats. Un noyau d'éleveurs rejoint les Travailleurs-paysans puis la Confédération paysanne dont J. Bové devient un des responsables nationaux en 1987. Des comités roquefort sont initiés pour s'opposer aux quotas jugés figés et inéquitables. De ce groupe naît le Syndicat des producteurs de lait de brebis (SPLB) animé, par J. Bové et Alain Soulié qui mène un combat énergique pour la défense du prix du lait vis-à-vis des industriels de Roquefort et pour sa

---

[441] *Ibidem*, p. 310-314.
[442] Didier MARTIN, *Le Larzac. Utopies et réalités*, L'Harmattan, Paris, 1987.
Alexander ALLAND JR, *Le Larzac et après. L'étude d'un mouvement social novateur*, L'Harmattan, Paris, 1995.
[443] P. M. TERRAL, *ouv. cit.*, p. 313.

reconnaissance institutionnelle[444]. Ce mouvement dont les actions, originales et déterminées, sont relayées par les médias locaux, acquiert une popularité certaine auprès des éleveurs. En août 1999, une de ses actions débouche sur une médiatisation internationale qui ravive la mémoire de la lutte du Larzac[445].

L'épopée bovéenne, entre 1999 et 2003, revitalise le mythe[446]. Pour répliquer à la décision des États-Unis de surtaxer le roquefort, le SPLB appelle à manifester, le 12 août 1999, devant le chantier du Mac Donald's de Millau car pour lui l'Europe a raison de « dire non au bœuf aux hormones ». Plusieurs centaines de personnes se rassemblent et pénètrent sur le chantier, une porte vitrée est brisée, des slogans sont peints et des éléments du chantier sont transportés devant la sous-préfecture. J. Bové défend devant la presse les intérêts des éleveurs mais dénonce aussi la malbouffe que représenterait l'entreprise visée ainsi que l'Organisation mondiale du commerce (OMC), élargissant le propos et s'adressant à l'ensemble de la

---

[444] Jean-Philippe MARTIN, « La Confédération paysanne entre contestation traditionnelle et propositions nouvelles », p. 27- 44, *Sciences de la société*, n° 45, 1998.
[445] Jean-Philippe MARTIN, « La Confédération Paysanne et José Bové, des actions médiatiques au service d'un projet ? », p. 151-180, *Ruralia*, n°6, juin 2000.
[446] Sur l'action de J. Bové dans les années 1999-2003 :
J. P. MARTIN, *art. cit,* (2000), (2001), (2003).
Jacques CAPDEVIELLE, *Modernité du corporatisme*, Presses de Sciences Po, Paris, 2001.
Denis PINGAUD, *ouv. cit.*, (2002).
Ivan BRUNEAU, « La Confédération Paysanne et le mouvement antimondialisation. Analyse interne d'un mouvement paradoxal et problématique », *Politix*, décembre 2004.
J. P. MARTIN « Du Larzac à la Confédération paysanne de José Bové », p. 107-142, dans Éric AGRIKOLIANSKY, Olivier FILLIEULE, Nonna MAYER (sous la dir. de), *L'altermondialisme en France. La longue histoire d'une nouvelle cause*, Flammarion, Paris, 2005.
J. P. MARTIN, *ouv. cit.*, (2005).
Gaël FRANQUEMAGNE, « La mobilisation socioterritoriale du Larzac et la fabrique de l'authenticité », p. 117-133, *Espaces et sociétés*, (n° 143), 2010/3.
P. M. TERRAL, *ouv. cit.* (2011).
Pierre-Marie TERRAL, « Une autre Europe est-elle possible ? L'itinéraire de José Bové, du contre-pouvoir syndical à l'euro-députation (1987-2011) », Communication, Journées d'études – 31 mai / 1e juin 2012, L'Europe et ses opposants. Vingt ans d'engagement souverainiste et alter-européen en France (1992-2012), Université de la Sorbonne-Paris I/ Science Po Paris,

société[447]. Des déprédations matérielles réelles certes mais nul saccage cependant. C'est pourtant cette expression que diffuse l'Agence France presse et une action en justice est engagée contre quatre paysans et le président de la Fédération des grands causses, Jacques Barthélémy. La médiatisation s'emballe car les arrestations, les incarcérations et la demande de caution choquent. J. Bové refuse de la verser, alimentant la médiatisation et suscitant un élan de solidarité qui dépasse le cadre national. Des agriculteurs américains, membres de Via campesina, « internationale paysanne » à laquelle appartient la CP, paient sa caution, il est libéré. De septembre à décembre 1999, J. Bové et la Confédération paysanne axent leur combat sur l'opposition à la mondialisation libérale et à l'OMC qui doit se réunir à Seattle. Ce leader s'y rend en compagnie de Pierre Vuarin, ancien des comités Larzac, responsable à la Fondation pour le progrès de l'homme (FPH), animateur du réseau « Agricultures paysannes et mondialisation », créé sur le Larzac, avec des militants des États-Unis. J. Bové devient une des figures mondiales du mouvement qui aspire à une autre mondialisation. Les liens tissés entre anciens des comités Larzac ont favorisé la solidarité avec ce leader. En juin 2000, un rassemblement regroupe des dizaines de milliers de personnes à Millau en défense des dix inculpés de l'affaire du Mac Do. J. Bové lie toujours, dans ses discours, défense professionnelle, combat pour une autre mondialisation et refus de l'utilisation des Organismes génétiquement modifiés (OGM) en agriculture. De 1997 à 2003, la CP et J. Bové appellent au fauchage de plantes ou à la dénaturation de graines génétiquement modifiées. Des dirigeants dont lui-même ou René Riesel (Lozère) y participent ce qui entraîne des actions en justice contre eux et contre le syndicat. Cette stratégie comporte des risques : les procès accaparent les militants, les jugements entrainent des condamnations et des sommes importantes sont réclamées au syndicat. Après plusieurs procès, J. Bové est condamné et à nouveau emprisonné, le 22 juin 2003, durant plusieurs semaines[448]. Un rassemblement, « D'autres mondes sont possibles », est organisé, en août, contre l'Organisation mondiale du commerce. Malgré des médias moins favorables qu'en 1999, plus de 200 000 personnes y participent. Un an après la victoire de Jacques Chirac, aux élections

---

[447] L'expression malbouffe, absente du tract d'appel à la manifestation, est utilisée le lendemain par J. Bové.
[448] J. P. MARTIN, *ouv. cit.,* 2011.

présidentielles de 2002, nombre d'acteurs des mouvements sociaux défaits du printemps (enseignants, intermittents du spectacle, opposants à la réforme des retraites), se retrouvent lors de ce carrefour des contestations. Le mouvement altermondialiste paraît puissant, J. Bové en est une des personnalités marquantes et les liens de ce cycle de luttes avec les combats passés sont fréquemment évoqués.

Le rassemblement de 2003 fête aussi les 30 ans du premier rassemblement. Sous un chapiteau, l'espace central porte le nom d'espace Bernard Lambert et veut transmettre la mémoire de la lutte du Larzac. Le soir du 9 août 2003, Marysette Tarlier et Léon Maillé, des « anciens », prennent la parole devant une foule considérable. Dans ses discours, ses interviews, les ouvrages auxquels il participe, J. Bové se pose en héritier de B. Lambert, de la nouvelle gauche paysanne et de la lutte du Larzac[449]. Il défend, en effet, les producteurs de lait de brebis mais aussi un « petit pays », le Sud-Aveyron, espace de vie, de production et d'expérimentations. Ce plateau est le lieu d'un combat, qu'il valorise, contre l'extension du camp. Son propos vise aussi à diffuser les modalités de ce combat : unité des paysans, détermination, non-violence, indépendance politique et ouverture aux autres et au monde. J. Bové présente la lutte du Larzac comme anticipatrice des actions de désobéissance civile qui apparaissent en France à partir des années 1990. Il préfère toutefois utiliser l'expression de « désobéissance civique » : action de désobéissance, collective, non-violente, dans l'intérêt général, visant à conquérir de nouveaux droits et qui s'appuie sur les valeurs républicaines[450]. Le rassemblement de 2003 joue le rôle de carrefour des contestations et certains espèrent une convergence des luttes... qui ne viendra pas. Ce rassemblement a permis de présenter cette lutte aux nouvelles générations, elle en ravive et remodèle le souvenir auprès des plus anciens.

---

[449] José BOVE et François DUFOUR (avec la collaboration de Gilles LUNEAU), *ouv. cit.*, 2000.
José BOVE (en collaboration avec Gilles LUNEAU), *Paysan du monde*, Fayard, Paris, 2002.
José BOVE et Gilles LUNEAU, *Pour la désobéissance civique*, La Découverte, Paris, 2004.
[450] Marianne DEBOUZY, *La désobéissance civile aux États-Unis et en France, 1970-2014*, PUR, Rennes, 2016, (p.24-25).

Avec cette séquence, une floraison d'ouvrages et d'initiatives apparaît : livres et films évoquant le souvenir de la lutte ou ouvrages savants se succèdent alors que des animateurs de la lutte s'opposent en 2010 à l'extraction de gaz de schiste dans cette région. Alain Desjardin, ancien du PSU puis de l'OC-GOP, qui participa à l'organisation du rassemblement de 1973 puis s'installa sur le plateau et fut maire de La Courvertoirade, entre 2001 et 2002, évoque son parcours ainsi que la lutte, en 2008[451]. En 2011, un livre présente les affiches de la lutte, permet de revivifier ce combat et d'en repérer les évolutions[452]. La préface, tournée vers les combats à venir, est signée Stéphane Hessel, auteur de *Indignez-vous*. Pour lui, « l'expérience des luttes du Larzac joue un rôle très particulier dans notre mémoire » car elle donne « plus de confiance et plus de détermination » face aux défis de ce monde. Selon lui, « l'aventure du Larzac » témoigne de la nécessité du respect des libertés, de la confiance en « l'inventivité politique », du besoin de s'appuyer sur les expérimentations et sur « l'interfécondation des cultures » afin de bâtir une société plus juste[453]. L'ouvrage présente de nombreuses affiches qui ont permis la popularisation de cette lutte entre 1971 et 1981 ainsi que celles de Pierre Samson pour les rassemblements de 2000 et 2003, affirmant le lien entre ces deux combats. La même année, une des actrices du mouvement, Christiane Burguière, publie, avec l'aide de son mari, un livre[454]. Témoignage souvent émouvant de cette longue lutte, des soutiens qu'elle occasionne, des rencontres qu'elle provoque et des ouvertures qu'elle entraîne, par une paysanne du causse. L'ouvrage de Pierre-Marie Terral tiré de sa thèse paraît en 2011[455].

Le cinéma s'intéresse à ces singuliers caussenards. *La lutte du Larzac, 1971-1981*, de Philippe Cassard, retrace, en 2003, à partir d'images d'archives, dix ans de combat. En 2009, est diffusé *Les brebis font de la résistance* de Catherine Pozzo di Borgo, qui présente le plateau et ses habitants mais touche un public limité. Le film *Tous au Larzac*, de Christian Rouaud, sorti en novembre 2011, rencontre un

---

[451] Alain DESJARDIN, *Une vie pour… Ici et là-bas, solidaire*, Éditions du petit pavé, Paris, 2008.
[452] Solveig LEFORT, *Le Larzac s'affiche*, Seuil, Paris, 2011.
[453] *Ibidem*, p. 6-7.
[454] Christine BURGUIERE, (avec la collaboration de Pierre BURGUIERE), *Gardarem ! Chronique du Larzac en lutte*, Privat, Toulouse, 2011.
[455] P. M.TERRAL, *ouv. cit.*

large public. Il avait réalisé, en novembre 2015, près de 250 000 entrées, et plus de 17 000 DVD avaient été vendus[456]. Le film obtient des récompenses dont le César du meilleur film documentaire. De sa sortie au 20 novembre 2015, 183 projections en présence de Ch. Rouaud ont eu lieu auxquelles il faut ajouter celles en présence des protagonistes de la lutte. Il a été diffusé plusieurs fois sur Canal plus et a réalisé une très bonne audience sur ARTE le 26 novembre 2013 à 20h30[457]. Au moment de sa sortie, les critiques, dans l'ensemble élogieuses, reviennent sur cette lutte. Pour *Télérama*, ce « documentaire époustouflant [...] ressuscite dix ans d'une lutte épique, inventive et joyeuse »[458]. Quelques semaines plus tard, cet hebdomadaire le montre à de jeunes militants, recueille leurs impressions ainsi que l'écho que ce combat éveille en eux[459]... La question de la mémoire et de la transmission des expériences de lutte constituent le fil directeur de l'article de Jacques Mandelbaum (*Le Monde*) qui commence ainsi : « Qu'évoque aujourd'hui le Larzac pour les moins de 30 ans? »[460]. Et le journaliste, fort politique, de dire ce qu'est pour lui ce mouvement : « L'une des plus longues, opiniâtres et enthousiasmantes batailles politiques menées en France dans le sillage de Mai 68... titanesque guerre d'usure entre les citoyens et l'État... A mesure que l'Etat démontre son intransigeance et fait monter la tension, la cause est rejointe à la fois par des activistes de tous bords et par un réel mouvement de sympathie nationale ». Le film est, pour lui, une réussite du fait de la personnalité des témoins interrogés, de leur courage, de leur humour et de leur modestie. Mais aussi car Ch. Rouaud a su les faire parler, transformer cette parole en récit fluide, captivant et montrer la « rude beauté » de ce causse aveyronnais. La fin de l'article nous semble révélatrice de la volonté de transmission des valeurs portées par le film mais aussi de l'analyse de ce combat faite par le journaliste.

---

[456] Christian Rouaud, courrier électronique du 17/11/2015, d'après des données fournies par le distributeur Ad Vitam.
[457] Renseignements fournis par Ch. Rouaud, courrier électronique du 14 novembre 2015.
[458] Mathilde Blottière, *Télérama*, n° 3218, du 17 au 23 septembre 2011.
[459] *Télérama*, n° 3228.
[460] *Le Monde*, 22/11/2011. J. Mandelbaum écrit ainsi : « *Tous au Larzac*, du documentariste Christian Rouaud, vient à point pour édifier les plus jeunes générations et rafraîchir la mémoire des anciennes ».

« Indignation populaire contre l'injustice plutôt que dogmatisme doctrinaire, spontanéité éruptive et enracinement social de la lutte plutôt qu'action militante. Victoire enfin, éphémère chez les Lip, durable au Larzac, du droit du peuple à disposer de lui-même lorsque l'Etat, favorisant les intérêts qui l'oppressent et le dépouillent, trahit sa légitimité. Est-il utile de préciser la retentissante actualité de ces luttes ? ».

Porté par de telles critiques, le film, composé d'images d'archives et d'interviews réalisés *a posteriori,* trouve un public significatif. Les paysages, l'émotion et la sincérité qui se dégagent des hommes et des femmes interrogés ainsi que le sens donné à ce combat y contribuent[461]. Il insiste sur l'engagement de ces paysans, le recours à la non-violence, les alliances passées ainsi que sur l'âpreté et la durée du combat tout en valorisant les savoureuses expressions des « pur-porcs » aveyronnais. Il montre comment ce combat a transformé la vie de ces hommes et de ces femmes[462], a acquis les dimensions d'un mouvement social national et permis de tisser des liens inattendus. Il échappe au didactisme et à la sécheresse de certains films militants tout en revivifiant le mythe.

La mémoire des contestations paysannes des années 1968 n'a pas été entièrement effacée malgré le recul des mouvements sociaux. Elle est portée par ceux qui affirment en être les héritiers et qui sont souvent proches de la Confédération paysanne. Elle resurgit parfois, au-delà du groupe des convaincus, empruntant à la grammaire contestataire de ces années-là, des modalités d'action ou des structures de mobilisation. Ainsi, la mémoire de la lutte du Larzac est réactivée à Notre-Dame-des-Landes (Loire-Atlantique) par des paysans qui s'opposent à un projet d'aéroport. Parmi eux, Michel Tarin (1947-2015), paysan, passé par l'action catholique puis les Paysans-travailleurs, avait soutenu les éleveurs aveyronnais et rejoint la

---

[461] Sont interviewés : Léon Maillé, Pierre Burguière, Christiane Burguière, Marizette Tarlier, Michel Courtin, José Bové, Christian Roqueirol, Pierre Bonnefous et Michèle Vincent. Trois femmes et six hommes, des paysans, un prêtre et une animatrice d'un comité Larzac. Des « indigènes », des « pionniers » et des « néo-ruraux ».
[462] Pierre Burguière, affirme: « en mai 68… on était, ça c'est notre honte mais on n'a même pas à le regretter aujourd'hui puisqu'on a évolué… c'était d'être un peu du côté des flics… ces bougres d'étudiants qui foutaient rien… alors que nous on travaillait, nous on voyait que notre univers de paysans… ».

Confédération paysanne dès 1987. Il fut un des initiateurs de l'Association de défense des exploitants concernés par le projet d'aéroport (ADECA), dès 1973, puis membre de l'Association citoyenne intercommunale des populations concernées par le projet d'aéroport de Notre-Dame-des-Landes (ACIPA). Privilégiant, comme au Larzac, la non-violence, il mena une grève de la faim au printemps 2012, afin de s'opposer à ce projet[463].

La CP apparaît comme la principale héritière des contestations paysannes des années 1968 car elle tente de piocher, dans les débats, les projets et les revendications affirmés dans les mobilisations d'alors.

23 : La Confédération paysanne, héritière des contestations des années 1968 ?

La Confédération paysanne naît, en 1987, du rapprochement de courants éparpillés de la nouvelle gauche paysanne. Nombre de ses responsables ont participé aux contestations et aux débats des années 1968. Pour Samuel Deguara, lors de la création de la Confédération paysanne en 1987, le souvenir des tensions entre les diverses composantes de cette sensibilité est encore frais et la répartition des postes de responsabilités ainsi que la désignation du porte-parole a fait l'objet de négociations parfois âpres entre celles-ci, signe de la persistance des héritages des années 1968 avec leur lot de conflits[464]. En avril 1989, Yves Manguy est remplacé au poste de porte-parole par Guy Le Fur (Finistère) qui le restera jusqu'en décembre 1992. Celui-ci avait dirigé la Fédération nationale porcine pendant des années et mené le combat à l'intérieur du syndicalisme majoritaire jusqu'en 1982. José Bové devient, de fait, un des porte-parole du syndicat à partir de l'affaire du Mac Donald's de Millau et le reste jusqu'en 2004. Des hommes et des femmes qui ont vécu les contestations des années 1968 ou qui sont installés sur un territoire symbolique de ces

---

[463] Entretien avec Michel Tarin, réalisé par Yannick Drouet, le 17 avril 2009 à Treillières (Ferme de Chavagnes), Y. DROUET et J. P. MARTIN, *art. cit.*, (2010). *Le Monde*, 12/8/2015. Merci à Yannick Drouet et J. P. Salles pour les informations sur M. Tarin.

[464] Samuel DEGUARA, *Les conditions d'émergence d'un nouveau syndicat : la Confédération paysanne (1981-1987)*, p. 131-140, DEA, sous la dir. d'Annie COLLOVALD, Université de Paris X-Nanterre, 2000.
J. P. MARTIN, *ouv. cit.*, (2005), p. 76 et 204.

luttes jouent ainsi un rôle majeur dans les débuts de ce syndicat. La transmission des expériences et la réflexion sur les nouveaux combats se fait parfois à la périphérie de la CP avec des « anciens » investis dans des causes spécifiques. Jean Cadiot, un des animateurs des journées de 1972, a participé activement à l'impulsion d'une association de soutien aux agriculteurs en difficulté en Loire-Atlantique et est intervenu dans plusieurs départements lors de formations sur cette question. Jean Designe, ancien animateur syndical en Loire-Atlantique, a fait un travail de popularisation quant à l'utilité du droit dans la défense des fermiers dans la Drôme puis des ruraux dans le Sud-Est[465]. René Riesel, ancien étudiant « enragé » de Nanterre, proche des situationnistes en mai-juin 1968, devenu paysan dans le Sud de la France, est, entre 1995 et 1999, un des secrétaires nationaux du syndicat. Il joue un rôle important dans la critique de l'utilisation des Organismes génétiquement modifiés (OGM) dans l'agriculture et dans le recours à des actions directes illégales visant à en empêcher le développement.

Au-delà du monde paysan, des liens ont été conservés ou développés avec des militants appartenant à d'autres univers sociaux. Ceux-ci ont favorisé la solidarité avec la CP et J. Bové. Les liens interpersonnels nés pendant la lutte du Larzac avec d'anciens des comités de soutien, des avocats, des militants associatifs, des anciens de l'extrême-gauche, des écologistes, des socialistes… sont réactivés en 1999. Par ailleurs, depuis les années 1990, la Confédération paysanne a cherché à sortir de son relatif isolement en multipliant les liens avec d'autres : mouvements de consommateurs et associations écologistes, Organisations non gouvernementales hostiles aux OGM. Ce syndicat est un des membres fondateurs d'ATTAC (Association pour la taxation des transactions financières pour l'aide aux citoyens) dont François Dufour (Manche), son porte-parole de 1995 à 2000, devient vice-président[466]. Au-delà des frontières, la CP est présente dans Via campesina, mouvement international qui regroupe des syndicats paysans de nombreux pays. Le refus du corporatisme et la nécessité de la solidarité internationale restent des valeurs fondatrices

---

[465] J. P. MARTIN, « Illégalismes, justice et médias dans le répertoire d'actions de la Confédération paysanne », p. 321-333, Frédéric CHAUVAUD, Yves JEAN, Laurent WILLEMEZ (sous la dir. de), *Justice et sociétés rurales*, PUR, Rennes, 2011.
[466] J. P. MARTIN, « Du Larzac à la Confédération paysanne de José Bové », *art. cit.*, (2005), p. 107-142. *Ibidem*, p. 131-135.

même si les inflexions vis-à-vis du credo des années 1968 sont significatives.

Le courant paysan contestataire a eu des difficultés à intégrer les femmes dans ses structures, à leur confier des responsabilités, et a eu tendance à leur donner en charge des dossiers pensés comme relevant du féminin. La place des femmes dans cette sensibilité est à l'image de celle acquise dans l'ensemble du mouvement syndical et politique français ; ce qui peut surprendre de la part d'un mouvement qui s'affirmait émancipateur. Quelques, timides, avancées sont cependant perceptibles du fait de l'intégration de « nouvelles venues d'origine non agricole », au capital scolaire souvent élevé et du fait de l'extension du champ politique au domaine privé et familial[467].

Comment a évolué la participation des femmes depuis la fondation de la Confédération paysanne ? Lors de sa création, le comité national du syndicat compte 23 membres dont une seule femme, Annette Lapalus (Haute-Saône), et aucune dans le secrétariat national. C'est peu dire que le syndicat reste une affaire masculine et que l'implication des femmes n'est pas une priorité. Évidemment, il n'est pas question que la parole du syndicat soit portée par une femme. La première à rejoindre le secrétariat national est Huguette Blin (Loire-Atlantique) en 1991. Elles sont deux dans cette instance entre 1993 à 1996 alors que le nombre de secrétaires varie entre cinq et neuf et une seule (sur sept) l'est entre 1997 et 2000[468].

Alors que la loi sur la parité en politique a été votée, en juin 2000, un groupe femmes demande que celle-ci soit mise en œuvre dans le syndicat y compris au secrétariat national, ce qui suscite un débat âpre et animé au congrès de Castres en 2001[469]. Les congressistes refusent et si le comité national compte neuf femmes sur cinquante-cinq personnes (16 %), il n'y en qu'une au secrétariat national. Le débat se poursuit d'autant plus que Via campesina a inscrit la parité dans ses statuts, en 2000, lors de la conférence de

---

[467] R. M. LAGRAVE, art. cit., p. 181. Avancées perceptibles au CNJA, dirigée entre 1994 et 1998 par Christiane Lambert. Nul retard « paysan » ici puisque la CFDT n'avait désigné Nicole Notat comme secrétaire-général que deux ans auparavant.

[468] Outre Huguette Blin, participent au SN : Marjolaine Maurette (Creuse), Marie-Agnès Fouchez (Loiret) et Sabine Lefebvre (Seine-Maritime).

[469] Un article de *Campagnes solidaires* parle même de « notion fourre-tout », CS, n°154, juillet-août 2001.

Bangalore (Inde). Les militantes bénéficient de l'aide d'Annick Coupé, de SUD, et les journées de Créteil (avril 2002) acceptent cette idée. Le syndicat se donne toutefois un an pour y arriver. La part des postes réservées aux femmes est d'un tiers ce qui correspond *grosso modo* à la part des femmes dans le secteur agricole[470]. En 2003, sur neuf membres du secrétariat national trois sont des femmes et en avril de cette même année, Brigitte Allain (Dordogne) est désignée porte-parole (première femme à l'être). Elle le reste jusqu'en avril 2005 mais ne l'est pas seule, des hommes le sont aussi[471]. En 2009, sur sept membres du SN, deux sont des femmes[472]. Le secrétariat élu, en mai 2015, est composé de sept militants dont trois femmes : Judith Carmona (Pyrénées-Orientales), Michèle Roux (Dordogne) et Annie Sic (Alpes-Maritimes) mais le porte-parole est un homme, Laurent Pinatel (Loire)[473]. La part des femmes présentes dans la direction a augmenté, statutairement, mais une seule a été porte-parole, en collaboration avec des hommes, le plafond de verre n'est pas encore brisé. La part des femmes dans le comité de rédaction de la revue du syndicat *Campagne solidaires* a nettement augmenté depuis les années 1990, où elle était très faible mais les directeurs de rédaction et celui de la publication restent des hommes.

Par ailleurs, il faudrait étudier les dossiers qu'elles ont suivis. Le témoignage de Brigitte Allain laisse supposer qu'elles ont parfois dû assumer des tâches nécessaires mais peu gratifiantes voire fort ingrates. Après son recul aux élections aux chambres départementales d'agriculture, en 2007, le syndicat doit envisager « une difficile restructuration des salarié(e)s ». Le dossier fort embarrassant et peu gratifiant est « porté courageusement au niveau national par Marie-

---

[470] En 2009, les femmes représentaient 19 % des chefs d'exploitation âgés de moins de 45 ans et leur part dans la formation agricole augmentait, Sabrina DAHACHE, « La singularité des femmes chefs d'exploitation », p. 93-110, dans Bertrand HERVIEU, Nonna MAYER, Pierre MULLER, François PURSEIGLE, Jacques REMY (sous la dir. de), *Les mondes agricoles en politique*, Paris, Presses de Sciences Po, 2010.

[471] Elle partage cette fonction avec Nicolas Duntze (Gard) et José Bové puis avec Jean-Émile Sanchez (Aveyron). Dans le syndicalisme, rares ont été les dirigeantes : Monique Vuaillat (de 1984 à 1999) pour le SNES (Syndicat national des enseignants du secondaire), Nicole Notat pour la CFDT et Christiane Lambert pour le CNJA puis la FNSEA.

[472] Geneviève Savigny (Alpes de Haute-Provence) et Véronique Vilain (Seine-Maritime). J. P. MARTIN, *ouv. cit.*, (2011), p. 158-160.

[473] En juin 2017, le porte-parole est toujours L. Pinatel et trois femmes appartiennent au SN.

Hélène Chancelier puis par Christiane Aymonier (tiens... deux femmes ! étonnant n'est-ce-pas ?) » remarque, sous des airs faussement naïfs, Brigitte Allain[474]. Comme le signale R.M. Lagrave, les dirigeantes sont souvent dirigées vers des dossiers particuliers ou des thèmes genrés et y sont cantonnées[475]. Le débat se poursuit. En août 2017, lors de la fête des 30 ans du syndicat, un atelier rappelle les combats féministes menés dans le monde agricole mais aussi à l'intérieur de la CP pour imposer l'égalité hommes-femmes[476]. Reste à espérer que les expériences accumulées et les responsabilités assumées tracent des pistes pour demain.

Le langage syndical a changé depuis les années 1968, il n'emprunte plus au marxisme, les ouvriers ne forment plus le groupe social de référence, le socialisme ne constitue plus le débouché des luttes et les écologistes ont remplacé, un temps, l'extrême gauche ou le PS dans le cœur des contestataires. Signe de mutations, la lutte des classes et l'anticapitalisme ont disparu des discours et le producteur agricole est dit paysan. Des axes idéologiques demeurent cependant : la volonté de s'ouvrir à d'autres professions, celle de mener un combat par-delà les frontières et l'opposition au libéralisme économique. Dans les années 1968, les paysans contestataires considéraient que les agriculteurs étaient des travailleurs, qui devaient s'allier avec les ouvriers et leurs syndicats. La CP refuse toujours le repli sur soi des paysans et pense que ceux-ci ont besoin d'alliés pour faire aboutir leurs revendications. Elle recherche ceux-ci parmi les ruraux mais aussi parmi les urbains. Cependant si elle mène des combats avec certains syndicats comme Solidaires unitaires démocratiques (SUD), elle développe surtout des liens avec des associations de consommateurs, des mouvements écologistes, des ONG. Ces relations donnent lieu à des campagnes nationales pour la défense d'une agriculture paysanne face au productivisme ou pour demander un

---

[474] Marie-Hélène Chancelier (Vendée) appartient au SN de 2002 à 2004 et Christiane Aymonier (Jura) de 2003 à 2007.
Brigitte ALLAIN, « Témoignage d'une époque où la Confédération paysanne a grandi trop vite », p. 112-113, dans CONFEDERATION PAYSANNE, *1987-2007. Une histoire de la Confédération paysanne par celles et ceux qui l'ont vécue*, CP-Fadear, Bagnolet, 2007.
[475] R. M. LAGRAVE, *art. cit.*
[476] Atelier « Mémoires de femmes engagées (Vers un féminisme paysan ?) » animé par Josie Riffaud (Gironde), Véronique Léon et Céline Berthier (Ardèche). Il attire un nombre important de personnes et suscite des applaudissements nourris.

changement d'orientation de la Politique agricole commune. Elles sont aussi activées à une échelle locale autour d'exploitations aux méthodes alternatives qui pratiquent la vente directe, les circuits courts ou sont partie prenante d'Associations pour le maintien d'une agriculture paysanne. Le refus du libéralisme économique a remplacé l'anticapitalisme. Le syndicat pense que le marché agricole ne doit pas être soumis aux seules lois du marché qui favorisent les firmes agro-alimentaires, entretiennent le mouvement de concentration des exploitations et mènent à la faillite nombre de paysans. Pour lui, les pouvoirs publics doivent intervenir et les aides européennes aller en priorité aux petits et moyens exploitants, aux éleveurs, en particulier dans les zones de montagne. Il s'oppose à l'évolution de la PAC, dans le sens d'une libéralisation du marché avec un recul des protections européennes, évolution qu'il attribue aux négociations du GATT puis de l'Organisation mondiale du commerce. D'où les critiques développées envers celle-ci, jugée antidémocratique, favorable aux puissants et qui tenterait d'imposer un modèle de société « fondé sur la destruction des modèles multiples et décentralisés d'agriculture »[477]. La CP pense qu'il faut construire des « passerelles pour qu'enfin les citoyens prennent en main leur destin »[478] et elle participe à ATTAC afin de mener ce combat. Cette association a aussi l'avantage de lui permettre de se faire connaître et de diffuser ses idées. La lutte contre le libéralisme a une dimension internationale et, pour elle, le combat des paysans français est solidaire de celui des autres paysans dans le monde et de celui de ceux qui défendent une mondialisation plus sociale et plus écologique. La solidarité internationale a été présente dès les origines de cette sensibilité. Le premier porte-parole du syndicat, Yves Manguy, avait animé, pendant deux ans, le MIJARC (Mouvement international de la jeunesse agricole et rurale catholique), en Afrique, avant de s'installer en 1966[479]. Le rapport défendu, en 1970 à Blois, affirmait défendre le jeune agriculteur, l'ouvrier mais aussi le « paysan-ouvrier français ou allemand » et le « paysan africain […] exploité par les trusts internationaux »[480]. Cet internationalisme revendiqué met du temps à se concrétiser. Il débouche sur un rapprochement avec

---

[477] CONFEDERATION PAYSANNE, *Rapport d'orientation*, 1994, p. 11.
[478] CP, *RO*, congrès des 9 et 10 avril 1997. J. P. MARTIN, art.cit , (2005).
[479] J. P. MARTIN, *ouv. cit.*, (2005), p. 76.
[480] Rapport *Pour un syndicalisme de travailleurs*, congrès de Blois du CNJA, 5 et 6 juillet 1970.

d'autres syndicats paysans européens avec la création de la Coordination paysanne européenne, en 1986 puis la constitution de Via campesina en 1993, mouvement paysan international. Celui-ci défend la nécessité de la souveraineté alimentaire qui passe par une agriculture durable, un commerce international juste avec des prix stables, des soutiens publics et une maîtrise de la production.

C'est de cette « internationale paysanne » et de certains militants de la CP que viennent des voix très opposées à l'utilisation des OGM dans l'agriculture. Question qui peut aussi être vue comme un héritage des années 1968. Ainsi, René Dumont, agronome, productiviste, devenu premier candidat écologiste lors des élections présidentielles de 1974, a soutenu la lutte du Larzac, entretenu des liens avec les Paysans-Travailleurs et visité certaines de leurs exploitations. La nouvelle gauche paysanne, d'autre part, rompt avec le productivisme, à partir de 1980 et de l'affaire du veau aux hormones, et adopte un discours aux références environnementales affirmées[481]. Elle est très critique vis-à-vis des firmes agro-alimentaires qui, selon elle, exploitent les paysans, favorisent l'agriculture productiviste et contribuent à polluer les sols, les eaux et l'air. Pour elle, la technique n'est pas neutre et le progrès technologique n'est pas synonyme de progrès humain. Via campesina, quant à elle, déplore, dès avril 1996, « les négociations engagées par les firmes multinationales pour avoir la mainmise sur les ressources génétiques », et entend « combattre le processus de privatisation en matière de génétique »[482]. Méfiance vis-à-vis des firmes et défense de l'indépendance paysanne se conjuguent. La CP a des liens avec des associations environnementalistes critiques vis-à-vis des OGM. Elle s'informe puis participe en 1997, avec Greenpeace et la Fondation pour le progrès de l'homme, à la création d'Inf'OGM qui a pour but de rassembler l'information sur ce sujet. Enfin, elle en condamne l'utilisation en agriculture et mène la première action de fauchage en juin 1997. Pour elle, ceux-ci ne sont pas nécessaires pour résoudre le problème de la faim dans le monde, ils favorisent la domination des paysans par les grandes firmes et mettent en péril le droit des consommateurs à une alimentation saine. D'autre part, le syndicat

---

[481] J. P. MARTIN, « Des paysans environnementalistes ? Comment les paysans contestataires se sont emparés de la question écologique ? », p. 101-111, *Ecologie et politique*, n°50, mars 2015.
[482] VIA CAMPESINA, conférence de Tlaxcala (Mexique), avril 1996.

refuse la brevetabilité du vivant, considère que le recours aux OGM se traduirait par une perte de la biodiversité et se déclare favorable au principe de précaution[483]. Cette opposition pourrait surprendre mais il faut rappeler que pour les jacistes, le progrès et la modernité technique devaient permettre l'amélioration des conditions de vie, assurer l'indépendance des agriculteurs et permettre l'épanouissement de l'homme, ce qui n'est pas le but des entreprises fabriquant et vendant des Organismes génétiquement modifiés.

Parmi ceux qui, à la CP, sont en pointe dans ce combat, se trouvent nombre de contestataires des années 1968 : José Bové, René Riesel et d'autres parmi lesquels nombre de « néo-ruraux » du Sud de la France. Dans ce combat, la CP puise, en partie, dans le répertoire d'actions valorisé alors par cette sensibilité. Au nom de la légitimité de la cause défendue, elle recourt à des actions illégales, enfreignant le droit de propriété, accompagnées de dénaturation des semences ou du fauchage de plants génétiquement modifiés mais en évitant les violences aux personnes. René Riesel, y voit un retour à des « pratiques de sabotage » qui permettent de renouer avec « la tradition anti-technicienne, anti-industrielle et antiprogressiste... de l'ancien mouvement révolutionnaire »[484]. José Bové souligne, lui, la légitimité du combat, la non-violence des actions, menées en plein jour à visage découvert, se réfère à la désobéissance civique et évoque parfois la lutte du Larzac. Il insiste sur le fait que ce sont ces actions qui ont permis de lancer le débat sur les OGM en France par le biais des médias ou lors des procès transformés en tribunes. Cette tactique, féconde au départ, se révèle après un moment contre-productive du fait de l'accumulation des poursuites judiciaires, d'où la naissance d'une association, les Faucheurs volontaires, qui prend en charge ces actions à partir de 2003. L'action directe, parfois illégale, fait partie de la tradition de ce mouvement. Celui-ci toutefois affirme vouloir éviter les destructions d'infrastructures ou les violences aux personnes et se

---

[483] Hervé KEMPF, *La guerre secrète des OGM*, Seuil, Paris, 2003.
J. P. MARTIN, *ouv. cit.*, (2005), p. 244-246.
Antoine BERNARD DE RAYMOND, « Les mobilisations autour des OGM en France, une histoire politique (1987-2008) », p. 293-335, dans Bertrand HERVIEU, Nonna MAYER, Pierre MULLER, François PURSEIGLE, Jacques REMY (sous la dir. de), *Les mondes agricoles en politique*, Paris, Presses de Sciences Po, 2010.
J. P. MARTIN, *ouv. cit*, (2011), p. 20-35.
[484] René RIESEL, *Déclaration sur l'agriculture transgénique et ceux qui prétendent s'y opposer*, Éditions de l'encyclopédie des nuisances, Paris, 2000, (p. 52).

réclame de la désobéissance civique, ce qui n'exclut pas la détermination.

Des éléments du discours et des pratiques contestataires sont repris et renouvelés par la Confédération paysanne. Ce syndicat s'inspire de la façon dont B. Lambert et la nouvelle gauche paysanne posaient les problèmes. Il entend démontrer qu'il ne défend pas seulement les intérêts des producteurs agricoles mais ceux de l'immense majorité de la population. Pour cela, il présente les questions agricoles comme des enjeux de société qui concernent non seulement les agriculteurs mais aussi les urbains, en tant que citoyens soucieux de démocratie, hommes sensibles à l'avenir de la planète et consommateurs de biens alimentaires. Ainsi, la défense des producteurs de brebis de la région de Roquefort est liée au refus de l'utilisation des hormones pour l'élevage des bœufs et à l'opposition à la malbouffe. José Bové comme B. Lambert font de la défense professionnelle mais ils élargissent la cause défendue afin qu'elle soit entendue des médias et de l'opinion publique, liant action locale et professionnelle et réflexion globale au service d'un projet de société, certes peu défini, mais qui repose sur des valeurs. La solidarité, valeur centrale du syndicat, l'amène à dépasser le cadre corporatiste et national.

« De même que le présent octroie un sens au passé, ce dernier fournit aux acteurs de l'histoire un immense réservoir de souvenirs et d'expériences sans lesquels ils ne pourraient pas dessiner l'avenir, formuler leurs attentes, nourrir leurs utopies. »

Enzo TRAVERSO, *L'histoire comme champ de bataille. Interpréter les violences du XXe siècle*, La Découverte, Paris, 2012, p. 284.

Conclusion

Les années 1968 sont marquées par de fortes mobilisations paysannes et par l'émergence d'un courant contestataire très actif mais qui peine à se structurer et se divise. Ces luttes confirment que ces années ne furent pas qu'un temps d'ébullition juvénile mais virent des courants de radicalisation apparaître dans l'ensemble du pays, y compris à l'intérieur d'une catégorie sociale souvent présentée comme conservatrice : le monde paysan.

Des luttes majeures ont été menées par des paysans, en particulier dans l'Ouest et dans le Midi où elles ont été massives, déterminées, innovantes, parfois violentes. Ces paysans ont souvent refusé le corporatisme et recherché des alliances sociales afin de se faire entendre des médias et de l'opinion espérant ainsi peser sur les pouvoirs publics et obtenir gain de cause sur leurs revendications. Ces luttes ont duré plusieurs années en Languedoc, sur le Larzac et ont été fréquentes en Bretagne. Elles ont donné lieu à des mouvements sociaux importants, au cours desquels les agriculteurs ont bénéficié de l'appui de divers segments de la société locale voire nationale. Leur durée, leur ampleur, leur écho et la réponse jugée hostile du gouvernement ainsi que des entreprises agro-alimentaires (laiteries ou négociants) ont favorisé l'affirmation d'une dynamique contestataire, en phase avec les idées du printemps 1968, auprès de nombre d'agriculteurs et ont conforté les plus militants dans leurs convictions. Les gouvernements de droite leur apparaissent au service des puissants et les entreprises du secteur sont jugées responsables de leurs difficultés. Le libéralisme économique et la société capitaliste sont critiqués par une fraction significative des manifestants. Ceux-ci réclament que les pouvoirs publics mènent une politique qui régule les effets du marché, amortisse les crises et protège les paysans petits ou moyens surtout s'ils se sont modernisés. Il y a aussi dans ces régions périphériques l'attente d'une politique d'aménagement du territoire et de développement régional qui consulterait les acteurs locaux. En l'absence de réponse du pouvoir, la critique du centralisme parisien se développe et des jonctions s'amorcent avec des mouvements régionalistes, culturels et parfois politiques, au nom du « vivre et travailler au pays ». Ces luttes, cependant, sont restées isolées, éclatées, sans dynamique nationale. Si elles ont eu une ampleur régionale en Languedoc-Roussillon viticole, certaines, telle la grève du lait n'ont pas réussi à s'étendre à l'échelle de l'ensemble de la région entraînant même des divisions en Bretagne. Dans la majeure partie du pays, la FNSEA et le CNJA ont continué à encadrer le monde agricole ainsi que la protestation paysanne et peu de liens ont été tissés avec les autres composantes de la population.

Le mécontentement des paysans de l'Ouest est lié à des mutations économiques et sociales importantes, celui des vignerons du Languedoc à la nouvelle réglementation européenne viti-vinicole, et celui des paysans du Larzac à une décision gouvernementale considérée comme arbitraire. La forme, l'ampleur des luttes et la stratégie suivie s'expliquent par les choix des acteurs syndicaux, par ceux de leurs adversaires, par l'implication de la base paysanne ainsi que par l'importance des soutiens dont ils ont bénéficié. Le choix de la spectacularisation par le recours à la violence qui avait servi dans un premier temps les vignerons, se révèle contre-productif avec la fusillade de Montredon, alors que la viticulture commençait à bénéficier d'importants soutiens dans la société régionale. *A contrario*, la non-violence a permis de populariser largement la lutte contre l'extension du camp militaire du Larzac et la victoire obtenue grâce à l'arrivée au pouvoir de F. Mitterrand a donné naissance à un mythe. Quant à la grève du lait, la rapide remise en cause des accords par les laiteries et les tensions qu'elle entraine à l'intérieur du syndicalisme agricole et entre paysans expliquent son oubli partiel.

Les mobilisations qui se développent, dès les années 1960, dans l'Ouest, ont favorisé l'émergence d'un courant paysan contestataire qui a joué un rôle significatif dans certaines de ces luttes mais l'incapacité de celui-ci à se structurer nationalement et ses divisions, ainsi que l'influence restée très forte du syndicalisme agricole majoritaire, ont limité l'ampleur et l'extension des luttes dans les années 1970. Le Larzac y échappe car le syndicalisme agricole, dans sa version majoritaire ou son versant contestataire, n'est qu'un acteur parmi d'autres du mouvement de soutien aux éleveurs du plateau. En effet, le courant paysan contestataire ne prend la forme syndicale qu'à partir de 1981 et ne s'unifie, dans la Confédération paysanne, qu'en 1987, une fois le reflux des luttes entamé, sans toutefois que la nouvelle gauche paysanne ne parvienne à s'allier avec la tradition incarnée par le MODEF ou les FDSEA tenues par des responsables socialistes ou communistes. Malgré ces limites, l'affirmation de la nouvelle gauche paysanne, qui se disait alors anticapitaliste, prouve bien que le travail de la terre et la propriété paysanne ne sont pas synonymes de conservatisme. Dans les années 1968, B. Lambert et les jeunes qui se battent à ses côtés entendent même régénérer le marxisme et la pensée contestataire sur la question agricole et le monde paysan. Le leader de Loire-Atlantique ne voulait pas que les paysans soient des « Versaillais », hostiles au mouvement ouvrier, et entendait tracer des solidarités entre travailleurs des villes et des campagnes.

Au-delà de ce courant, ces années confirment que le monde paysan n'est pas uni, c'est assez connu, et qu'il n'est pas forcément dominé. Il a produit ses propres « intellectuels », a infléchi son répertoire d'actions et est bien plus ouvert aux autres et au monde qu'on le prétend souvent. Enfin, il est intéressant de noter qu'un des rares combats victorieux dans l'après mai-juin 1968 est celui qu'ont mené des paysans têtus avec l'appui d'un dynamique réseau de soutien national. Réplique du rassemblement de 1973, sur le Larzac, celui de 2003 contre l'Organisation mondiale du commerce prouve la capacité de certains acteurs issus du monde agricole à tisser des alliances inédites et à participer au développement d'un mouvement social original et puissant. Cette constatation prouve *a contrario* la difficulté des organisations traditionnelles du mouvement ouvrier à donner naissance à des mobilisations qui dépassent leur seule base sociale. Aussi peu nombreux soient-ils, les paysans contestataires ont eu, à plusieurs reprises, un rôle moteur dans l'expression et l'organisation de mouvements sociaux qui ont dépassé le strict cadre professionnel, tentant de lier défense « corporatiste » et défense des intérêts de tous.

Ce retour sur les années 1968 permet aussi de comprendre que l'ébranlement social de ces années ne fut pas limité à Paris mais toucha aussi nombre de régions périphériques, qu'il ne fut pas qu'estudiantin et/ou ouvrier mais toucha d'autres univers sociaux. Enfin, il nous fait percevoir l'importance des courants de radicalisation issus du christianisme social dans l'Ouest mais aussi au-delà. Les catholiques de gauche ont joué un rôle significatif dans le monde paysan mais aussi parmi les étudiants et les ouvriers et si certains se retrouvaient dans un courant réformiste d'autres se voulaient révolutionnaires.

Reste une question qui mériterait études et débats, y-eut-il ailleurs en Europe des contestations paysannes d'ampleur dans les années 1968 ?

Remerciements

Ce travail, résultat de nombreuses années de recherche, a bénéficié du soutien de plusieurs personnes. De nombreux militants m'ont accordé un peu de leur temps. Encore une fois, les membres du Centre d'histoire du travail de Nantes, Christophe Patillon, Xavier Nerrière, Manuella Noyer, m'ont fait profiter de leur compétence, de leur connaissance du sujet et m'ont transmis nombre d'informations et de documents. Pascale Morne et Alain Martin ont bien voulu m'informer sur les ressources des Archives départementales d'Ille-et-Vilaine. J'ai repris des éléments rédigés par Yannick Drouet pour deux articles. Je me suis appuyé sur des entretiens de militants et de militantes réalisés dans le cadre d'autres travaux : Jean Designe, Régine Teulier, Jean Cadiot et bien d'autres encore. Merci encore à eux. Christian Rouaud a répondu avec célérité à mes questions. Nathalie Blanchard a relu une partie de ce projet. René Bourrigaud et Jean-Marc Herreng m'ont fourni des informations utiles. Marie-Jeanne Verny m'a donné accès à plusieurs textes des courants occitanistes. Annaïck Morvan a bien voulu me transmettre une courte autobiographie réalisée par sa mère et Jean-Claude Olivier m'a permis de préciser des éléments sur la pièce de marionnettes montée contre l'intégration. Plusieurs personnes ont accepté de répondre à mes questions par téléphone, merci à elles…

Une fois de plus, les amis de La Brèche, de Talleyrac et du Salze ont joué leur rôle.

Jean-Paul Salles et Vincent Flauraud ont pris sur leur temps libre et effectué une lecture minutieuse. Leurs conseils m'ont été très précieux qu'ils en soient remerciés. Les erreurs restantes me sont entièrement imputables.

Liste des sigles.

AFIP, Association pour la formation et l'information paysannes

AGEN, Association générale des étudiants de Nantes

AMAP, Association pour le maintien d'une agriculture paysanne

AMI, Accord multilatéral sur l'investissement

ANPT, Association nationale des paysans-travailleurs

AOC, Appellation d'origine contrôlée

APCA, Association des présidents de chambre d'agriculture

APLI, Association des producteurs de lait indépendants

ATTAC, Association pour une taxation des transactions financières et pour l'aide aux citoyens

CA, Conseil d'administration

CAJ, Comités d'action juridique

CAV, Comités d'action viticole

CDJA, Centre départemental des jeunes agriculteurs

CEE, Communauté économique européenne

CERCA, Centre d'enseignement rural par correspondance d'Angers

CFDT, Confédération française démocratique du travail

CFTC, Confédération française des travailleurs chrétiens

CGC, Confédération générale des cadres

CGPT, Confédération générale des paysans travailleurs

CGT, Confédération générale du travail

CGVM, Confédération générale des vignerons du Midi

CHT, Centre d'histoire du travail

CID-UNATI, Confédération intersyndicale de défense et d'union nationale des travailleurs indépendants

CIRAD, Centre de coopération internationale en recherche agronomique et pour le développement

CLEI, Comité de liaison des éleveurs intégrés

CMR, Chrétiens dans le monde rural

CNA, Commission nationale agricole

CNJA, Centre national des jeunes agriculteurs

CNSTP, Confédération nationale des syndicats de travailleurs paysans

COLARENA, Coopérative laitière de la région nantaise

COPA, Comité des organisations professionnelles agricoles

CP, Confédération paysanne

CPE, Coordination paysanne européenne

CR, Coordination rurale

CRAV, Comité régional d'action viticole

CRJAO, Centre régional des jeunes agriculteurs de l'Ouest

CRSV, Comité régional de salut viticole

CS, Campagnes solidaires

DDA, Direction départementale de l'agriculture

DRAAF, Directions régionale de l'alimentation de l'agriculture et de la forêt

ECVC, Coordination européenne-Via campesina

EMB, European milk board

FADEAR, Fédération associative pour le développement de l'emploi agricole et rural

FCCH, Fédération des caves coopératives de l'Hérault

FDCCA, Fédération départementale des caves coopératives de l'Aude

FDSEA, Fédération départementale des syndicats d'exploitants agricoles

FEN, Fédération de l'Éducation nationale

FGA, Fédération générale de l'agriculture (CFDT)

FLN, Front de libération nationale

FLNKS, Front de libération kanak et socialiste

FNB, Fédération nationale bovine

FNP, Fédération nationale porcine

FNPL, Fédération nationale des producteurs de lait

FNPVTP, Fédération nationales des producteurs de vins de table

FNSEA, Fédération nationale de syndicats d'exploitants agricoles

FNSP, Fédération nationale des syndicats paysans

FO, Force ouvrière

FPH, Fondation pour le progrès de l'homme (devenue Fondation Charles Léopold Mayer)

FRSEAO, Fédération régionale des syndicats d'exploitants agricoles

GATT, General agreement on tarifs and trade, accord général sur les tarifs douaniers et le commerce

GP, Gauche prolétarienne

GP, Groupement de producteurs

INRA, Institut national de la recherche agronomique

JAC, Jeunesse agricole chrétienne

JACF, Jeunesse agricole chrétienne féminine

JEC, Jeunesse étudiante chrétienne

JCR, Jeunesse communiste révolutionnaire

JOC, Jeunesse ouvrière chrétienne

LC, Ligue communiste

LCR, Ligue communiste révolutionnaire

MDPL, Mouvement pour le désarmement la paix et la liberté

MIJARC, Mouvement international de la jeunesse agricole et rurale catholique

MIVOC, Mouvement d'intervention viticole occitan

MODEF, Mouvement de défense des exploitants familiaux (puis des exploitations familiales)

MRJC, Mouvement rural de jeunesse chrétienne

MRP, Mouvement républicain populaire

MSA, Mutualité sociale agricole

MSTT, Mouvement syndical des travailleurs de la terre

NPA, Nouveau parti anticapitaliste

OC-GOP, Organisation communiste-Gauche ouvrière et populaire (dite GOP)

OGM, Organismes génétiquement modifiés

OMC, Organisation mondiale du commerce

ONG, Organisation non gouvernementale

Onilait, Office national interprofessionnel du lait et des produits laitiers

PAC, Politique agricole commune

PCML, Parti communiste marxiste-léniniste

PCMLF, Parti communiste marxiste -léniniste de France

PS, Parti socialiste

PCF, Parti communiste français

P-O, Pyrénées-Orientales

PSU, Parti socialiste unifié

PT, Paysans-travailleurs

RG, Renseignements généraux

SAC, Service d'action civique

SAFER, Société d'aménagement foncier et d'établissement rural

SFIO, Section française de l'Internationale ouvrière

SNES, Syndicat national des enseignants du secondaire

SOMIVAC, Société de mise en valeur agricole de la Corse

SPLB, Syndicat des producteurs de lait de brebis

SUD, Solidaires unitaires démocratiques

TP, Travailleurs-paysans

TPBR, Tribunaux paritaires des baux ruraux

UCCOAR, Union des caves coopératives de l'ouest audois et du Razès

UD, Union départementale

UE, Union européenne

UEC, Union des étudiants communistes

UJC(ml), Union des jeunesses communistes marxistes-léninistes

UNEF, Union nationale des étudiants de France

USTKE, Union syndicale des travailleurs Kanak et des exploités

VO, *Vent d'Ouest*

VVAP, Volem viure al païs

Sources

Les documents internes et publics des divers courants nationaux qui ont participé à la création de la Confédération paysanne, en 1987, ainsi que ceux de ce syndicat, sont conservés au Centre d'histoire du travail (CHT) à Nantes. On y trouve les documents de la tendance en cours de structuration dans le CNJA et la FNSEA, des PT, de la CNSTP, de l'Interdépartemental, de l'Interpaysanne, de la FNSP, du MSTT. Y sont aussi conservés des documents publics de groupes départementaux proches de ces sensibilités ainsi que les documents internes et publics de la FDSEA de Loire-Atlantique, du CRJAO (Centre régional des jeunes agriculteurs de l'Ouest), de la FRSEAO (Fédération régionale des syndicats d'exploitants agricoles de l'Ouest).

Les documents de congrès de ces sensibilités y sont conservés ainsi que de nombreuses brochures. Les journaux agricoles suivants peuvent aussi y être consultés : *Le Paysan nantais, Liaison Interrégionale jeunes agriculteurs, Vent d'Ouest, Paysans en lutte, Travailleur-paysan, Pays et paysan, Campagnes solidaires* ainsi que des collections incomplètes de journaux départementaux.

Nous avons pu consulter de nombreux documents du MIVOC, de la FDSEA du Finistère, du Syndicat démocratique des paysans de Savoie, du Syndicat montagne de l'Aude, du Syndicat des producteurs de lait de brebis d'Aveyron, de la FDSP de la Drôme et d'"autres encore ... *Paysan du Midi* (Archives départementales de l'Hérault) ainsi que *Midi-Libre* permettent de suivre les combats viticoles. *Ouest-France* a été utilisé pour certaines périodes. Des revues animées par « des compagnons de route » sont utiles : *Nouvelles campagnes*, des numéros d'*Alternatives rurales*, l'Agence de Presse Libération-Nantes.

Les revues de la mouvance chrétienne de gauche ainsi que des partis de gauche, d'extrême-gauche ou régionalistes ont évoqué ces combats : *Frères du monde, Les Cahiers Occitanie rouge* (de la LCR du Languedoc), *Pays d'Oc : une viticulture qui veut vivre* (LCR, Montpellier), brochures de l'OC-GOP, *Lutte occitane*.

De nombreux ouvrages ont valeur de sources :

ASSOCIATION BERNARD LAMBERT, *Quelle modernité pour les travailleurs et les paysans du monde ?*, Presse de l'estuaire, Nantes, s.d.

Jaume BARDISSA, *Cent ans de guerre du vin*, Tema AC, Paris, 1976.

Pierre BOSC, *Le vin de la colère,* Galilée, Paris, 1976.

José BOVE et François DUFOUR (avec la collaboration de Gilles LUNEAU), *Le monde n'est pas une marchandise*, La Découverte, Paris, 2000.

José BOVE (en collaboration avec Gilles LUNEAU), *Paysan du monde*, Fayard, Paris, 2002.

José BOVE et Gilles LUNEAU, *Pour la désobéissance civique*, La Découverte, Paris, 2004.

Christiane BURGUIERE (avec la collaboration de Pierre BURGUIERE), *Gardarem ! Chronique du Larzac en lutte*, Privat, Toulouse, 2011.

CAV (Comités d'action viticole) et Michel LE BRIS, *La révolte du Midi*, Presses d'Aujourd'hui, Paris, 1976.

Jean-Pierre CHABROL et Claude MARTI, *Caminarem*, Robert Laffont, Paris, 1978.

Gérard CHOPLIN, *Paysans mutins, paysans demain. Pour un autre politique agricole et alimentaire*, Éditions Yves Michel, Gap, 2016.

CLEI et Paysan-Travailleur, *L'affaire Wessafic, une firme qui ruine les éleveurs et la santé des consommateurs*, Paris, 1975.

CONFEDERATION PAYSANNE, *Une histoire de la Confédération paysanne par celles et ceux qui l'ont vécue*, CP-Fadear, Bagnolet, 2007. Parmi d'autres articles, Brigitte ALLAIN, « Témoignage d'une époque où la Confédération paysanne a grandi trop vite », p. 112-113,

CONFEDERATION PAYSANNE du Tarn, *Graines de résistance. Naissance et développement de la Confédération paysanne du Tarn. Ses acteurs ses souviennent*, CP du Tarn, Toulouse, 2017.

Georges DAUPHIN, « La grève du lait en Bretagne. Témoignage », p. 141-143, dans Laurent JALABERT et Christophe PATILLON, *Mouvements paysans face à la politique agricole commune et à la mondialisation (1957-2011)*, PUR, Rennes, 2013.

Michel DEBATISSE, *La révolution silencieuse. Le combat des paysans*, Calmann-Lévy, Paris, 1963.

Alain DESJARDIN, *Une vie pour... Ici et là-bas, solidaire*, Éditions du petit pavé, Paris, 2008.

René DUMONT et François de RAVIGNAN, *Nouveaux voyages dans les campagnes françaises*, Seuil, Paris, 1977.

Marie-Claire GANDET et Jean REVERDY, *Les nouveaux paysans, origine et formation de la Confédération paysanne en Savoie*, La Fontaine de Siloé, Montmélian, 1999.

Maguy GUILLIEN, *Quelle vie !*, Syllepse, Paris, 2004.

Jean-Pierre JUGE, *Guerriers du vin, une saga occitane*, Loubatières, Toulouse, 1999.

Marie-Thérèse LACOMBE, *Pionnières ! Les femmes dans la modernisation des campagnes de l'Aveyron de 1945 à nos jours*, Editons du Rouergue, Rodez, 2009.

Bernard LAMBERT, *Les paysans dans la lutte des classes*, Seuil, Paris, 1970. Réédition commentée, CHT, Nantes, 2003.

Henri LECLERC et Bernard LAMBERT, *Répression des luttes : des paysans parlent*, Maspéro, Paris, 1972.

Michel LE BRIS, *Occitanie. Volem viure !*, Gallimard, Paris, 1974.

Michel LE BRIS, *Les fous du Larzac*, Presses d'aujourd'hui, Paris, 1975.

Henri LECLERC, *Un combat pour la justice*, La Découverte Paris, 1994.

Jean-Pierre LE DANTEC, *Bretagne : re-naissance d'un peuple*, Gallimard, Paris, 1974.

Emmanuel MAFFRE-BAUGE, *Vendanges amères*, J. P. Ramsay, Paris, 1976.

Louis MEYNIEL (pseudonyme), *La révolte des Corbières,* 1971.

Yannick OGOR (avec l'aide de Julie AIGOIN), *Le paysan impossible. Récit de luttes*, Éditions du bout de la ville, Le Mas-d'Azil, 2017.

René RIESEL, *Déclaration sur l'agriculture transgénique et ceux qui prétendent s'y opposer*, Éditions de l'encyclopédie des nuisances, Paris, 2000.

Théâtre de la Carriera, *Mort et résurrection de M. Occitania*, 4 Vertas, Nîmes, 1971.

Théâtre de la Carriera, *La guerre du vin*, 4 Vertats, Nîmes, 1973.

Références bibliographiques

Eric AGRIKOLIANSKY, Olivier FILLIEULE, Nonna MAYER (sous la dir. de), *L'altermondialisme en France. La longue histoire d'une nouvelle cause*, Flammarion, Paris, 2005.

Christiane ALBERT, Martine BERLAN, Juliette CANIOU, Martyne PERROT, (sous la dir. de) Rose-Marie LAGRAVE, *Celles de la terre. Agricultrice : l'invention politique d'un métier*, Éditions de l'École des hautes études en sciences sociales, Paris, 1987.

Alexander ALLAND Jr, *Le Larzac et après. L'étude d'un mouvement social novateur*, L'Harmattan, Paris, 1995.

Philippe ARTIERES et Michelle ZANCARINI-FOURNEL (sous la dir. de), *68, une histoire collective (1962-1981),* La Découverte, Paris, 2008.

Michel AUVRAY, « Antimilitarisme, le temps du renouveau », p. 346-366, dans sous la dir. de Geneviève DREYFUS-ARMAND, *Les années 68. Un monde en mouvement. Nouveaux regards sur une histoire plurielle*, Syllepse-BDIC, Paris, 2008.

Ludivine BANTIGNY, Fanny BUGNON et Fanny GALLOT (sous la dir. de), *« Prolétaires de tous les pays, qui lave vos chaussettes ? ». Le genre de l'engagement dans les années 1968*, PUR, Rennes, 2017.

Pierre BARRAL, *Les agrariens français de Méline à Pisani*, Colin, Paris, 1968.

Danièle BARRES, Pierre COULOMB, Henri NALLET, *Le confit du lait en Bretagne, mai-septembre 1972*, (4 vol.), INRA, Paris, oct. 1973.

Pierre BARTOLI, Daniel BOULET, *Dynamique et régulation de la sphère agro-alimentaire: l'exemple viticole*, INRA, Montpellier, 1989.

Gérard BELLOIN, *Renaud Jean, le tribun des paysans*, Éditions de l'Atelier/Éditions ouvrières, Paris, 1993.

Suzanne BERGER, *Les paysans contre la politique*, Seuil, Paris, 1975.

Martine BERLAN, « Un théâtre de l'ambiguïté : les manifestations », p. 187-232, dans Christiane ALBERT, Martine BERLAN, Juliette CANIOU, Martyne PERROT, (sous la dir. de) Rose-Marie LAGRAVE, *Celles de la terre. Agricultrice : l'invention politique d'un métier*, Éditions de l'École des hautes études en sciences sociales, Paris, 1987.

Antoine BERNARD de RAYMOND, « Les mobilisations autour des OGM en France, une histoire politique (1987-2008) », p. 293-335, dans Bertrand HERVIEU, Nonna MAYER, Pierre MULLER, François PURSEIGLE, Jacques REMY (sous la dir. de), *Les mondes agricoles en politique*, Presses de Sciences Po, Paris, 2010.

Pierre BITOUN et Yves DUPONT, *Le sacrifice des paysans. Une catastrophe sociale et anthropologique*, Éditions l'Échappée, Paris, 2016.

Paul BONHOMMEAU, « De la grève du lait de 1972 à celle de 2009 », p. 125-140, dans Laurent JALABERT et Christophe PATILLON, *Mouvements paysans face à la politique agricole commune et à la mondialisation (1957-2011)*, PUR, Rennes, 2013.

Christian BOUGEARD, « Le moment 1968 en Bretagne », p. 23-36, dans Bruno BENOIT, Christian CHEVANDIER, Gilles MORIN, Gilles RICHARD, Gilles VERGNON, *A chacun son mai ?*, PUR, Rennes, 2011.

Christian BOUGEARD, « Les manifestations du 8 mai 1968 dans l'Ouest de la France : le coup d'envoi des événements ? », p. 23-36, dans Christian BOUGEARD, Vincent PORHEL, Gilles RICHARD,

Jacqueline SAINCLIVIER, *L'Ouest dans les années 68*, PUR, Rennes, 2012.

Aïcha BOURAD, « Des pages "éco" aux pages "société". La médiatisation de la Confédération paysanne dans la presse nationale », p. 133-154, *Études rurales*, n° 198, 2016/2.

Françoise BOURQUELOT et Nicole MATHIEU, « Paroles de Bernard Lambert, un paysan révolutionnaire », *Strates. Matériaux pour la recherche en sciences sociales*, 4/1989.

René BOURRIGAUD, « La Loire-Atlantique, creuset du pluralisme syndical », p. 370-385, dans Pierre COULOMB, Hélène DELORME, Bertrand HERVIEU, Marcel JOLLIVET, Philippe LACOMBE, (sous la dir. de), *Les agriculteurs et la politique*, Presses de Sciences Po, Paris, 1990.

René BOURRIGAUD, « Les paysans et mai 68. L'exemple nantais », p. 237-255, dans René MOURIAUX, Annick PERCHERON, Antoine PROST, Danielle TARTAKOWSKY, *1968. Explorations du mai français, t.1, Terrains*, L'Harmattan, Paris, 1992.

René BOURRIGAUD, *Paysans de Loire-Atlantique. 15 itinéraires à travers le siècle*, Editons du Centre d'histoire du travail, Nantes, 2001.

Bernard BRETONNIERE, François COLSON, Jean-Claude LEBOSSE, *Bernard Thareau, militant paysan*, Editons de l'Atelier, Paris, 1997.

Ivan BRUNEAU, « La Confédération Paysanne et le mouvement antimondialisation. Analyse interne d'un mouvement paradoxal et problématique », *Politix*, décembre 2004, Paris.

Ivan BRUNEAU, « Quand des paysans deviennent "soixante-huitards" », p. 344-356, dans Dominique DAMAMME, Boris GOBILLE, Frédérique MATONTI, Bernard PUDAL (sous la dir. de), *Mai-juin 68*, L'Atelier, Paris, 2008.

Ivan BRUNEAU, « Recomposition syndicale et construction des collectifs militants. A partir d'une enquête sur la Confédération paysanne », p. 217-240, dans Bertrand HERVIEU, Nonna MAYER, Pierre MULLER, François PURSEIGLE, Jacques REMY, (sous la dir. de),

Les mondes agricoles en politique, Presses de Sciences po, Paris, 2010.

Bernard BRUNETEAU, *Les paysans dans l'Etat. Le gaullisme et le syndicalisme agricole sous la V° République*, L'Harmattan, Paris, 1994.

Michel CADE, *Le parti des campagnes rouges. Histoire du parti communiste dans les Pyrénées-Orientales*, Édition du Chiendent, Vinca, 1988.

F. CAILLET, *Agriculture paysanne et évolution du syndicalisme officiel depuis 1958*, thèse de Sciences économiques, Grenoble, 1979.

Corentin CANEVET, *Le modèle agricole breton*, PUR, Rennes, 1992.

Jacques CAPDEVIELLE, *Modernité du corporatisme*, Presses de sciences Po, Paris, 2001.

Patrick CHAMPAGNE, *Faire l'opinion, le nouveau jeu politique*, Editons de Minuit, Paris, 1990.

Yohan CHANOIR ET Céline PIOT (sous la dir. de), *Figures paysannes en France : mythes, regards et sociétés, Tome 1,* Éditions d'Albret, Collection Terres de mémoire, n°4, 2012.

Yves CHAVAGNE, *Bernard Lambert, 30 ans de combat paysan*, La Digitale, Quimperlé, 1988.

Martine COCAUD et Jacqueline SAINCLIVIER, « Femmes et engagement dans le monde rural (19°-20° siècles) : jalons pour une histoire », p. 129-154, *Ruralia*, n°21, 2007

Fabien CONORD, « Mobilisation paysanne et relais politiques : le Comité de Guéret (1953-1974) », p. 213-223, dans Annie ANTOINE et Julien MISCHI, *Sociabilité et politique en milieu rural*, PUR, Rennes, 2008.

Fabien CONORD, *Rendez-vous manqués. La gauche non communiste et la modernisation des campagnes*, Presses universitaires de Bordeaux, Bordeaux, 2010.

Fabien CONORD, « Au cœur de la "France profonde" ? Mai-juin 1968 en Creuse », p. 37-48, dans Bruno BENOIT, Christian CHEVANDIER, Gilles MORIN, Gilles RICHARD, Gilles VERGNON, *A chacun son Mai ? Le tour de France de mai-juin 1968*, PUR, Rennes, 2011, 402 p.

Serge CORDELLIER, « Les organisations syndicales "minoritaires" et la Profession », p. 151-159, *Pour*, n° 196/197, mars 2008.

Serge CORDELLIER, « Syndicalisme du monopole au pluralisme », p. 137-150, *Pour*, n° 196/197, mars 2008.

Serge CORDELLIER, *JAC-F, MRJC et transformation sociale. Histoire de mouvements et mémoires d'acteurs. 1945-1985*, MRJC, décembre 2008.

Pierre CORNU et Jean-Luc MAYAUD, *Au nom de la terre. Agrarisme et agrariens en France et en Europe du 19° siècle à nos jours*, La Boutique de l'histoire, Paris, 2007.

Pierre COULOMB, Hélène DELORME, Bertrand HERVIEU, Marcel JOLLIVET, Philippe LACOMBE (sous la dir. de), *Les agriculteurs et la politique*, FNSP, Paris, 1990.

Stéphane COURTOIS, Marc LAZAR, *Histoire du Parti communiste français*, PUF, Paris, 1995.

Sabrina DAHACHE, « La singularité des femmes chefs d'exploitation », p. 93-110, dans Bertrand HERVIEU, Nonna MAYER, Pierre MULLER, François PURSEIGLE, Jacques REMY (sous la dir. de), *Les mondes agricoles en politique*, Presses de Sciences Po, Paris, 2010,

Dominique DANTHIEUX, « Le communisme rural en Limousin : de l'héritage protestataire à la résistance sociale (de la fin du 19° siècle à aux années 1960) », p. 175-199, *Ruralia*, n° 16-17, 2005.

Marianne DEBOUZY, *La désobéissance civile aux États-Unis et en France, 1970-2014*, PUR, Rennes, 2016.

Olivier DEDIEU, « Raoul Bayou, député du vin : les logiques de constitution d'un patrimoine politique », p.88-110, *Pôle sud*, n°9, nov. 1998.

Samuel DEGUARA, *Les conditions d'émergence d'un nouveau syndicat : la Confédération paysanne (1981-1987),* DEA, sous la dir. de Annie COLLOVALD, Université de Paris X-Nanterre, 2000.

Hélène DELORME, *La politique agricole commune. Anatomie d'une transformation,* Presses de Sciences Po, Paris, 2004.

Geneviève DREYFUS-ARMAND, ROBERT FRANK, Marie-Françoise LEVY et Michelle ZANCARINI-FOURNEL, *Les années 68. Le temps de la contestation,* Éditions Complexe, Paris, 2000.

Geneviève DREYFUS-ARMAND (sous la dir.de), *Les années 68, un monde en mouvement,* Syllepse et BDIC, Paris, 2008.

Yannick DROUET et Jean-Philippe MARTIN, « Un militantisme paysan à gauche. Des réseaux paysans de Bernard Lambert (PSU) à ceux de l'OC-GOP (années 1960-années 1970) » p. 291-304, dans Tudi KERNALEGUENN, François PRIGENT, Gilles RICHARD, Jacqueline SAINCLIVIER (sous la dir. de), *Le PSU vu d'en bas,* PUR, Rennes, 2009.

Y. DROUET et J. P. MARTIN, « Les maoïstes et les Paysans-Travailleurs (fin des années 1960-années 1970) », p. 112-130, *Dissidences,* n°8, mai 2010.

Nathalie DUCLOS, *Les violences paysannes sous la V° République,* Economica, Paris, 1998.

Jean FERRETTE, *Pluralisme et sociabilité. Éléments pour la compréhension des résistances paysannes,* maîtrise de sociologie, Caen, 1984.

Olivier FILLIEULE (sous la dir. de), *Le désengagement militant,* Belin, Paris, 2005.

Olivier FILLIEULE, « Travail militant, action collective et rapports de genre », p. 23-72, dans O. FILLIEULE et P. ROUX, *Le sexe du militantisme,* Presses de Sciences Po, Paris, 2009.

Vincent FLAURAUD, *La JAC dans le Massif Central méridional (Aveyron, cantal), des années 1930 aux années 1960,* thèse d'histoire, Université d'Aix-Marseille, 2003.

Vincent FLAURAUD, Nathalie PONSARD (dir.), *Histoire et mémoire des mouvements syndicaux au XXᵉ siècle. Enjeux et héritages*, Nancy, Arbre bleu Éditions, coll. « Le corps social », 2013.

Vincent FLAURAUD, « Militantisme jaciste et engagement à gauche. Le "laboratoire" breton», p. 121-134, *Parlement[s], Revue d'histoire politique,* 2/2014 (n° HS 10).

Gaël FRANQUEMAGNE, « La mobilisation socioterritoriale du Larzac et la fabrique de l'authenticité », p. 117-133, *Espaces et sociétés*, n° 143, 2010/3.

Geneviève GAVIGNAUD-FONTAINE, *Le Languedoc viticole, la Méditerranée et l'Europe au siècle dernier (XX°),* Publications de l'Université Paul-Valéry, Montpellier, 2000.

Michel GERVAIS, Claude SERVOLIN, Jean WEIL, *Une France sans paysans*, Seuil, Paris, 1965.

Michel GERVAIS, Marcel JOLLIVET, Yves TAVERNIER, *Histoire de la France rurale, tome 4, La fin de la France paysanne, de 1914 à nos jours*, Seuil, Paris, 1976.

Raymond GIROU, *Les syndicats agricoles dans la région nantaise*, thèse de 3° cycle, sous la dir. de Jean RENARD, Université de Nantes, 1986, 366 f.

BORIS GOBILLE, « L'événement mai 68. Pour une socio-histoire du temps court », p. 321-349, *Annales. Histoire, Sciences Sociales*, 2008/2 (63e année).

Philippe GRATTON, *Les paysans contre l'agrarisme*, Maspéro, Paris, 1972.

Sarah GUILBAUD, *Mai 68. Nantes,* Editons Coifard, Nantes, 2004.

Alain GUILLEMIN, « La révolte du Midi », p. 535-538, dans Pierre COULOMB, Hélène DELORME, Bertrand HERVIEU, Marcel JOLLIVET, Philippe LACOMBE (sous la dir. de), *Les agriculteurs et la politique*, FNSP, Paris, 1990.

Jean-Marc HERRENG, *Vingt de luttes paysannes en Vendée. 1968-1988 : du CDJA à la Conf'*, CHT, Nantes, 2015.

Bertrand HERVIEU, Nonna MAYER, Pierre MULLER, François PURSEIGLE, Jacques REMY, (sous la dir. de), *Les mondes agricoles en politique*, Presses de Sciences Po, Paris, 2010.

Ronald HUBSCHER, « Regards sur le monde agricole : les archives filmiques », *Économie rurale*, p. 215-219, n°184-186, 1988.

Patricia HUYGHEBAERT, Boris MARTIN, *Quand le droit fait l'école buissonnière. Pratiques populaires du droit*, Descartes et Cie, Paris, 2002.

Jacques ION, Spyros FRANGUIADAKIS, Pascal VIOT, *Militer aujourd'hui*, Autrement, Paris, 2005.

Hervé KEMPF, *La guerre secrète des OGM*, Seuil, Paris, 2003.

Liora ISRAEL, *L'arme du droit*, Presses de Sciences Po, Paris, 2009.

Xabier ITCAINA, « Entre christianisme et altermondialisme : le syndicat basque elb », *Etudes rurales*, p. 195-214, n° 175, mars 2005.

Xabier ICAINA, « Les mobilisations paysannes à l'épreuve du changement social. Le cas de la grève du lait au Pays basque », p. 167-193, dans Laurent JALABERT et Christophe PATILLON, *Mouvements paysans face à la politique agricole commune et à la mondialisation (1957-2011)*, PUR, Rennes, 2013.

Laurent JALABERT et Christophe PATILLON, *Mouvements paysans face à la politique agricole commune et à la mondialisation (1957-2011)*, PUR, Rennes, 2013.

Florence JOSHUA, *Anticapitalistes. Une sociologie historique de l'engagement*, La Découverte, Paris, 2015.

Philippe JOUTARD, *Histoire et mémoires, conflits et alliances*, La Découverte, Paris, 2013, réédition en 2015 en poche.

Philippe JUHEM, « Effets de génération », p. 188-196, dans Olivier FILLIEULE, Lilian MATHIEU, Cécile PECHU (sous la dir. de),

Dictionnaire des mouvements sociaux, Presses de Sciences Po, Paris, 2009.

Marie-Thérèse LACOMBE et Alice MONIER (interview de Serge CORDELLIER), « Femmes de dirigeants agricoles », p. 266-273, *Pour,* n° 196/197, L'univers des organisations professionnelles agricoles, mars 2008.

R. M. LAGRAVE, « Des dirigeantes dirigées », p. 153-186, dans Christiane ALBERT, Martine BERLAN, Juliette CANIOU, Martyne PERROT, (sous la dir. de) Rose-Marie LAGRAVE, *Celles de la terre. Agricultrice : l'invention politique d'un métier*, EHESS, Paris, 1987.

Gérard LANGE, « La liaison étudiants-ouvriers à Caen », dans René MOURIAUX, Annick PERCHERON, Antoine PROST, Danielle TARTAKOWSKY, *1968. Exploration du mai français, Tome 1 : Terrains*, L'Harmattan, Paris, 1992.

Emmanuel LAURENTIN, *La France et ses paysans*, Bayard, Paris, 2012.

Solveig LEFORT, *Le Larzac s'affiche*, Seuil, Paris, 2011.

Roger LE GUEN, « Éclatement syndical et segmentation professionnelle. L'exemple du monde laitier français contemporain », Communication lors de la Journée d'études Mouvements paysans. Politique agricole commune et mondialisation dans les régions de l'arc atlantique, 4/12, 2009, Nantes.

Gilles LUNEAU, *La forteresse agricole. Une histoire de la FNSEA*, Fayard, Paris, 2004.

Edouard LYNCH, « Les manifestations paysannes en mai 1968 : "si loin, si proche" ? », p. 237-251, dans Bruno BENOIT, Christian CHEVANDIER, Gilles MORIN, Gilles RICHARD, Gilles VERGNON, *À chacun son Mai ? Le tour de France de mai-juin 1968*, PUR, Rennes, 2011.

Edouard LYNCH, « Le "premier Larzac" ou l'émergence d'un mouvement social atypique », p. 55-70, dans G. RICHARD et J. SAINCLIVIER, *Les partis à l'épreuve de 68. L'émergence de nouveaux clivages, 1971-1974*, PUR, Rennes, 2012,

Edouard LYNCH, « Détruire pour exister : les grèves du lait en France (1964, 1972 et 2009) », p. 99-124, dans *Politix*, Représenter les agriculteurs, n°103, 2013.

Edouard LYNCH, « Les trois âges de la jacquerie : usages de la violence et identités professionnelles dans le syndicalisme agricole au XXe siècle », p. 257-275, dans Vincent FLAURAUD et Nathalie PONSARD, *Histoire et mémoire des mouvements syndicaux au XXe siècle. Enjeux et héritages*, Éditions de Arbre bleu, Nancy, 2013

Serge MALLET, *Les paysans contre le passé*, Seuil, Paris, 1962.

Eric MARAIS, *Les paysans et la Confédération paysanne d'Ille-et-Vilaine en 1999. Perception, implication, attentes et critiques*, rapport de stage, INA-OPG, Paris, 1999.

Sylvain MARESCA, *Les dirigeants paysans*, Minuit, Paris, 1983.

Philippe MARTEL, « Mort et résurrection de monsieur occitanisme », p. 8-23, *Amiras*, n° 20, octobre 1989.

Didier MARTIN, *Le Larzac. Utopies et réalités*, L'Harmattan Paris, 1987.

Jean-Philippe MARTIN, *Les syndicats de viticulteurs en Languedoc (Aude et Hérault) de 1945 à la fin des années 1980*, Thèse d'histoire, Montpellier, 1994.

J. P. MARTIN, « Wine growers'syndicalism in the Languedoc, continuity and change », p. 331-339, *Sociologia ruralis*, vol. 36, n°3, dec. 1996.

J. P. MARTIN, « Le syndicalisme viticole sous la Ve République », p. 44-48, *Economie rurale*, n° 237, janv.-fév. 1997.

J. P. MARTIN, « Viticulture du Languedoc : une tradition syndicale en mouvement », p. 71-87, *Pôle Sud*, n°9, nov. 1998.

J. P. MARTIN, « La Confédération paysanne entre contestation traditionnelle et propositions nouvelles », p. 27-44, *Sciences de la société*, n° 45, 1998.

J. P. MARTIN, « La Confédération Paysanne et José Bové, des actions médiatiques au service d'un projet ? », p. 151-180, *Ruralia*, n°6, juin 2000, Lyon.

J. P. MARTIN, « La Confédération paysanne et José Bové à l'heure de la contestation de la "mondialisation libérale" », p. 101-121, *Cahiers d'histoire immédiate*, n° 20, automne 2001.

J. P. MARTIN, « Vignerons, vins du Languedoc et pouvoirs », p. 87-106, dans *Vignes, vins et pouvoirs*, Jean VIGREUX, Serge WOLIKOW, *Cahiers de l'IHC*, n°6, 2001.

J. P. MARTIN, « Pour un portrait des directions des nouvelles gauches paysannes », p. 79-97, Editons de l'ARF, Nantes, 2003.

J. P. MARTIN, « Les gauches vigneronnes contestataires en Languedoc : singularités, différenciations et évolutions (1945-2000) », p. 661-679, dans Geneviève GAVIGNAUD-FONTAINE, Henri MICHEL (sous la dir. de), *Vignobles du Sud, XVIe-XXe siècle*, Publications de l'Université Paul-Valéry, Montpellier, 2003.

J. P. MARTIN, « José Bové, un activiste sans projet », p. 307-321, *Modern and contemporary France*, vol 11, n°3, 2003.

J. P. MARTIN, « Le sang de la vigne, la violence dans les manifestations viticoles au XX° siècle », dans Frédéric CHAUVAUD, Jean-Luc MAYAUD (sous la dir. de), *Les violences rurales au quotidien*, La Boutique de l'histoire, Paris, 2005.

J. P. MARTIN « Du Larzac à la Confédération paysanne de José Bové », p. 107-142, dans Eric AGRIKOLIANSKY, Olivier FILLIEULE, Nonna MAYER (sous la dir. de), *L'altermondialisme en France. La longue histoire d'une nouvelle cause*, Flammarion, Paris, 2005.

Jean-Philippe MARTIN, *Histoire de la nouvelle gauche paysanne. Des contestations des années 1960 à la Confédération paysanne*, La Découverte, Paris, 2005.

J. P. MARTIN, « Confédération paysanne et tradition viticole en Languedoc », p. 295-301, *Pour*, n°196-197, mars 2008.

J. P. MARTIN, « Des paysans soixante-huitards ? Le syndicalisme agricole (Hérault, Loire-Atlantique) et le mouvement de mai-juin

1968 », p. 85-109, dans Xavier VIGNA et Jean VIGREUX (sous la dir. de), *Mai-juin 1968. Huit semaines qui ébranlèrent la France*, EUD, Dijon, 2010.

J. P. MARTIN, « Illégalismes, justice et médias dans le répertoire d'actions de la Confédération paysanne », p. 321-333, dans Frédéric CHAUVAUD, Yves JEAN, Laurent WILLEMEZ, *Justice et sociétés rurales*, PUR, Rennes, 2011.

J. P. MARTIN, « La Fédération régionale des syndicats agricoles de l'Ouest. Quelle région ? Quel projet ? Quelles alliances ? », p. 37-49, dans (sous la dir.) de Christian BOUGEARD, Vincent PORHEL, Gilles RICHARD, Jacqueline SAINCLIVIER, *L'Ouest dans les années 68*, PUR, Rennes, 2012.

J. P. MARTIN, « Peasant insurgency in the "1968" years (1961-1981) », p. 202-216, dans Julian JACKSON, Anna-Louise MILNER, James S. WILLIAMS, *May 68. Rethinking France's last revolution*, Palgrave Macmillan, Londres, 2011.

J. P. MARTIN, « Mots et discours de paysans soixante-huitards », p. 137-148, dans *1968-2008. Evénements de paroles*, Cécile CANUT, Jean-Marie PRIEUR, (sous la dir. de), Michel Houdiard Editeur, Paris, 2011.

J. P. MARTIN, *La Confédération paysanne aujourd'hui. Un syndicat face aux défis du XXIème siècle*, L'Harmattan, Paris, 2011.

J. P. MARTIN, « Des paysans syndicalistes et révolutionnaires dans les campagnes françaises (années 1960-début du XXIème siècle », p. 77-87, *Dissidences*, « Les syndicalismes dans l'horizon révolutionnaire », vol. 12, nov. 2012.

J. P. MARTIN, « Des paysans contestataires et novateurs (années 1960-début du XXIe siècle » p. 464-474, dans Michel PIGENET, Danielle TARTAKOWSKY (sous la dir. de), *Histoire des mouvements sociaux en France. De 1814 à nos jours*, La Découverte, Paris, 2012.

J. P. MARTIN, « La Confédération paysanne et l'Organisation mondiale du commerce », p. 109-124, dans Laurent JALABERT et Christophe PATILLON, *Mouvements paysans face à la politique agricole commune et à la mondialisation (1957-2011)*, PUR, Rennes, 2013.

J. P. MARTIN, « Les contestations paysannes autour de 1968. Des luttes novatrices mais isolées », p. 89-136, *Histoire des sociétés rurales*, n°41, 1er semestre 2014.

J. P. MARTIN, « Des paysans environnementalistes ? Comment les paysans contestataires se sont emparés de la question écologique ? », p. 101-111, *Ecologie et politique*, « Syndicats et transition écologique », n°50, mars 2015.

J. P. MARTIN, « De Bernard Lambert à José Bové, les combats de la nouvelle gauche paysanne», dans (sous la dir. de) Céline PIOT, *Figures paysannes en France : mythes, regards et sociétés, tome 2*, p. 157-180, Editions d'Albret (coll "Terres de mémoire", n°5), Nérac, 2016.

J. P. MARTIN, « La nouvelle gauche paysanne et les "petits", les fermiers, les endettés (années 1960 à nos jours) », p. 207-213, dans (sous la dir. de Jean-Marc MORICEAU et Philippe MADELINE), *Les petites gens de la terre. Paysans et domestiques (Moyen-Âge-XXI° siècle)*, Presses universitaires de Caen, MRSH, Caen, 2017.

Nicole MATHIEU, « Claudius Descours (1936-2006) : un "petit paysan-travailleur" de la Nièvre », p. 193-206, dans (sous la dir. de Jean-Marc MORICEAU et Philippe MADELINE), *Les petites gens de la terre. Paysans et domestiques (Moyen-Âge-XXI° siècle)*, Presses universitaires de Caen, MRSH, Caen, 2017.

Séverine MISSET, « Le mouvement ouvrier et les syndicalistes paysans en Loire-Atlantique : De la naissance à l'abandon d'une référence (1957-1984) », Communication au 13ème Congrès de l'AFSP, Aix-en-Provence, 2015.

Edouard MORENA, « L'Agence de presse libération-Paysans. Avec les paysans sur le "front de l'information" », p. 25-38, *Études rurales*, n° 198, 2016/2.

Annie MOULIN, *Les paysans dans la société française*, Seuil, Paris, 1988.

Pierre MULLER, *Le technocrate et le paysan*, Editons ouvrières, Paris, 1984.

Félix NAPO, *1907 : La révolte des vignerons*, Privat, Toulouse, 1971.

Érik NEVEU, *Sociologie des mouvements sociaux*, La Découverte, Paris, 1996.

Érik NEVEU, « Trajectoires de "soixante-huitards ordinaires" », p. 306-318, dans Dominique DAMAMME, Boris GOBILLE, Frédérique MATONTI, Bernard PUDAL (sous la dir. de), *Mai-juin 68*, L'Atelier, Paris, 2008.

Julie PAGIS, « Repenser la formation de générations politiques sous l'angle du genre. Le cas de Mai-Juin 68 », p. 97-118, *Clio. Histoire, Femmes et Sociétés*, n°29, 2009.

Julie PAGIS, « La politisation d'engagements religieux. Retour sur une matrice de l'engagement en mai 68 », p.61-89, *Revue française de science politique*, 2010/1, vol. 60.

Julie PAGIS, « Incidences biographiques du militantisme en mai 68 », p. 25-51, *Sociétés contemporaines*, n°84, 2011/4.

Julie PAGIS, *Mai 68, un pavé dans leur histoire. Événements et socialisation politique*, Presses de la Fondation nationale des sciences politiques, Paris, 2014.

Robert O. PAXTON, *Le temps des chemises vertes, Révoltes paysannes et fascisme rural 1929-1939*, Seuil, Paris, 1996.

Rémy PECH, « La guerre du vin (1971-1985), histoire d'une mutation », *Revue du centre d'études italiennes*, n°4, 1994.

Rémy PECH, Monique PECH et Jean SAGNES, *1907 en Languedoc et en Roussillon*, Espace Sud Éditions, Montpellier, 1997.

Denis PELLETIER, *La crise catholique. Religion, société, politique en France (1965-1978)*, Payot, Paris, 2002.

Denis PELLETIER, Jean-Louis SCHLEGEL (sous la dir. de), *A la gauche du Christ. Les chrétiens de gauche en France de 1945 à nos jours*, Seuil, Paris, 2012. En particulier les articles de Bruno DURIEZ, «

Action catholique rurale et ouvrière et engagement social ; à distance de la politique », p.131-152 et de Claude PRUDHOMME, « Les jeunesses chrétiennes en crise (1955-1980) », p. 323-350.

Jérôme PELLETIER, « Les paysannes des "petites gens" pas comme les autres ? De la paysanne à l'agricultrice, renouvellement des logiques de subordination des femmes de la terre durant la "révolution silencieuse" », p. 215-221, dans (sous la dir. de Jean-Marc MORICEAU et Philippe MADELINE), *Les petites gens de la terre. Paysans, ouvriers et domestiques (Moyen-Âge-XXI° siècle),* Presses universitaires de Caen-MRSH, Caen, 2017.

François PICQ, *Libération des femmes. Les années-mouvement*, Seuil, Paris, 1993.

Denis PINGAUD, *La longue marche de José Bové*, Seuil, Paris, 2002.

Marc PINOL, « Dix ans de manifestations agricoles sous la Vème République », p. 111-126, *Revue de géographie de Lyon*, vol. 50, n°2, 1975.

Céline PIOT (sous la dir ; de), *Figures paysannes en France, Mythes, regards et sociétés, tome 2*, Éditions d'Albret, collection Terres de mémoire, n°5, Nérac, 2016.

Pôle Sud, « La "grande transformation" du Midi rouge ?», n° 9, nov. 1998.

Vincent PORHEL, *Ouvriers bretons. Confits d'usines, confits identitaires en Bretagne dans les années 1968*, PUR, Rennes, 2008.

Olivier POTTIER, « Les années Larzac », p. 69-99, *Cahiers d'histoire immédiate*, n°20, aut. 2001.

François PRIGENT, « Bernard Lambert, Bernard Thareau, portrait(s) croisé(s) », p. 131-142, *L'OURS*, n° 58-59, janvier-juin 2012.

Claude PRUDHOMME, « Les jeunesses chrétiennes en crise (1955-1980) », p. 323-350, dans Denis PELLETIER, Jean-Louis SCHLEGEL (sous la dir. de), *A la gauche du Christ. Les chrétiens de gauche en France de 1945 à nos jours*, Seuil, Paris, 2012.

François PURSEIGLE, *Les sillons de l'engagement. Jeunes agriculteurs et action collective*, L'Harmattan, Paris, 2004.

Bernard RAVENEL, *Quand la gauche se réinventait. Le PSU, histoire d'un parti visionnaire, 1960-1989*, La Découverte, Paris, 2016.

Mathieu REPPLINGER, « La grève du lait de 2009. Une révolte de l'éleveur modernisé contre les pouvoirs professionnels », p. 111-140, *Histoire et sociétés rurales*, n°44, 2° semestre 2015.

Mathieu REPPLINGER, « "Tous producteurs de lait". Stratégies médiatiques de l'apli et concurrence syndicale », *Études rurales*, n° 198, 2016/2.

Bernard REVEL, *Montredon, les vendanges du désespoir*, Loubatières, Toulouse, 1996.

Gilles RICHARD, Jacqueline SAINCLIVIER (sous la dir. de), *Les partis à l'épreuve de 68. L'émergence de nouveaux clivages, 1971-1974*, PUR, Rennes, 2012.

Annie RIEU, Géraldine FRIC, « Agricultrices et syndicalisme, quelles avancées ? », p. 231-237, *Pour*, n° 196-197, mars 2008.

Antoine ROGER, « Syndicalistes et poseurs de bombes. Modalités du recours à la violence dans la construction des "intérêts vitivinicoles" languedociens », p.49-80, *Cultures et conflits*, n° 81-82, printemps-été 2011,

Kristin ROSS, *Mai 68 et ses vies ultérieures*, Ed. Complexe, Bruxelles, 2005.

Élise ROULLAUD, « La grève "européenne" du lait de 2009 : réorganisation des forces syndicales sur fond de forte dérégulation du secteur », p. 111-116, *Savoir/Agir*, n° 12, 2010/2.

Élise ROULLAUD, « Luttes paysannes dans les années 68. Remise en cause d'un ordre social local », p. 27-49, revue *Agone*, Campagnes populaires, campagnes bourgeoises, n° 51, 2013.

Élise ROULLAUD, *Contester l'Europe agricole. La Confédération paysanne à l'épreuve de la PAC*, Presses universitaires de Lyon, Lyon, 2017.

Sabine ROUSSEAU, « Frères des hommes et la guerre du Vietnam : du tiers-mondisme à l'anti-impérialisme (1965-1973) », p. 71-88, *Le Mouvement social*, n°177, 1996/4.

Catherine ROUVIERE, *Retourner à la terre. L'utopie néo-rurale en Ardèche depuis les années 1960*, PUR, Rennes, 2015.

François ROUX avec la collaboration de Jacky VILACEQUE, *En état de légitime révolte*, Editons l'Indigène, Montpellier, 2002.

Jean SAGNES, *Le Midi rouge, mythe et réalité*, Anthropos, Paris, 1982.

Jacqueline SAINCLIVIER, « Jacistes et renouveau politique et syndical de 1945 à la fin des années 1970 dans l'Ouest », p. 105-119, dans (sous la dir. de) Brigitte WACHE, *Militants catholiques de l'Ouest. De l'action religieuse aux nouveaux militantismes, XIXe-XXe siècle*, PUR, Rennes, 2004.

Jacqueline SAINCLIVIER, « Contestation politique et sociale autour de la "grève du lait" (1971-1974) », p. 29-40, dans (sous la dir. de) Jacqueline SAINCLIVIER, Gilles RICHARD, *Les partis à l'épreuve de 68. L'émergence de nouveaux clivages, 1971-1974*, PUR, Rennes, 2012.

Jean-Paul SALLES, *La Ligue communiste révolutionnaire (1968-1981). Instrument du Grand soir ou lieu d'apprentissage ?*, PUR, Rennes, 2005.

Jean-Paul SALLES, « Mai 68 en Vendée », p. 53-71, *Dissidences*, « Mai 68. Aspects régionaux et internationaux », vol. 5, oct. 2008.

Frédéric SAWICKI, « Configuration sociale et genèse d'un milieu partisan. Le cas du Parti socialiste en Ille-et-Vilaine », p. 83-110, *Sociétés contemporaines*, n°20, 1994.

Wilfrid SEJEAU, *Les paysans travailleurs et la Confédération paysanne en Bourgogne (deuxième moitié du XX° siècle)*, maîtrise d'histoire, Université Louis-Lumière-Lyon II, sous la dir. de Jean-Luc MAYAUD, 2001.

Jean-François SIRINELLI, « Génération, générations », p. 113-124, *Vingtième siècle. Revue d'histoire*, n°98, 2/2008.

Isabelle SOMMIER, « Mai 68 : sous les pavés d'une page officielle », p. 63-82, *Sociétés contemporaines*, vol. 20, n°1, 1994.

Danielle TARTAKOWSKY, « Les manifestations de mai-juin 1968 en province », p. 143-163, dans René MOURIAUX, Annick PERCHERON, Antoine PROST, Danielle TARTAKOWSKY, *1968. Explorations du mai français, t.1, Terrains*, L'Harmattan, Paris, 1992.

Yves TAVERNIER, Michel GERVAIS, Claude SERVOLIN (sous la dir. de), *L'univers politique des paysans dans la France contemporaine*, Presses de la FNSP, Paris, 1972.

Pierre-Marie TERRAL, *Larzac. De la lutte paysanne à l'altermondialisme*, Privat, Toulouse, 2011.

Pierre-Marie TERRAL, « Une autre Europe est-elle possible ? L'itinéraire de José Bové, du contre-pouvoir syndical à l'euro-députation (1987-2011) », Communication, Journées d'études – 31 mai / 1e juin 2012, L'EUROPE ET SES OPPOSANTS. Vingt ans d'engagement souverainiste et alter-européen en France (1992-2012).

Anne TRISTAN, Médard LEBOT, *Au-delà des haies. Visite aux paysans de l'Ouest*, Descartes et Cie, Paris, 1995.

Danielle TUCAT, « Les femmes du Larzac, la face cachée d'un mouvement social », communication du 23 mars 1998, *Les années 68 : événements, cultures politiques et modes de vie*, séminaire de l'Institut d'histoire du temps présent.

Gilles VERGNON, « Temps et territoires de mai dans la Drôme », p. 73-85, dans Bruno BENOIT, Christian CHEVANDIER, Gilles MORIN, Gilles RICHARD, Gilles VERGNON, *A chacun son Mai ? Le tour de France de mai-juin 1968*, PUR, Rennes, 2011.

Jean VERCHERAND, *Un siècle de syndicalisme agricole. La vie locale et nationale à travers le cas du département de la Loire*, Presses de l'Université de Saint-Etienne, Saint-Etienne, 1994.

Pierre VIDAL, *Le Mouvement d'intervention des viticulteurs occitans de 1975 à 1984*, maîtrise d'histoire sous la dir. de Rémy PECH, sept 2000.

Xavier VIGNA, *L'insubordination ouvrière dans les années 68. Essai d'histoire politique des usines*, PUR, Rennes, 2007.

Xavier VIGNA, Michelle ZANCARINI-FOURNEL, « Les rencontres improbables dans "les années 68" », p. 163-177, *Vingtième siècle. Revue d'histoire*, n°101, 2009.

Jean VIGREUX, *Waldeck Rochet. Une biographie politique*, La Dispute, Paris, 2000.

Jean VIGREUX, Serge WOLIKOW, *Vignes, vins et pouvoirs*, Cahiers de l'IHC, n°6, 2001.

Pauline VUARIN, *Larzac, 1971-1981 : la dynamique des acteurs d'une lutte originale et créatrice*, maîtrise d'histoire, sous la dir. d'Annie FOURCAUT et Frank GEORGI, oct. 2005.

Michelle ZANCARINI-FOURNEL, « Montredon, 4 mars 1976, l'événement comme révélateur », *Les années 1968, événements, cultures politiques et modes de vie*, séance de travail de l'Institut d'histoire du temps présent du 24/11/1997.

Michelle ZANCARINI-FOURNEL, *Le moment 68. Une histoire contestée*, Seuil, Paris, 2008.

Michelle ZANCARINI-FOURNEL, « Récit. Le champ des possibles », p. 17-55, dans Philippe ARTIERES et Michelle ZANCARINI-FOURNEL, *68. Une histoire collective (1962-1981)*, La Découverte, Paris, 2008.

Michelle ZANCARINI-FOURNEL, *Les luttes et les rêves. Une histoire populaire de la France de 1685 à nos jours*, La Découverte, Paris, 2017.

Filmographie

Jean LEFAUX, *Ecoute Joseph, nous sommes tous solidaires*, (60 mn, 1968).

Jacques LOISELEUX, *La parcelle*, (18mn, 1970).

Guy CHAPOUILLIE et Claude BAILBLE, du collectif Front paysan, *La guerre du lait* (52 mn, 1972).

Guy CHAPOUILLIE et Claude BAILBLE, du collectif Front paysan, *Des dettes pour salaire* (26 mn, 1973).

Guy CHAPOUILLIE avec Dominique BRICARD, Juliete/Janine CANIOU, Nadine CHARESSON, Hubert GUIPOUY, Yves LACHAUD, Joëlle LE MOIGNE, Bernard PELLEFIGUE, du collectif Front Paysan, *La reprise abusive* (46 mn, 1974-1975).

Guy CHAPOUILLIE avec Robert BOARTS, Dominique BRICARD, Juliete/Janine CANIOU, Nadine CHARESSON, Hubert GUIPOUY, Yves LACHAUD, Bernard PELLEFGUE, du collectif Front Paysan, *N'i a pro* (68 mn, 1976,).

Dominique BRICARD, Juliette/Janine CANIOU, Nadine CHARESSON, Joëlle LE MOIGNE, *Femmes agricultrices (*montage audiovisuel diapositives réalisé par les 4 femmes du groupe "Front Paysan", 1978-1979).

Philippe CASSARD, *La lutte du Larzac (1971-1981),* (1h 29mn, 2003).

Christian ROUAUD, *Paysan et rebelle, un portrait de Bernard Lambert,* (84 mn, 2003).

Catherine POZZO DI BORGO, *Les brebis font de la résistance,* (90mn, 2009).

Christian ROUAUD, *Tous au Larzac* (1h 58 mn, 2011).

Table des matières

Introduction 7
Partie 1 : Le bouillonnement des années 1960 13
   1 : Tous conservateurs ? 13
   2 : Bouillonnement et contestations 23
   3 : Un leader fougueux, Bernard Lambert 28
   4 : Des vignerons combatifs 31
   5 : Des éleveurs déterminés 38
Partie 2 : Le printemps 1968 et ses suites immédiates 47
   6 : Un mai breton ? 47
   7 : « Huit semaines qui ébranlèrent la France » 51
   8 : L'onde de choc de « 68 » : revues, débats et contestations .. 60
   9 : L'onde de choc de « 68 », s'organiser 66
   10 : Une insolence paysanne ? 72
   11 : La culture au service de la contestation 79
   12 : À gauche toute ? 81
Partie 3 : Des luttes paysannes majeures, novatrices mais isolées ... 89
   13 : Un, deux, trois… combats fonciers. 89
   14 : La grève du lait (1972), un mai 68 dans les campagnes bretonnes 95
   15 : Des actions locales à l'initiative des Paysans-travailleurs 112
   16 : Un combat national en défense de producteurs isolés 114
   17 : La guerre du vin (1970-1976), un combat à la dimension régionaliste ? 119
   18 : Le Larzac, « au carrefour des contestations » (1971-1981) 132
   19 : Paysannes, contestataires et féministes ? 147
Partie 4 : Mémoires et héritages des contestations paysannes des années 1968. 157

20 : Des luttes en partie oubliées ? 157

21 : Perpétuer la mémoire de Bernard Lambert................................ 174

22 : Mythifiée, revisitée et revitalisée : la lutte du Larzac 180

23 : La Confédération paysanne, héritière des contestations des années 1968 ?.. 189

Conclusion 199

Remerciements 203

Liste des sigles. 204

Sources... 210

Table des matières... 233

L'Harmattan Italia
Via Degli Artisti 15; 10124 Torino
harmattan.italia@gmail.com

L'Harmattan Hongrie
Könyvesbolt ; Kossuth L. u. 14-16
1053 Budapest

L'Harmattan Kinshasa
185, avenue Nyangwe
Commune de Lingwala
Kinshasa, R.D. Congo
(00243) 998697603 ou (00243) 999229662

L'Harmattan Congo
67, av. E. P. Lumumba
Bât. – Congo Pharmacie (Bib. Nat.)
BP2874 Brazzaville
harmattan.congo@yahoo.fr

L'Harmattan Guinée
Almamya Rue KA 028, en face
du restaurant Le Cèdre
OKB agency BP 3470 Conakry
(00224) 657 20 85 08 / 664 28 91 96
harmattanguinee@yahoo.fr

L'Harmattan Mali
Rue 73, Porte 536, Niamakoro,
Cité Unicef, Bamako
Tél. 00 (223) 20205724 / +(223) 76378082
poudiougopaul@yahoo.fr
pp.harmattan@gmail.com

L'Harmattan Cameroun
TSINGA/FECAFOOT
BP 11486 Yaoundé
699198028/675441949
harmattancam@yahoo.com

L'Harmattan Côte d'Ivoire
Résidence Karl / cité des arts
Abidjan-Cocody 03 BP 1588 Abidjan 03
(00225) 05 77 87 31
etien_nda@yahoo.fr

L'Harmattan Burkina
Penou Achille Some
Ouagadougou
(+226) 70 26 88 27

L'Harmattan Sénégal
10 VDN en face Mermoz, après le pont de Fann
BP 45034 Dakar Fann
33 825 98 58 / 33 860 9858
senharmattan@gmail.com / senlibraire@gmail.com
www.harmattansenegal.com